新装版

良い間取り
悪い間取り

著:ザ・ハウス

X-Knowledge

良い間取り悪い間取り
Contents

001 —— L字プランで「外の部屋」を快適に活用する … 06

002 —— 四隅の庭とトップライトで光に満ちた都市住宅を … 08

003 —— 吹抜けを多様に使って機能と環境と広がりを … 10

004 —— 暮らしの中心が2階でも庭の木を楽しめる家 … 12

005 —— 角地の特性を生かしつつ緑とつながる狭小間取り … 14

006 —— 小さな工夫の積み重ねで暮らしやすさを倍増させる … 16

007 —— 吹抜けで家全体がワンルーム、家族が楽しい間取り … 18

008 —— 2階LDKのコの字プランで内外一体の心地よさを得る … 20

009 —— 夫婦共働きの家は平面形でくつろげる庭をつくる … 22

010 —— 3方向からの視線に配慮し囲われた中庭から採光を … 24

011 —— 3つの庭で光と風を採り込み室内に潤いと広がりを … 26

012 —— 隣家に囲まれても明るく開放的なコートハウス … 28

013 —— 高低差を覆う大きなデッキで家族の気配をつなぐ家 … 30

014 —— 光と風をもたらす中庭から家中の気配も感じられる家 … 32

015 —— ウッドデッキを中心に家族の気配が伝わる家 … 34

016 —— ウッドデッキで開放感を演出し敷地の高低差も解消 … 36

017 —— 中庭を巡るように昇るLDKとギャラリーに開放した1階 … 38

018 —— プライバシーを守りつつ自然を楽しむ狭小コートハウス … 40

019 —— 密集地でも中庭・路地で外を感じる都市住宅 … 42

020 —— 2段階のバルコニーで2階LDKに広がりをつくる … 44

021 —— 2方向への跳ね出しでコストカットと広さを両立 … 46

022 —— 建て主の要望を丁寧に織り込んだ住宅街の3階建て … 48

023 —— バルコニーの機能を分けてLDKと一体の外部をつくる … 50

024 —— 細長い敷地では2階中庭を効果的に使って心地よく … 52

025 —— 路地のような空間で終日変化する陰影を楽しむ … 54

026 ── **狭小地**でも工夫を重ねて**大スクリーンを楽しめる**家に … 56

027 ── **天井高4.2m**にすることで1階LDKを明るくする … 58

028 ── **変形敷地**を目一杯使って広がりとゆとりを生み出す … 60

029 ── 窓の高さを工夫すれば**密集地でも明るい**間取りに … 62

030 ── 上からの光が**スキップフロア**の各階に注ぐ**都市型住居** … 64

031 ── 立体的な構成と視線の抜けで**狭さを克服する小さな家** … 66

032 ── コンパクトにまとめた1階で**特殊な敷地条件を克服**する … 68

033 ── **旗竿状敷地**でも明るく開放的な2階LDKの家 … 70

034 ── 壁をつくらず斜材で構成し**極細敷地の欠点を克服**する … 72

035 ── 敷地の特徴を最大限に生かす**2階にもち上げた**細長の家 … 74

036 ── **スキップ構成**で狭さを克服し**家族5人**が楽しく暮らす家 … 76

037 ── 浮かぶテラスが視線をカット、**室内外のアートを楽しめる**家 … 78

038 ── 城壁のような壁を立て**反射光で室内を明るく**する … 80

039 ── T形平面と境界に立てた塀で**敷地奥に中庭**をつくる … 82

040 ── 家のどこからも中庭を楽しめる**ロの字平面の2階LDK** … 84

041 ── **ハコのなかにハコ**を組み込み守られながら開放的に … 86

042 ── 棚の橋を渡ってテラスに進む**距離感を大切にする**間取り … 88

043 ── **光の通り道**をつくって1階北側に**LDK**を配置 … 90

044 ── **周囲の視線**をカットする「**外の部屋**」で広がりを得る … 92

045 ── **密集地**でもLDKの両側に**テラス**をつくり開放的に暮らす … 94

046 ── 配置の工夫で**プライバシーも高台からの眺望も獲得**する … 96

047 ── 敷地を読み限られたなかに**広がりをつくる2階LDKの家** … 98

048 ── **DKの位置をずらして**開放感と明るさを確保する … 100

049 ── **トップライトから1階LDKに光**を届ける明るい都市住宅 … 102

050 ── **吹抜け上部の窓から採光**して1階LDKを明るい空間に … 104

良い間取り悪い間取り
Contents

051 ── **吹抜けのリビング**に光と風があふれる明るい住まい … 106

052 ── **2つの吹抜け**で光と暖かさが家中に行き渡る**パッシブハウス** … 108

053 ── 隣家で景色が見えなくても**さまざまな工夫で視線を海へ** … 110

054 ── **北側に開けた土地**の特徴を最大限に生かして楽しむ … 112

055 ── 中央の階段がLDKの関係を心地よくする**2階LDKの家** … 114

056 ── **果物畑**を見ながら暮らす**家族一体のパッシブな家** … 116

057 ── **高い位置からの視点**を考え遠くから近くまで**眺めを楽しむ** … 118

058 ── 平面形状の工夫で**高台のメリットを享受した2階LDKの家** … 120

059 ── いろいろな場所から**海を眺められる**シンプルな家 … 122

060 ── **隣地の緑**で四季を感じる内外一体の**大きなLDK** … 124

061 ── また行きたくなる**別荘**にはありきたりな案と**逆の発想を** … 126

062 ── 1、2階とも**回遊動線**をつくり効率よく明るく広く … 128

063 ── **畳敷きのリビング・ダイニング**で楽しく、くつろげる間取りに … 130

064 ── **回遊動線と小上がり**でアクティビティと居心地を両立 … 132

065 ── 空間のメリハリで**敷地30坪でも広く感じる**シンプルモダン … 134

066 ── 吹抜けや引戸の仕切りで**フレキシブルにつながる**家 … 136

067 ── 敷地と希望を読み解き快適さを追求した**広い土間**の家 … 138

068 ── **水廻りを集め家事効率を高めた**デザイン住宅 … 140

069 ── 性能に配慮しつつ実現させた**大空間の2階LDKの家** … 142

070 ── **高低差を利用した中2階**は気配が伝わる**スタディコーナー** … 144

071 ── **効率のよい家事動線**と豊かなLDKを2階にまとめる … 146

072 ── 落ち着いた庭と**効率的な動線で**シンプルかつ心地よい家 … 148

073 ── 目的が明確で使い勝手がよい、**ぬくもりと開放感**のある家 … 150

074 ── **温熱環境**に配慮し家中暖かい**自然派住宅** … 152

075 ── 将来の**可変性**を考えて**できる限りシンプル**につくる … 154

076 —— **密集地**で現在の暮らしも**将来の夢**も充実させた家 … 156

077 —— 将来の**ピアノ教室にも対応する動線**に配慮した間取り … 158

078 —— 隣接する子供たちの家とも**ほどよい距離**の父の家 … 160

079 —— **車いす対応**に配慮しつつ使いやすさと快適さを追求 … 162

080 —— 目隠しの壁を利用して**アウトドアシアター**を楽しむ … 164

081 —— ハイサイドから光を落とす**旗竿敷地**での明るい間取り … 166

082 —— **平屋、中庭**のコストアップを**間取りの工夫で解決**する … 168

083 —— **勾配天井の大きな吹抜け**で上下階をつなぐ**親子の家** … 170

084 —— 中央の吹抜けから光が注ぐ**趣味室完備**の健康住宅 … 172

085 —— 雁行プランで**陽当たり抜群**、5人が暮らす暖かい家 … 174

086 —— **介護に配慮**し小さな家でもプライバシーを守る … 176

087 —— 外階段で床面積を増やす**完全分離の2世帯住宅** … 178

088 —— **中央の大黒柱**が家を支える**3世代**が楽しく暮らせる家 … 180

089 —— 公園の**桜を楽しみながら**光が家族を結ぶ**2世帯住宅** … 182

090 —— つながりながら**プライバシーが守られる**7人が暮らす家 … 184

091 —— 古いものを残し新しい暮らしにも適応できる**民家の改修** … 186

092 —— つかず離れずで週末に皆が集まる**4世代7人が暮らす**家 … 188

093 —— **車いすで暮らしやすい**家はみんなが暮らしやすい家 … 190

094 —— 間取りの工夫でみんなが気持ちよく暮らす**2世帯住宅** … 192

プラン提供協力・設計事務所＋工務店 … 194

001

L字プランで
「外の部屋」を
快適に
活用する

プライバシーを確保するためにシラカシの高生垣で周囲を囲う。そして道路からの騒音を防ぐためにL字プランとし、アウタールームを中心に各部屋を配置した。そこでは日常的に戸外での生活を楽しめ、犬も子供も屋内外を走り回れる。

玄関からスキップアップしてリビング、さらにキッチン・ダイニングへと連続する。この吹抜け空間にはさまざまな空間が参入して、この家の空間的な要となっている。

与条件
家族構成：夫婦＋子供1人＋犬
敷地条件：敷地面積261.86m²
　　　　　建ぺい率40％　容積率80％
　　　　　16×16.5mのほぼ正方形。閑静な住宅街だが、前面道路の通過交通は多い。南東方向に傾斜。
建て主の主な要望
• 周囲の環境がよりよくなる家を建てたい
• 開放的に、でもプライバシーは守りたい
• 家族も犬も一緒に楽しく生活できること

✕ 基本の矩形平面だが内外が分離しがち

広がりがない
玄関および階段室とLDKの間に壁があるため、広がりが失われ、空間が豊かにならない

もったいない
ゲストがいないときはほかに使いようがなく、もったいない

目障りかも
パーゴラの位置がリビング、ダイニングから目障りなところにある

一体感に乏しい
リビングの奥行きがありすぎ、アウタールームとの一体感に乏しい。また、この配置では午後、陽射しが奥まで入りにくいし、隣地境界線までの距離も短く落ち着かない

うるさくない?
アウタールームと道路との間は緑と塀なので車の騒音が直接聞こえてくる

いきなり道路
玄関ドアを開けると目の前に道路がある。また玄関の幅が狭く、ゆったりとした感じがない

アウタールーム　リビング　ピアノ　ダイニング　キッチン　物置

1F　1:300

つながりが希薄
玄関から直接階段なので、帰宅した子供は親の目を逃れて自分の部屋に入れてしまう。ピアノもこの位置だとリビングと離れすぎてしまい、寂しい感じがする

ガレージ　玄関

BF
1:300

前面道路

浴室　ゲストルーム　子供室　書斎　寝室　吹抜け

2F　1:300

孤立が心配
子供室は孤立してしまう可能性がある

建物で囲って
外部空間を生かす

2F
1:250

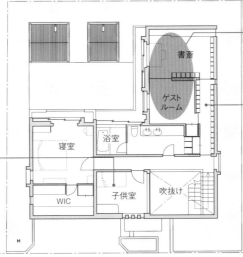

汎用性あり
ゲストがないときには書斎と一体化して広く使用できる

たくさん収納
廊下を両側本棚とすることで、大量の本が収納できる

書斎

ゲストルーム

気配を感じられる
子供室は吹抜けに面してガラス張りとしてあるので、下階の気配が感じられ孤立しない

寝室

浴室

WIC

子供室

吹抜け

L字の効用
L字プランとしたことで、アウタールームと建築に一体感が生まれ、パーゴラとリビング、ダイニングとの関係も、それぞれ視線を邪魔せずに気持よい世界が実現できる。また、隣地と建物との間の距離が長くとれる

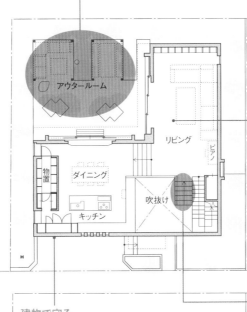

アウタールーム

リビング

ピアノ

物置

ダイニング

吹抜け

キッチン

単調にならない
1階の内部空間はL字の一室空間であるため、単調ではなく、奥行きと広がりのある空間となっている。南東と南西に開口部があり、陽射しも1日中入る

1F
1:250

上：階段踊り場よりダイニング・リビングを見る
中：アウタールームには2つのパーゴラがあり、戸外での生活を楽しめる
下：キッチンより玄関吹抜けとリビングを見る。吹抜けは、子供室にも広がりを与える

目に触れながら
階段がキッチン、ダイニング、リビングより視認できるので、子供が帰ってくれば必ず目に入る。ピアノもこの位置なら、家族の気配を感じながら演奏できる

建物で守る
L字プランにすることで、アウタールームと道路との間に建築が置かれ、車の騒音を防ぐことができるとともにプライバシーも守られる

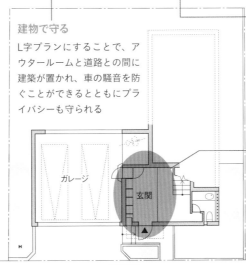

ガレージ

玄関

ゆったりつくる
幅を広くとったゆったりした玄関とする。外出時、玄関ドアを開くと、植栽の緑が目に入り心が和む

BF
1:250

前面道路

敷地面積／261.86m²
延床面積／238.85m²
設計／椎名英三・祐子建築設計
名称／森 FOREST

四隅の庭と
トップライトで
光に満ちた
都市住宅を

02

周囲を建物に取り囲まれた旗竿状敷地。その緩衝帯とすべく、あえて敷地の中心に建物を配置している。近隣建物の日影を調査し、影響の少ない場所に吹抜けや天井の高い空間を配置することで、建物の奥へと日照を導いている。

部屋と庭を一体的に関係づけ、決して広い外部空間ではないが、部屋ごとに異なる屋外の風景を楽しめる。スキップフロアに立体的な回遊性を重ね、少し迷宮的な雰囲気も楽しめる住まいである。

与条件
家族構成：夫婦＋子供2人
敷地条件：敷地面積196.37m^2
　　　　　建ぺい率50％　容積率100％
　　　　　閑静な住宅街にある、四方を建物に囲まれた旗竿状敷地。
建て主の主な要望
・地震に強い強靭な家
・子供の自律的な生活を支えるプランニング
・一体的な広がりと崇高なムードのある空間
・ラフに過ごせる場ときちっとした場の共存

✕ アイデアはよいが
現実味に欠ける

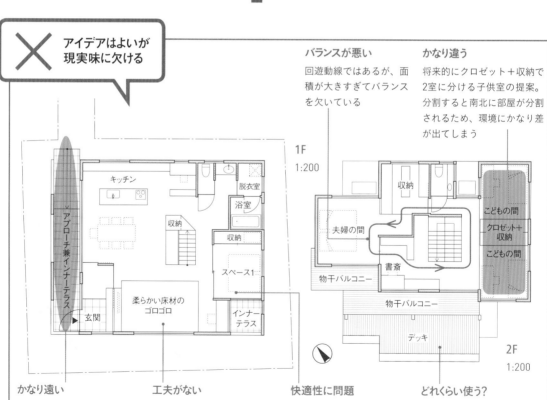

バランスが悪い
回遊動線ではあるが、面積が大きすぎてバランスを欠いている

かなり違う
将来的にクロゼット＋収納で2室に分ける子供室の提案。分割すると南北に部屋が分割されるため、環境にかなり差が出てしまう

1F
1:200

2F
1:200

かなり遠い
アプローチ兼インナーテラスを経て玄関に至る動線。少し薄暗いか。また旗竿敷地で竿部分から、さらに奥まで歩かせるのはいかがなものか

工夫がない
ラグを敷く場所という提案。確かにごろごろできるし半地下と庭との関係も興味深いが、建築的な提案としては工夫が足りない

快適性に問題
個室になる小スペース。インナーテラスの脇で外気も取り込める配置だが、快適な個室になるかどうかは少々疑問

どれくらい使う?
物干し場のほかに大きく確保したデッキスペース。季節のよいときには楽しそうだが、使える期間は短い。どれくらい使われるか疑問

立体的にも楽しい工夫が満載の家に

撮影：黒住直臣
（3点とも）

上：1階ダイニング。荒々しい表情の両脇の壁が威厳のある空間を象徴し、静謐な場をつくる
右：ごろごろの間から吹抜けを見る

家族全員で使う
ウォークスルーできる家族共用の大きなクロゼット。夫婦の間からも子供室からも同じような距離で行ける配置

移動を楽しく
途中で進む方向が何度も選べる楽しい階段。吹抜けを回りながら子供室に至る

光を平等に
周囲の建物に影響されない場所を選んで、光を採り込むライトウェルをしつらえる。光は2階子供室や階段廻り、1階の「きま間」にも降り注ぐ

落ち着いた書斎
北側の落ち着ける場所に書斎を置いている。窓の外は隣家の緑を借景

サンルームで守る
夫婦の間の前にはサンルームを設置。サンルームは室内干しのスペースとなると同時に、夫婦寝室と外部を切り分けるワンクッションともなる

2F
1:200

《2F間取り》
クロゼット／収納／書斎／ホール／おこさ間1／光の吹抜け／夫婦の間／押入／おこさ間2／収納／物干しバルコニー／光のホール／光の吹抜け／サンルーム／室内物干し

ほっとできる空間
旗竿敷地の竿部分をアプローチしてたどり着いた建物前に1つの世界を演出している。道路、竿部分のアプローチ、そしてポーチと段階的にプライベートな世界へといざなう

地面に近い安心感
ごろごろできる居場所は床レベルを下げて地面に近くしている。床レベルを下げたことで天井高も確保され、ひろ間とは違うくつろぎの居場所となった。造り付けのソファも用意して気ままにくつろげる

バスコートの癒し
水廻りの外側にはグリーンガーデンをつくり、浴室から楽しむ。洗面室、トイレにもこの庭からの光が入ってくる

明るく、使いやすく
キッチンを、背後の家事コーナー、パントリーと一体的につくる。南側の光とキンモクセイの香りが楽しい、使いやすい「部屋」となる

1F
1:200

《1F間取り》
庭1／ドライテラス3／庭4／ポーチ／スペース1／浴室／ドライテラス1／玄関／脱衣室／玄関ホール／板の間／勝手口／きま間／ひろ間／キッチン／庭2／ドライテラス2／勝手口／庭3／家事コーナー

オフィシャルに
両脇のコンクリートの壁が背筋を伸ばしてくれるような、オフィシャルなダイニング。敷地境界線上に塀を立てて、近隣住居の存在を感じさせない静謐な空間としている

敷地面積／196.37m²
延床面積／171.43m²
設計／長谷川建築デザインオフィス
名称／DRY & WET ガーデンハウス

003

吹抜けを多様に使って機能と環境と広がりを

都市住宅は、まちの隙間をどう生かすかが要となる。その生かし方次第で、住宅内部の暮らしもずっと豊かなものにできる。

ここではほぼ整形の敷地のなかで、建物を少し変形させ、道路側を少し振っている。これによりアプローチに奥行きが生まれ、北西の庭は広く、変化に富むものとなった。内部では、2階LDKと1階の広いホールを、流れるような回り階段と吹抜けで結び付け、全体をまとめている。

与条件
家族構成：2人
敷地条件：敷地面積100.03m²
　　　　　建ぺい率50％　容積率150％
　　　　　閑静な住宅街で三方を隣家に囲まれている。
建て主の主な要望
• ピアノを楽しみたい
• ガーデニングが楽しめる庭
• 光と風をうまく使い、断熱もしっかりと
• 自然素材の質感を大切にした家

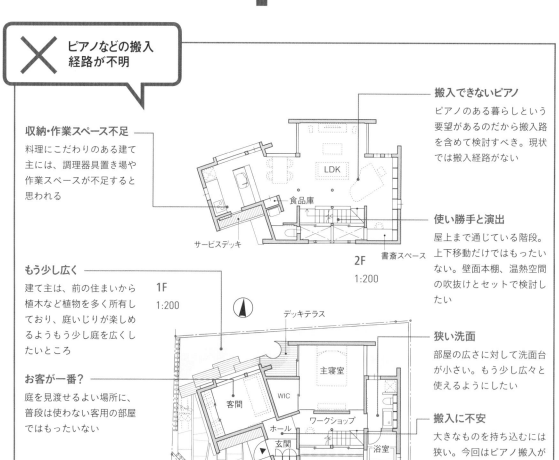

✕ ピアノなどの搬入経路が不明

収納・作業スペース不足
料理にこだわりのある建て主には、調理器具置き場や作業スペースが不足すると思われる

サービスデッキ

もう少し広く
建て主は、前の住まいから植木など植物を多く所有しており、庭いじりが楽しめるようもう少し庭を広くしたいところ

1F
1:200

お客が一番？
庭を見渡せるよい場所に、普段は使わない客用の部屋ではもったいない

食品庫

LDK

2F
1:200

書斎スペース

デッキテラス

主寝室

WIC

客間

ワークショップ

ホール

玄関

浴室

搬入できないピアノ
ピアノのある暮らしという要望があるのだから搬入路を含めて検討すべき。現状では搬入経路がない

使い勝手と演出
屋上まで通じている階段。上下移動だけではもったいない。壁面本棚、温熱空間の吹抜けとセットで検討したい

狭い洗面
部屋の広さに対して洗面台が小さい。もう少し広々と使えるようにしたい

搬入に不安
大きなものを持ち込むには狭い。今回はピアノ搬入が前提だが、その配慮がない

吹抜けも活用して メリハリと広がりを得る

左：一石四鳥の吹抜け。実用性とともに流れるようにデザインされた回り階段が建物のアクセントにもなっている

右：2階LDK。角度を振ったことで実際以上の広がりを獲得している

敷地条件

可変性

採光

人とのつながり

借景

動線

来客

プライバシー

収納

特殊部屋

多世帯

賃貸

一体空間

全面フルオープンとした2階は、間取りの軸を振ることで視覚的な広がりをつくり出し、同時にキッチンの作業スペースや収納スペースも増やしている。もちろんキッチンは建て主こだわりのオーダーメイド

一石四鳥

回り階段と壁面本棚を組み合わせることで、見てよし、本棚・階段として使ってよしに。かつ温熱環境も整え、音楽を家中に響かせる通り道にもなる一石四鳥の吹抜け

客間は兼用で

普段は半個室の集中できる書斎。来客時は小上がりの下部収納から布団を出して就寝できる客間となる

まとめて収納

主寝室と同等の広さをもつ床下収納を設けて、各部屋の収納を必要最小限にした

こだわりの庭

全体を南寄せの間取りとすることで、庭を広く確保。アプローチやホール、主寝室からも楽しめる庭となった

奥行きをつくる

道路に対して少し角度を振り、短いながらも道路からのアプローチを確保して、奥行きある玄関としている

2F 1:150

- リビング
- ダイニング
- キッチン
- 収納
- 書斎兼客間 小上がり

1F 1:150

- 北西の庭
- デッキテラス
- 主寝室
- 浴室
- 土間玄関
- ホール
- 廊下
- 洗面脱衣室
- ポーチ
- 書斎コーナー

敷地面積／100.03m²
延床面積／96.27m²
設計／設計アトリエ（瀬野和広）
名称／すきまちまどり

出迎える演奏空間

玄関ホールは広々とした演奏空間にもなる。吹抜け越しに、家全体に音楽が広がる

のびのび水廻り

オーダーメイドの洗面台収納やハーフユニットバスを活用したこだわりの水廻り

004

暮らしの中心が
2階でも
庭の木を
楽しめる家

　狭小敷地に建つ5人家族の家。日照を考えるとリビングは2階へ。しかし「部屋から木々を眺めたい」との要望があったため、2階のLDKではどこにいても中庭に植えたアオダモが眺められるようにしている。広いバルコニーでは、木を愛でながらのアウトドアリビングも楽しめる。廊下などの無駄を極力減らし、2階リビングを中心にした家族の気配の伝わる楽しい家となっている。

与条件
家族構成：夫婦＋子供3人
敷地条件：敷地面積65.47m^2
　　　　　建ぺい率60%　容積率160%
　　　　　間口6m弱の矩形の敷地。
建て主の主な要望
- 子供部屋は3室確保
- 家族の気配がわかるつくりに
- 扉はなるべく引戸にしてほしい
- 部屋から木々を眺めたい
- バーベキューができる屋外の場所がほしい

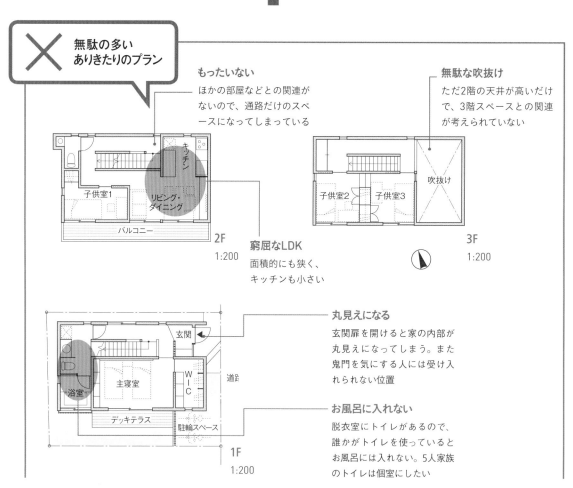

✕ **無駄の多い
ありきたりのプラン**

もったいない
ほかの部屋などとの関連がないので、通路だけのスペースになってしまっている

無駄な吹抜け
ただ2階の天井が高いだけで、3階スペースとの関連が考えられていない

子供室1　リビング・ダイニング　キッチン
バルコニー
2F
1:200

窮屈なLDK
面積的にも狭く、キッチンも小さい

子供室2　子供室3　吹抜け
3F
1:200

玄関
主寝室　WIC　道路
浴室
デッキテラス　駐輪スペース
1F
1:200

丸見えになる
玄関扉を開けると家の内部が丸見えになってしまう。また鬼門を気にする人には受け入れられない位置

お風呂に入れない
脱衣室にトイレがあるので、誰かがトイレを使っているとお風呂には入れない。5人家族のトイレは個室にしたい

階段を端に寄せ
極力廊下をつくらない

右：2階LDK。中庭のアオダモ
がどこからでも眺められる
下：子供室1。ロフトは吹抜け
でリビング側とつながっている

右側の見出し：敷地条件／つくり方／暮らし／人とのつながり／居住性／動線／美容／プライバシー／収納／特殊部屋／多世帯

撮影：石井雅義（3点とも）

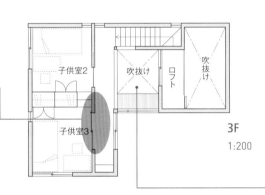

広く使える
子供室3は長男の部屋。引込
み戸を全開すると、廊下部分
も部屋の一部になる

3F
1:200

（図中：子供室2、吹抜け、ロフト、吹抜け、子供室3）

効果的な吹抜け
リビングにいながら子供の気
配が感じられる。子供室2と
3だけでなく、子供室1のロ
フトにも関係づけている

たまりのある空間
落ち着いたダイニングスペー
ス。お客さんがたくさん来た
ときは、リビングにテーブル
を移動する

（図中：キッチン、リビング、子供室1、ダイニング、バルコニー）

2F
1:200

第2リビングとして
大きなバルコニー。普段は洗
濯物干し場、天気のよい休日
は外部のリビングとして使う

庭の木を楽しむ
LDKのさまざまな位置から
中庭のアオダモが見えて、視
線が抜けることで、実際より
も広く感じられる

奥まって安眠
主寝室は道路から一番離れた
位置に。車の通りも気になら
ずゆっくり眠ることができる

（図中：浴室、WIC、玄関、道路、主寝室、駐輪スペース）

コンパクト＆機能的
玄関に接続してクロークを設
置。また風除室にするために
引込み戸もつけている

1F
1:200

敷地面積／65.47m²
延床面積／93.79m²
設計／U設計室（落合雄二）
名称／世田谷の家

05

角地の特性を
生かしつつ
緑とつながる
狭小間取り

街並みへの圧迫感を和らげる家のかたち、落ち着いた色調の外壁。さらには奥行きのあるアプローチと植栽によって、地域の雰囲気に静かに溶け込むような外観となっている。

ちいさな2つの庭に面して主要な窓が開けられ、プライバシーが守られるとともに、室内と庭とが気持ちよくつながる生活空間ができあがった。キッチン〜ダイニング〜中庭は一つながりの空間のようになり、将来の希望である小さなキッチンスタジオも、楽しい雰囲気となりそうだ。

与条件
家族構成：夫婦＋子供1人
敷地条件：敷地面積112.33m^2
　　　　　建ぺい率60％　容積率100％
　　　　　ほぼ正方形の角地の敷地。閑静な住宅街だが、前面道路の交通量は多い。
建て主の主な要望
- 街並みにそっと溶け込むような佇まい
- 道路からのプライバシーを考慮して
- 将来的にキッチンスタジオを開きたい

 狭小・角地での
工夫が見られない

2F
1:200

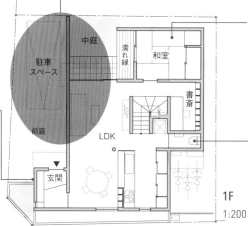

1F
1:200

もったいない
東向きのコーナー部分にクロゼット。せっかく2方向に開口が取れるのに、閉鎖的にしてしまうのはもったいない

面積取りすぎ
玄関前の駐車場と前庭にスペースを取りすぎている。前庭に植栽スペースをつくりにくく、リビングに窓を設けても魅力的な窓辺がつくりにくい

圧迫感がある
角地のコーナー部分に出っ張らせた建物は、街並みに対して圧迫感がある。またこの部分の植栽は、街並みに緑を提供する意味はあっても、住まい手は楽しみにくい

ほとんど意味なし
階段に添わせて吹抜けを設けているが、吹抜けの下は中廊下。暗くなりがちな廊下を明るくする効果はあるものの、せっかくならもう少し効果的な吹抜けをつくりたい

陽当たりが悪い
水廻りの脇に設けたバルコニー。場所は悪くないが、物干しにするには陽当たりが悪い

ちょっと狭い
客間として使うには6畳はほしいところだが、和室を大きくするとリビング脇の窓が小さくなってしまう。中庭も閉塞感が強い

正対は避けたい
トイレがリビングの真正面に置かれている。できるだけトイレとLDKはワンクッションおいた関係としたい

無駄をなくして メリハリをつける

左：2階主寝室。プライバシーを守りながら中庭の緑を楽しむ
右：1階LDK。コンパクトなワンルーム空間。写真中央に見えるアーチ状の入り口から和室に入る

敷地条件

可変性

採光

人とのつながり

借景

動線

来客

プライバシー

収納

特殊部屋

多世帯

賃貸

緑を楽しむ
子供室となる個室からは前庭の緑が楽しめる。道路からも少し奥まった位置となり、落ち着ける部屋となる

明るいバルコニー
物干し場となるバルコニーは東南向きの明るい場所に。北側は袖壁を出して、道路側から見えにくくしている

一つながりの空間に
キッチン〜ダイニング〜中庭は、一つながりの気持ちよい空間になった。またダイニングとリビングは一室空間だが大きめのテレビボードで分けられ、それぞれの居場所がつくられる

客間に適した6畳
LDK脇に客間として十分な広さの和室を確保。出入り口を絞ることでLDKと距離感が生まれ、またダイニング側からとは異なる落ち着いた濡れ縁、中庭をもつことで別室として意識される

2F
1:150

主寝室
WIC
個室
バルコニー
浴室

1F
1:150

中庭
テラス
ダイニング
キッチン
濡れ縁
押入
和室
リビング
手洗室
物入
ホール
書斎
玄関
前庭
駐車スペース
ポーチ
サービスヤード

適所に配置
眺めがよくない敷地奥に、大きな窓が不要なクロゼットを配置した

廊下のないワンルーム
LDKは無駄な動線をなくしてコンパクトに。各スペースに広がりと一体感が生まれた。トイレは手洗い室をつくり、直接トイレの扉がLDKから見えないようにしている

つかず離れず
階段を2段上がったところから入る書斎。階段の昇り口で視界が絞られ、かつ床のレベル差をつくることで、書斎はLDKとつかず離れずの関係となり、落ち着いた空間となる

前庭のゆとり
前庭の植栽に寄り添うようにソファコーナーをつくり落ち着く窓辺のスペースにする。前庭の植栽は、アプローチからも、玄関ホールからも、リビングからも眺められ、通行人から室内への視線もさえぎってくれる

交差点に開く
角地を駐車スペースにして街並みへの圧迫感をなくしている

敷地面積／112.33m²
延床面積／112.39m²
設計／オノ・デザイン建築設計事務所（小野喜規）
名称／桜坂の家

006

小さな工夫の積み重ねで暮らしやすさを倍増させる

敷地の奥で建て主の実家と兄弟の住宅が接していたので、大きなデッキを用意することにより、3世帯の家族が集まれる場所をつくった。

前面道路からデッキに直接アクセスできるよう建物を2棟に分割した。それぞれの階高を操作して、高い天井の部屋やコンパクトな部屋など空間にもメリハリを付けている。小さな住宅だが3家族を結ぶ大きな役割をもつ住宅である。

与条件
家族構成：夫婦
敷地条件：敷地面積100.00m²
　　　　　建ぺい率40％　容積率80％
　　　　　平坦。平行四辺形のような平面形状。
建て主の主な要望
• ハワイのようなイメージで
• 北欧のような雰囲気もほしい
• 小さな書斎を希望

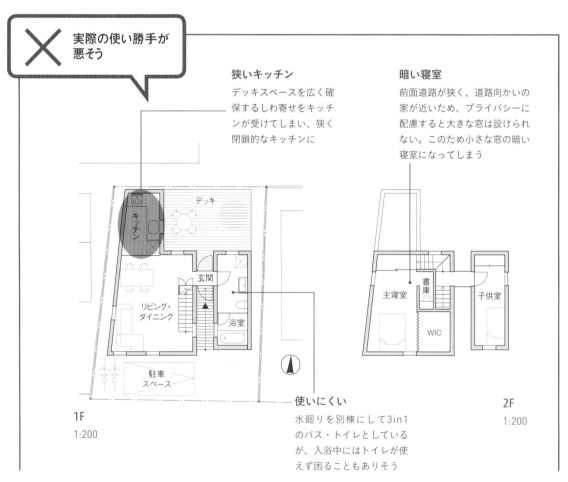

✕ 実際の使い勝手が悪そう

狭いキッチン
デッキスペースを広く確保するしわ寄せをキッチンが受けてしまい、狭く閉鎖的なキッチンに

暗い寝室
前面道路が狭く、道路向かいの家が近いため、プライバシーに配慮すると大きな窓は設けられない。このため小さな窓の暗い寝室になってしまう

1F
1:200

使いにくい
水廻りを別棟にして3in1のバス・トイレとしているが、入浴中にはトイレが使えず困ることもありそう

2F
1:200

使い勝手と室内環境を優先させる

左：正面外観。右側が水廻りと子供部屋のある棟
右：2階寝室と道路側のテラス。テラスの壁の窓は小さいが、上から光が入るので室内も明るい

撮影：吉田誠（3点とも）

緩衝帯を挟む
窓を外壁から後退させ緩衝帯をつくる。外部からワンクッション置かれたことで、寝室の圧迫感を解消した

アルコーブに書斎
主寝室と子供室で床レベルを変え、階段を回すことで寝室内にアルコーブをつくり、建て主希望の書斎スペースとした

光を採り込むテラス
上部を開放したテラスは、プライバシーを確保しながら上からの光を室内に採り込め、寝室を明るくする

2F
1:150

広さを確保しておく
子供部屋でも大きくつくって、成長してからも使いやすい部屋としておく

集えるデッキ
隣接する実家のご両親も訪れやすい位置にデッキを配置。アウトドアリビングで気軽にお茶や食事が楽しめる。デッキには、前面道路から玄関を抜けて直接向かうこともできるようになっている

一体のLDK
キッチンとリビングの接する面積を増やして、リビングと一体的なオープンなキッチンにしている

メリハリの大空間
ほかの部屋とメリハリが付けられ、天井が高く広々と感じられるリビング・ダイニング

いつでも入れる
建て主の希望により、トイレを浴室側と切り離し、いつでも気兼ねなく入れる位置に置いた

敷地面積／100.00m²
延床面積／70.63m²
設計／納谷建築設計事務所
名称／三鷹の住宅

1F
1:150

007

吹抜けで家全体が ワンルーム、 家族が 楽しい間取り

閑静な住宅街の角地に建つ家。1階LDK・2階セカンドリビング・ロフトを、吹抜けでつながった大きなワンルームと考え、家族の気配を感じながら過ごすことができる空間を目指した。

自然が好きな建て主なので、全面レッドシダー外壁とし、パーゴラで夏の陽射しをさえぎり緑を眺められるようにした。広いデッキスペースを確保し、休日には向かいに住んでいる両親や友人などを呼んで、バーベキューなどを楽しむこともできる。

与条件
家族構成：夫婦＋子供3人
敷地条件：敷地面積176.36m²
　　　　　建ぺい率70％　容積率100％
　　　　　閑静な住宅街の角地。南側にご主人の実家がある。
建て主の主な要望
・子供も楽しめる家に
・広いデッキスペース、薪ストーブがほしい
・子供3人の個室の確保

✕ 家族5人それぞれの居場所が見えない

なかが丸見え
玄関からリビングに向かう際、キッチンの横を通るので、来客にまでキッチンのなかが丸見えになってしまうのが気になる

足りない洗面
家族は子供3人で計5人。この人数に対して洗面ボウル1つでは足りない。また、この広さでは狭いので身支度時に混雑する

たくさんあるけど…
収納量は十分にありそうだが、両側の扉が視界に多く入ってきて窮屈に感じてしまわないか心配

追いやられたリビング
せっかく南側に大きな開口がありデッキともつながっているのに、窓の前が2階への動線となっているため内外が分断され、リビングが内側に追いやられている

長い動線
玄関から2階へは、LDKの中央を突っ切り、リビングを回り込むようにして向かう。これでは動線が長く、通路としての空間が多くなってしまう

子供室1／子供室2／子供室3／吹抜け／キャットウォーク／パーゴラ／バルコニー／WIC／寝室／2F 1:250／パーゴラ

洋室／浴室／上部吹抜け リビング／ウッドデッキ／ウッドフェンス／道路／玄関／キッチン／ダイニング／駐車スペース／道路／1F 1:250

敷地条件

可変性

採光

人とのつながり

借景

動線

来客

プライバシー

収納

特殊部屋

多世帯

賃貸

◎ 動線を整理して セカンドリビングも

1階リビングの吹抜けの大空間。2階の手すりが見えているところがセカンドリビング

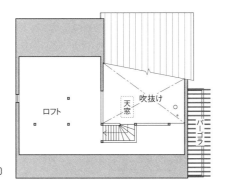

LF
1:200

ロフト　天窓　吹抜け　パーゴラ

ロフトからの見下ろし。セカンドリビングには、薪ストーブの煙突と並んで子供たちがロフトから滑り降りるポールが立っている

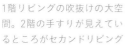

もう1つの居場所

2階吹抜けに沿うように広場のようなセカンドリビングを設けている。1階リビングより少しラフな、誰もがくつろげるもう1つの家族の居場所となる

2F
1:200

子供室1　子供室2　子供室3　吹抜け　キャットウォーク　パーゴラ　セカンドリビング　バルコニー　WIC　寝室　パーゴラ

子供心をつかむ

2階とロフトを階段でつなぐだけでなく登り棒をつけることで、子供がわくわくする要素をつくっている

明るいリビング

薪ストーブをリビングとダイニングの間に、階段を水廻り寄りに配置することでリビングはデッキ側に寄せられ、内外一体の明るい空間になった

混雑しない配慮

洗面脱衣室を広めに取り、洗面ボウルも2つ用意。家族5人でも、朝の混雑が軽減されストレスもなくなる

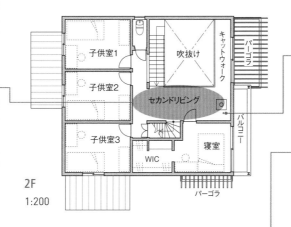

浴室　洋室　上部吹抜け　ウッドデッキ　リビング　納戸　SIC　玄関　キッチン　ダイニング　駐車スペース　ウッドフェンス　道路

BBQもできる

リビング前に広いデッキをつくり、さらにウッドフェンスで囲うことでプライベートな遊べる外部空間に。向かいの両親や友だちを呼んでバーベキューもできる

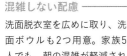

玄関収納

玄関脇にシュークロークと内納戸を配置。家族5人分の靴などもしっかり収納しながら、玄関をスッキリさせている

敷地面積／176.36m²
延床面積／144.04m²
設計／こぢこぢ一級建築士事務所
　　　（小嶋良一）
名称／FUN! HOUSE!

1F
1:200

道路

2wayの便利さ

玄関からは、ホールを経てLDKに向かう動線のほかに、直接キッチンに入る動線も。買い物帰りなどは、玄関から直接キッチンに荷物を運びこめる

008

2階LDKのコの字プランで内外一体の心地よさを得る

周囲を隣家に囲まれた旗竿状敷地に建つ、夫婦と4匹のネコのための家。密集地のため、窓から見える風景や視線を考慮し、1・2階それぞれに別の機能をもつプライベートデッキを設けた、コの字型間取りを提案した。どの部屋もデッキに面しているので、光と風を取り込め、隣家の樹木を借景にして外部とも心地よくつながる。回遊動線で狭さを感じさせない構成とし、数字以上の広がりを感じられる計画となった。

与条件
家族構成：夫婦＋ネコ4匹
敷地条件：敷地面積159.74m²
　　　　　建ぺい率60％　容積率150％
　　　　　間口3mで奥行きが13mの旗竿状変形敷
　　　　　地。周囲を隣家に囲まれるが、南西側隣
　　　　　家の植栽が借景可能。
建て主の主な要望
• ゆったりくつろげるリビング
• ネコたちと楽しく暮らしたい
• 開放的で外を気にせず窓を開けられる家

✕ **シンプルだけど つまらなそう**

ネコが逃げちゃう
玄関には脱走防止用の扉が必要。また、1、2階で別々にネコを飼うという前提なので、階段にも接触防止用の扉が必要

すっきりしない
畳寝室やベランダへの動線が交錯してしまい、落ち着かないリビングの印象に

丸見え
トイレの出入りがリビングから丸見え

光が入らない
洋室1と2は仕切って別々に使えるようにしているが、洋室2は隣家が間近に迫っていて陽射しが入らない

配慮が足りない
南西側に隣家の緑があり、玄関からその緑を楽しめるのはよい。ただし、ここは物干し場としても使いたい場所。玄関に入って目の前に洗濯物が干されているのはマズイ

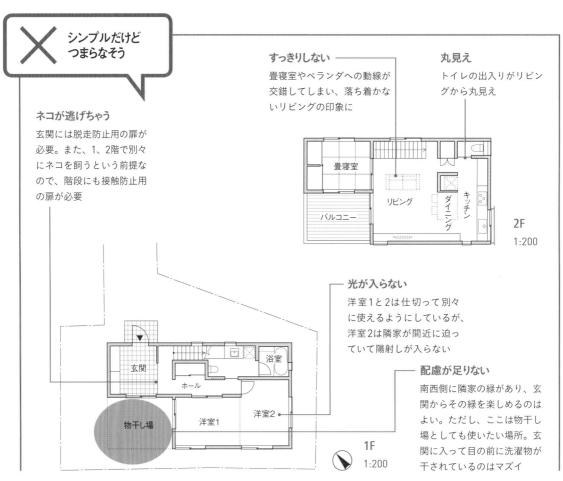

2F 1:200

1F 1:200

コの字平面と
回遊動線で
暮らしにメリハリ

左：2階バルコニー。隣家の緑を借景した気持ちのいいセカンドリビング
右：2階LDK。広いリビングはさまざまな使い方が可能

敷地条件

可変性

採光

人とのつながり

借景

動線

来客

プライバシー

収納

特殊部屋

多世帯

賃貸

隠れた場所に
ダイニング、リビングから少し離れ、見えにくい位置にトイレを配置。気兼ねなくトイレに行ける

ストレスなく
ダイニングスペースと収納を中心にした回遊動線。行き止まりがなく、どこにでも行きやすいのでストレスがない

ゆとりのスペース
リビングの延長として猫と遊んだり、ヨガやストレッチをしたり、+αのスペースを用意している

コの字間取り
バルコニーを囲むコの字の間取りは、内外一体の空間をつくりやすい。隣家の緑を借景できるので明るく開放的なLDKが実現できた。勾配天井やデッキ越しに視線が抜ける効果により、実際の面積以上の広がりが感じられる

逃げられない
ネコが出られないように玄関手前と2階階段降り口に扉を設置

効率よく
衣類も収納する納戸を配置。洗濯機置き場をコアとして回遊動線をつくり、洗う、干す、しまうの家事効率がアップ。トイレを個室として洗面室もゆとりある空間に

分けて充実
夫婦それぞれの個室としてデッキを挟んで配置。両部屋で陽当たり、通風を確保し、お互いのライフスタイルも尊重できる

ダイニング・キッチン

リビング

バルコニー

畳寝室

2F
1:150

駐車スペース

玄関

納戸

浴室

洗

ホール

洋室1

デッキ

洋室2

1F
1:150

敷地面積／159.74m²
延床面積／91.10m²
設計・施工／北村建築工房
名称／このまの家

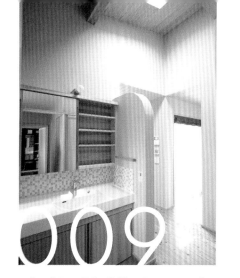

009

夫婦共働きの家は
平面形で
くつろげる
庭をつくる

東西に長い分譲地。陽当たりと風通しのよい家を希望された。

移動には当たり前のように車を使う地域のため、通勤用の車2台と来客用に2台、合計4台分の駐車スペースをまず確保。隣地や庭とのつながり、南の家の影も考慮し、建物の奥行きや形を工夫した。建物をL字にして、西側にある道路からの視線が気にならない大きな庭をつくっている。また、共働きの夫婦のため家事動線にこだわり、将来的に1階のみで生活できる家にしている。

与条件

家族構成：夫婦＋子供2人
敷地条件：敷地面積264.57m²
　　　　　建ぺい率60%　容積率200%
　　　　　東西に長い敷地で、南東部分が明るいエリア。分譲地でプライバシーが気になる。
建て主の主な要望
• 明るく風通しよく、ゆったりできる空間
• 効率のよい家事動線
• プライバシーを確保したい

✕ **敷地や周辺環境への配慮が不足**

陽当たりが悪い
南側隣家で日陰になるところがリビングになってしまっている

落ち着かない書斎
トイレや洗面に行く動線上にある書斎スペース。来客に見せたくない物もあるのでは？

将来への配慮不足
将来的に1階で生活が完結するようにしたいが、和室を寝室として使うとしても、クロゼットと室内物干しは2階に残ったまま。2階が中途半端で無駄な場所になりそう

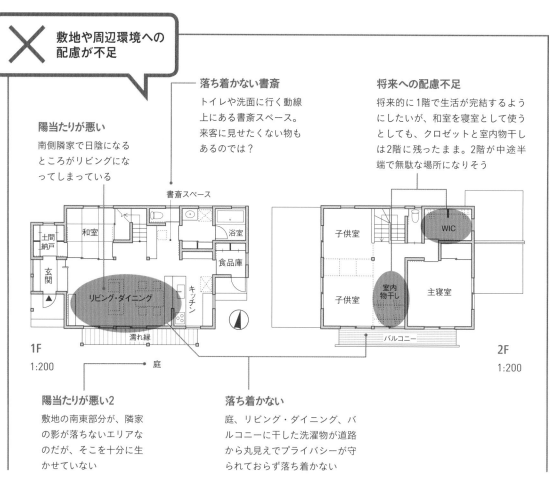

1F 1:200　　庭

2F 1:200

陽当たりが悪い2
敷地の南東部分が、隣家の影が落ちないエリアなのだが、そこを十分に生かせていない

落ち着かない
庭、リビング・ダイニング、バルコニーに干した洗濯物が道路から丸見えでプライバシーが守られておらず落ち着かない

敷地条件

可変性

採光

人とのつながり

借景

動線

来客

プライバシー

収納

特殊部屋

多世帯

賃貸

守られた庭と効率的な動線で暮らしやすく

庭の奥から見る。建物をL字にして道路からの視線をカットし、プライベートに楽しめる庭を確保した

上からの光

暗くなりがちな洗面スペースには、トップライトから光を落として明るい空間に。この光が廊下も明るくしてくれる

日当たり抜群

南に面した子供室は陽当たり抜群。子供が小さいうちは広い遊び場として使い、簡単な壁ですぐに仕切れるようにした

隠れ家のように

2階の奥のスペースに配置した、来客の目につかない隠れ家のような書斎スペース。家族みんなで使える

子供室　子供室　書斎スペース

バルコニー

ガラス屋根

2F
1:150

干しやすい場所

洗濯機から短い距離で行ける寝室前の縁側スペースを室内物干しとして活用。外の物干しはデッキに出たところ。デッキにはガラスの屋根もあるので急な雨でも安心。外出時や花粉の季節には室内干しに

休日はカフェ気分

陽当たり、風通しのよいLDKは、より落ち着いた空間になるように、玄関や水廻り、寝室と分けるように配置。休日に、広いデッキでプライベートな庭を眺めながらくつろげば、カフェ気分になれそう

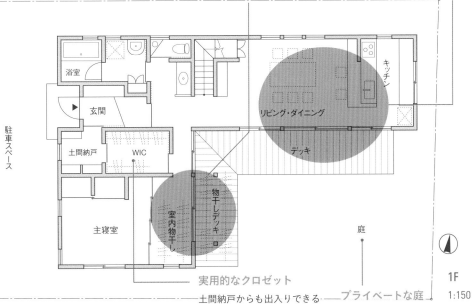

浴室　玄関　駐車スペース　土間納戸　WIC　主寝室　物干しデッキ　室内物干し　リビング・ダイニング　キッチン　デッキ　庭

1F
1:150

実用的なクロゼット

土間納戸からも出入りできるウォークインクロゼットを1階に配置。物干し場からも近いので、しまうときも楽々。出かけるときや帰宅時など、身づくろいにも便利

プライベートな庭

建物をL字にして道路からの視線をカット。隣家の影響をあまり受けない陽当たりのよい場所に、プライベートな庭をつくっている

敷地面積／264.57m²
延床面積／114.27m²
設計・施工／小林建設
名称／分譲地に建つ陽当りの良いL字型の家

010

3方向からの視線に配慮し囲われた中庭から採光を

直角三角形に近い変形敷地で、「この土地ならではの家」を目指した。3方向で道路に接しているため陽が入りやすく、特に西側は素晴らしい眺望が得られる。しかし一方で、大きな窓をつけると外から丸見えになるため、プライバシーにも配慮が必要という条件である。

明るく、家のどこにいても家族の気配が感じられる開放的な間取りとするため、壁で守られた中庭デッキ中心の間取りとなっている。

与条件
家族構成：夫婦＋子供2人
敷地条件：敷地面積141.77m²
　　　　　建ぺい率60％　容積率80％
　　　　　閑静な住宅街のなかにある直角三角形に
　　　　　近い形状の敷地。東と西で接道し、特に
　　　　　西側は花火大会や富士山が見える。
建て主の主な要望
• 近所の目を気にせず、家族で楽しく暮らせる家
• みんなで料理がしやすいキッチン
• 開放感のある浴室

✕ 1、2階が分断され敷地の使い方も半端

つながらない個室
将来、2つに分けられるようになっているが、両方ともLDKなどとのつながりがなく孤立しがち

形だけのリビング階段
コミュニケーションの役には立ちそうもない、空調効率が下がるだけのリビング階段

陽射しが入りにくい
東側の採光が考慮されておらず、午後にならないと陽が入らない。キッチンに至っては終日暗い。北西側の窓をいくら大きくしても、道路に面しているので、カーテンを閉めたままになりそう

PCスペース
WIC　主寝室　子供室
バルコニー

2F
1:200

迫るフェンス
せっかく窓を大きくしても、浴室前に設置した目隠しフェンスが近くまで迫っていて開放感がない

中途半端
サニタリー前の外部空間だが中途半端な広さで、限られた用途にしか使えない

余った庭
いかにも建物を配置した残地の庭。道路と高低差があるので柵も必要で、子供が走り回る光景が想像できない

浴室
バスコート
リビング
ウッドデッキ
ダイニング
玄関
キッチン
駐車スペース

1F
1:200

中庭と2階から家中に光を行き渡らせる

右側説明：
左：2階子供室側からフリースペースを見たところ

右：1階キッチン・ダイニングと中庭デッキ。中庭デッキは壁に守られたプライベートな外部空間

敷地条件

可変性

採光

人とのつながり

借景

動線

来客

プライバシー

収納

特殊部屋

多世帯

賃貸

大容量ですっきり
家族みんなで使う大きなクロゼット。衣類だけでなく日用品やおもちゃなどもしまっておける容量を確保。これで、すっきり暮らせる

家庭用菜園！
一見陽当たりの悪そうな北側のコーナーだが、建物を西側に寄せ、東側を駐車スペースとして大きく開いた。おかげで、南からの陽射しが終日確保できる。子供と一緒に野菜づくりも楽しめそう！

陽射しは十分！
道路際になる1階の窓は最小限に。その分、階段に添わせて上部に大きなFIX窓を設けて採光。高い位置の窓でも、1階を十分明るくしてくれる

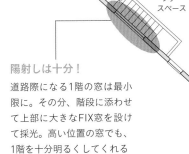

図中ラベル：
主寝室 / WIC / PCスペース / 吹抜け / フリースペース / 子供室

花火大会を見よう
階段脇の大きな窓を通して夏は花火大会も楽しめるフリースペース。子供が小さなうちは子供室と一体的に使い、大きな遊び場となる

2F 1:150

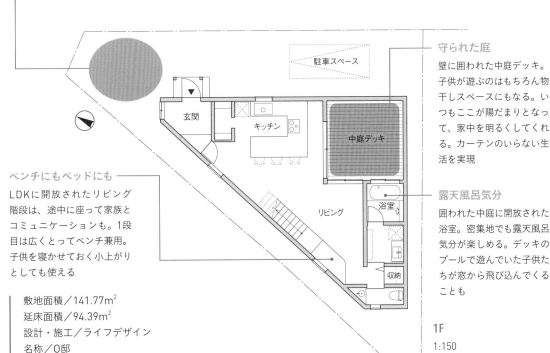

図中ラベル：
駐車スペース / 玄関 / キッチン / 中庭デッキ / リビング / 浴室 / 収納

守られた庭
壁に囲われた中庭デッキ。子供が遊ぶのはもちろん物干しスペースにもなる。いつもここが陽だまりとなって、家中を明るくしてくれる。カーテンのいらない生活を実現

露天風呂気分
囲われた中庭に開放された浴室。密集地でも露天風呂気分が楽しめる。デッキのプールで遊んでいた子供たちが窓から飛び込んでくることも

ベンチにもベッドにも
LDKに開放されたリビング階段は、途中に座って家族とコミュニケーションも。1段目は広くとってベンチ兼用。子供を寝かせておく小上がりとしても使える

敷地面積／141.77m²
延床面積／94.39m²
設計・施工／ライフデザイン
名称／O邸

1F 1:150

011

3つの庭で
光と風を採り込み
室内に潤いと
広がりを

東京郊外の住宅。ご主人のワークスペースを一部併設している。南側に向いた採光条件のよい敷地である。光と風をふんだんに採り込む家とするため、3つの庭を設けた。

3つの庭は南側、北東、北西に設けている。その結果、北側でも明るく、南北に風が通る空間になっている。また、LDKの中央から南、北東、北西の3つの庭に対する眺望を確保し、光に包まれるような空間とすることができた。風呂や畳コーナーなどからも庭を楽しむことができる。

与条件
家族構成：夫婦
敷地条件：敷地面積127.75m²
　　　　　建ぺい率40％　容積率80％
　　　　　間口8mほどの南道路の敷地。採光条件はよい。
建て主の主な要望
・テラスなどの外部空間とつながるように
・ワークスペースがほしい
・愛犬2匹と一緒に暮らせる家

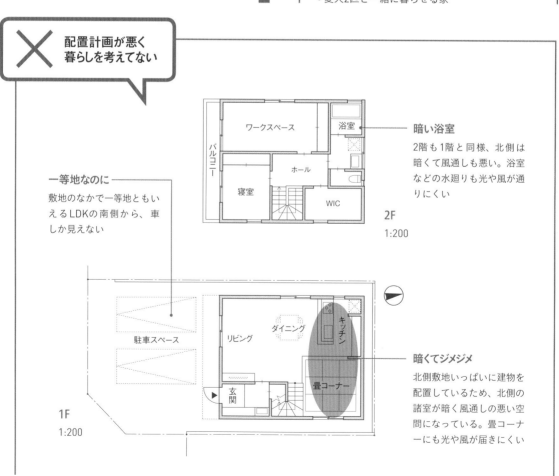

✕ 配置計画が悪く暮らしを考えてない

暗い浴室
2階も1階と同様、北側は暗くて風通しも悪い。浴室などの水廻りも光や風が通りにくい

一等地なのに
敷地のなかで一等地ともいえるLDKの南側から、車しか見えない

暗くてジメジメ
北側敷地いっぱいに建物を配置しているため、北側の諸室は暗く風通しの悪い空間になっている。畳コーナーにも光や風が届きにくい

2F
1:200

1F
1:200

ワークスペース　浴室　バルコニー　ホール　寝室　WIC

駐車スペース　リビング　ダイニング　キッチン　畳コーナー　玄関

外部空間のつくり方で余裕のある暮らしに

上：道路側外観。駐車スペースの脇に木製の塀を立て、デッキやリビングが丸見えにならないようにしている

右：客間からダイニング、リビング方向を見る。長く視線が抜けていく

撮影：見学友宙（3点とも）

敷地条件

可変性

採光

人とのつながり

借景

動線

来客

プライバシー

収納

特殊部屋

多世帯

賃貸

ほしい光だけ採り込む
バルコニーを少し入り込んだかたちにすることで、夏の陽射しを避けつつ、明るい光を室内に採り込む

緑と光に包まれる
LDKの真ん中から、南、北東、北西の3つの庭に対する眺望を確保し、緑と光に包まれるような空間としている

外を楽しむ
リビングに続く広いウッドデッキを設け、リビングに広がりをもたせている

明るい階段
暗くなりがちな階段も、北東に庭を設けることで光と風が通る気持ちいい空間となった

バルコニー
ワークスペース
浴室
ホール
寝室

2F
1:150

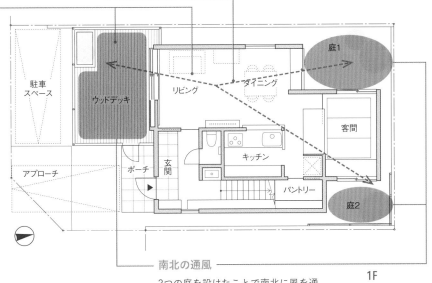

駐車スペース
ウッドデッキ
リビング
ダイニング
庭1
客間
アプローチ
ポーチ
玄関
キッチン
パントリー
庭2

1F
1:150

南北の通風
3つの庭を設けたことで南北に風を通すことができ、また北側の客間も明るい空間にできる。さらにLDK、客間、2階の浴室など、いろいろな場所から庭を楽しめる

敷地面積／127.75m^2
延床面積／97.93m^2
設計／佐久間徹設計事務所
名称／小金井緑町の家

012

隣家に囲まれても明るく開放的なコートハウス

現状は北・西が雑木林だが、いずれ宅地化されれば四周を家に囲まれる旗竿状の敷地。周囲の視線をさえぎり、かつ将来にわたって陽当たりを確保するという、相反する課題をクリアする必要があった。表通りからは玄関廻りしか見えない条件のなかで、シンプルで美しい外観を目指した。

間取りは、これから伸び伸び子育てしたいという要望に応えて、家中が子どもの遊び場となるような構成を考えた。外部空間を有効に取り込みながら、明るく開放的な家となっている。

与条件
家族構成：夫婦＋子供1人（もう1人希望）
敷地条件：敷地面積150.06m²
　　　　　建ぺい率60％ 容積率180％
　　　　　旗竿状敷地。竿部分は4m強。西と北は雑木林だが、将来開発の可能性あり。

建て主の主な要望
・子供が家中を走り回るようなイメージ
・将来的にも陽射しを十分採り込めるように
・開放感のある浴室、明るく風通しのよい水廻り

 隣家に囲まれた敷地特性に無頓着

工夫がない玄関
ゲストへの演出が何もなく、ウッドデッキやリビングなどのプライベートスペースとも視線が交錯する

生きない吹抜け
せっかく吹抜けをつくっているのに2階のどの部屋とも接していない。2階の中央にアクセスすることで廊下を最小限にするのはよいが、これでは吹抜けが生きない

スペース効率だけ
ユニットバスは窓が小さく圧迫感がある。サニタリースペースも必要最小限で、暗く風通しも悪い

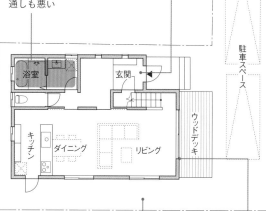

1F
1:200

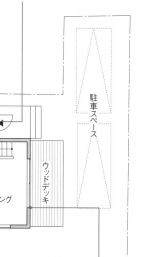

2F
1:200

意味不明なスペース
LDK前に中途半端に残ったスペース。物置でも置かれたらリビングからの景観が台なしに。将来西側隣地に家が建って、陽が当たらなくなる可能性も大きい

南面の大きな窓
リビングの奥まで外から丸見え。普段はカーテン閉めっぱなしになりそう

長い洗濯動線
重い洗濯カゴをもって階段を上がり、建具を4か所開閉して2階バルコニーまで。約17mもある長い動線は毎日の暮らしのなかではかなり負担

デッキと吹抜けで
家中に光を届ける

キッチンとダイニングテーブルを一体化させたDK。家族が自然に集まる場所に

開放感抜群！
南と西の2方向で吹抜けを感じ、東側で外を見渡せるキッズルームは開放感抜群。通路部分はグレーチングとしたので、1階LDKともつながる。将来、もし個室にしたいときには適宜仕切って対応できる

遊べるバルコニー
洗濯物は1階に干せるので、ここは布団を干したり夕涼みをしたり下のデッキテラスとやり取りしたり、と使い方は自在。外から見られない、くつろぎの外部空間

小さくても十分
アプローチから丸見えになってしまう1階南側の窓は小さく。しかし吹抜け上部にも窓があって、1階には南からの光が十分に射し込む

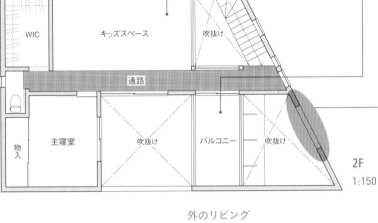

WIC / キッズスペース / 吹抜け / 通路 / 物入 / 主寝室 / 吹抜け / バルコニー / 吹抜け

2F
1:150

仲よく過ごす場
ダイニングテーブル一体でコの字型に造作したキッチン。広いテーブルを囲んで家族が自然に集まり、食事はもちろん宿題やゲームもここで。テーブル下に収納も造り付けたうえ、パントリーもあるので片付けもすっきり

外のリビング
壁で囲われたデッキテラスは外のリビング。洗濯物を干すだけでなく、夏場のプールやバーベキュー、白い壁面を利用したホームシアターなど、さまざまな使い方で楽しめる

ドレッシングルーム
洗面室を分離し脱衣室に特化したこの部屋は、家族全員分の衣類も収納するドレッシングルーム。入浴時に脱いだ衣類はそのまま洗濯機に入れて洗い、サニタリー経由でデッキの物干し場へ

露天風呂気分に
外から見えない中庭に面した浴室は開放的で露天風呂気分。夏は星空を見ながら入浴

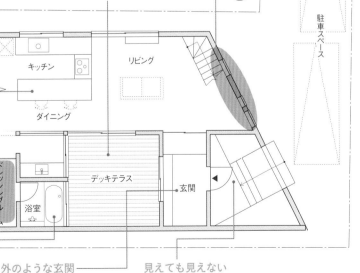

パントリー / キッチン / リビング / ダイニング / デッキテラス / 玄関 / ドレッシングルーム / 浴室 / 駐車スペース

1F
1:150

敷地面積／150.06m²
延床面積／101.10m²
設計・施工／ライフデザイン
名称／ソラマドいえ博モデルハウス

外のような玄関
入ると目の前にはデッキテラスが広がる、外にいるような明るい玄関空間。土間スペースを大きく取り、自転車やベビーカーも収容可

見えても見えない
道路からファサードが見えるように壁面を斜めに。玄関はアルコーブの奥に設けているので、道路からはアプローチだけが見え、玄関は見えないようにしている

013
高低差を覆う大きなデッキで家族の気配をつなぐ家

1.8mほどの道路との高低差を、できるだけコストを抑えながら、上手く利用したプラン。

駐車場の上をウッドデッキとし、敷地中央の丘状の庭を回遊できるようにウッドデッキがつながる。L字形に配置された建物からは、庭仕事をする夫、デッキの上を走り回る子供、家事をする妻、と家族みんながお互いの気配を感じられる。また、ウッドデッキの一部屋根のかかるスペースは、物干し場になるのはもちろん、外での食事もできるし、和室とLDKをつなぐ緩衝帯ともなる。

与条件
家族構成：夫婦＋子供1人
敷地条件：敷地面積244.97m²
　　　　　建ぺい率60%　容積率200%
　　　　　道路より1.8mほど高い敷地。周辺は畑などもあるのどかな新興住宅地。
建て主の主な要望
- 高低差を生かした計画（コストは抑えて）
- 家族の気配がどこでも感じられるように
- いろいろな場所から庭を眺めて楽しみたい

✕ 凡庸なうえにコストアップも心配

孤立しすぎ
客間として離れ的につくった和室だが、庭を望めるわけでもなく孤立しすぎの印象

プライバシーが
庭とテラスに大きく開いたLDKは気持ちよさそうだが、外の通路を歩く人からは丸見えになってしまう

つながりがない
ありきたりの2階のプラン。下階とのつながりもなく、凡庸でつまらない

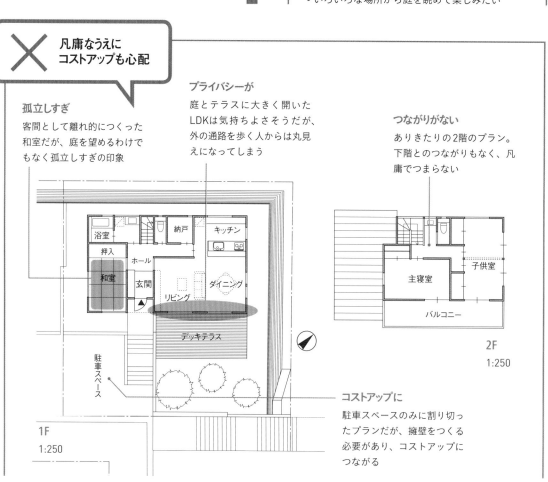

1F
1:250

2F
1:250

コストアップに
駐車スペースのみに割り切ったプランだが、擁壁をつくる必要があり、コストアップにつながる

敷地の高低差を「楽しむ外部空間」に

敷地条件

可変性

採光

人とのつながり

借景

動線

来客

プライバシー

収納

特殊部屋

多世帯

賃貸

左：和室からLDK方向を見る。屋根のあるデッキをあいだに挟み、双方で気配を伝えあう
右：道路側外観。駐車スペースまでデッキで覆って、高低差を感じさせない

小屋裏収納　バルコニー　物入　子供室　主寝室　物入

2F　1:200

吹抜けでつながる
階段脇を少し広げて吹抜けとし、子供室と下階の気配をつなぐ

屋根付き物干し場
広いデッキの一角を屋根付きの物干し場に。洗濯機から近く、洗う・干すから和室で畳むという家事動線が効率的に考えられている

気配を感じる
離れの和室だが、外部デッキ越しにLDKとつながる。そのため離れてはいても気配が感じられ孤立しない

楽しめる外部
高低差を利用して駐車スペース上までデッキをつくり、回遊できるようにした。広いデッキからは、中央の丘を巡ってさまざまな景色が楽しめる

浴室　上部吹抜け　キッチン　押入　和室　リビングダイニング　〈下部駐車スペース〉　玄関　納戸　ウッドデッキ

1F　1:200

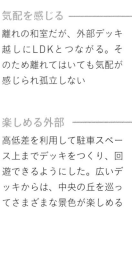

敷地面積／244.97m²
延床面積／113.72m²
設計・施工／中野工務店
名称／丘に立つ回遊ウッドデッキの家

コストを抑える
土地の形状をそのまま利用して法面とし、擁壁の費用を抑える。リビングから駐車スペース方向、和室から道路方向などに視線が抜ける効果もある

014

光と風をもたらす中庭から家中の気配も感じられる家

緑豊かな周辺の環境を生かした家。中庭を配したロの字形の間取りが家中に光と風をもたらす。

日常の生活空間であるLDと、プライベートな水廻りは、中庭を挟んで配置。キッチンをその中間に置いた。LDは、目の前に広がる庭と家の中央にある中庭に挟まれた開放的な大空間。キッチンからはLDはもちろん、玄関や階段を中庭越しに見ることができる。2階も中庭を巡る動線で、家のどこにいても家族の気配を感じることのできる、明るく健康的な家となった。

与条件

家族構成：夫婦＋子供2人

敷地条件：敷地面積189.81m^2
建ぺい率70％　容積率191.6％
公園や幼稚園もある住宅地。植物も多く季節が感じられる環境の整形地。

建て主の主な要望

・間仕切りを減らして家族の気配が伝わる家
・自然光をたっぷり採り込みたい
・家族の変化にも耐えられる十分な収納を

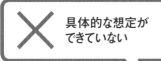 **具体的な想定ができていない**

気が引ける
帰宅してLDKを通って洗面室に向かう動線。来客の多い家なので、LDK通過はちょっと気が引ける

どう分ける
子供が小さいあいだ、広い遊び場として使うのはよいが、将来、個室が必要となったときにどう分けるか。廊下からの入り口は1つしかない

1F
1:200

2F
1:200

動線を整理して
家族のつながりと
機能性に配慮

敷地条件

可変性

採光

人とのつながり

借景

動線

来客

プライバシー

収納

特殊部屋

多世帯

賃貸

LF
1:200

上：キッチン脇から中庭とLDを
見る。北東側となるキッチンも、
中庭からの光で明るい空間に
下：道路側からの外観。LDの前
に芝生の庭が広がる

小屋裏収納

外部吹抜け

廊下も居場所に
一般的に無駄といわれる廊下。
ここではさまざまな居場所と
考えて、広めに取っている。
中庭越しに、屋内のあちこち
と視線がつながる

吹抜け ／ ホール ／ WIC ／ WIC

外部吹抜け ／ 主寝室

外部吹抜け

ホール

子供ゾーンをつくる
子供のゾーンを2階南側に配
置。小さいうちは、バルコニ
ーとホールも一体で子供エリ
アとして遊び場になる

洋室1 ／ バルコニー ／ 洋室2

2F
1:200

手洗いに直行
水廻りをまとめて、リビング
・ダイニングと反対側に配置。
玄関から洗面所に直行できる
動線を確保している

内玄関の役割
シュークロークから直接屋内
に入れるようにして、内玄関
の役割ももたせる。家族の靴
はここにあるので、いつも玄
関はスッキリ

上部吹抜け ／ SIC ／ 浴室
玄関
ポーチ

中庭

キッチン

中庭を巡る
中庭を囲むロの字平面と
して回遊動線をつくって
いるので機能的。また、
中庭は、家全体に光と風
を届けてくれる

中庭越しに見る
階段を昇り降りする子供
たちの様子をキッチンか
らも中庭越しに見ること
ができる

駐車
スペース

リビング ／ ダイニング

間仕切りなし！
高気密高断熱仕様のため、
暑さ寒さの心配がなく、
間仕切りのない大空間が
可能になった

敷地面積／189.81m²
延床面積／166.85m²
設計・施工／高砂建設
名称／とことん自然素材にこだわった
　　　　ナチュラルモダンな木の家

1F
1:200

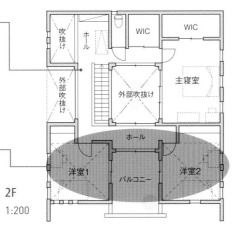

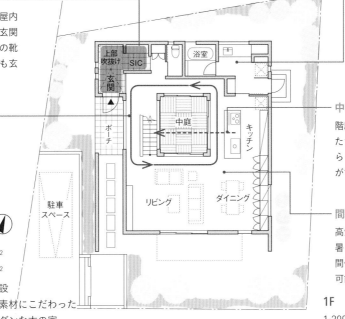

015

ウッドデッキを
中心に
家族の気配が
伝わる家

　自然素材にこだわり、調合漆喰を使わず本漆喰のみを使用するなど、厳選した建材を徹底して選び抜いている。匠の技が光るデザイン性の高い住宅でもある。外観は、鏡面仕上げの漆喰壁に光が当たることで、立体感が生み出される。中庭のウッドデッキを囲うように配置された居室は、プライバシーを保ちつつ、ウッドデッキにより開放感も高い。木製サッシ・外構フェンス・デッキ材をすべて同じ素材にすることで統一感のあるデザインとなった。

与条件
家族構成：夫婦＋子供2人
敷地条件：敷地面積262.11m^2
　　　　　建ぺい率50％　容積率80％
　　　　　私道に面した角地。東側に大きな川がある環境。
建て主の主な要望
・人が集まれる家
・1階はどこにいても家族の気配を感じたい
・廊下をなくして円滑な動線に

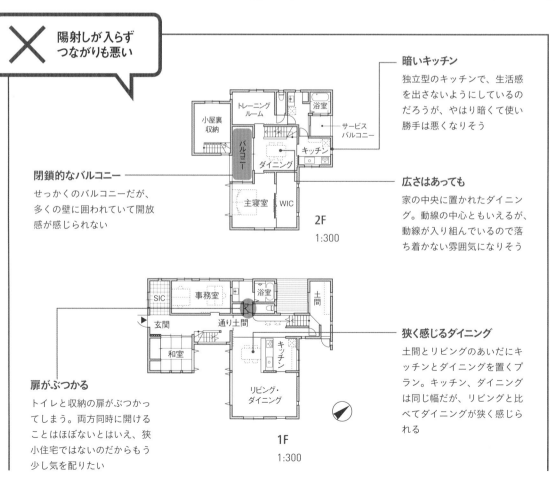

**✕ 陽射しが入らず
つながりも悪い**

暗いキッチン
独立型のキッチンで、生活感を出さないようにしているのだろうが、やはり暗くて使い勝手は悪くなりそう

閉鎖的なバルコニー
せっかくのバルコニーだが、多くの壁に囲われていて開放感が感じられない

広さはあっても
家の中央に置かれたダイニング。動線の中心ともいえるが、動線が入り組んでいるので落ち着かない雰囲気になりそう

2F
1:300

狭く感じるダイニング
土間とリビングのあいだにキッチンとダイニングを置くプラン。キッチン、ダイニングは同じ幅だが、リビングと比べてダイニングが狭く感じられる

扉がぶつかる
トイレと収納の扉がぶつかってしまう。両方同時に開けることはほぼないとはいえ、狭小住宅ではないのだからもう少し気を配りたい

1F
1:300

さまざまな要素を
入れ込んで
明るく楽しく美しく

左：1階通り土間。左側にはフラットに
ウッドデッキが続く
右：ダイニングとコンサバトリー

敷地条件

可変性

採光

人とのつながり

借景

動線

来客

プライバシー

収納

特殊部屋

多世帯

賃貸

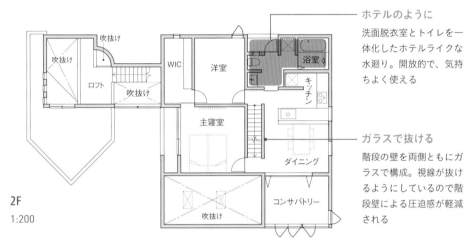

ホテルのように
洗面脱衣室とトイレを一体化したホテルライクな水廻り。開放的で、気持ちよく使える

ガラスで抜ける
階段の壁を両側ともにガラスで構成。視線が抜けるようにしているので階段壁による圧迫感が軽減される

2F
1:200

オリジナリティ
玄関を明るく開放的に。建て主の頭文字Sを平面デザインに取り入れ、オリジナリティあふれる空間とした

集まれるキッチン
土間の中央に浮かぶように置かれたアイランド型のキッチンは、大勢が集まって作業できる。料理教室の開催も可能

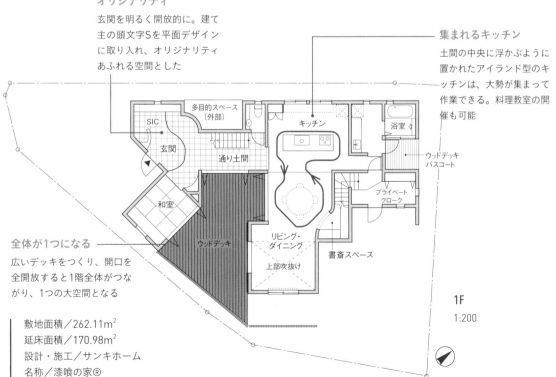

全体が1つになる
広いデッキをつくり、開口を全開放すると1階全体がつながり、1つの大空間となる

1F
1:200

敷地面積／262.11m^2
延床面積／170.98m^2
設計・施工／サンキホーム
名称／漆喰の家®

016
ウッドデッキで
開放感を演出し
敷地の
高低差も解消

坂道が多い住宅街で南向きの好条件の敷地だが、最大1.6mの高低差があった。そこで要望をかなえるだけでなく、敷地全体を有効に使った住まいづくりを提案した。

南側にあった石垣と生垣をすべて撤去し、アプローチは道路との高低差が一番少ない東側へ。リビングと一体になるウッドデッキを南側に置いて広がりを与えた。ウッドデッキは道路からの視線をさえぎる働きもする。また、南側を開放することで広い駐車スペースも確保できた。

与条件
家族構成：夫婦＋子供1人＋犬・小鳥・熱帯魚
敷地条件：敷地面積188.17m²
　　　　　建ぺい率50％　容積率100％
　　　　　車の通りも少ない閑静な住宅街。間口14
　　　　　m強、道路との高低差0.8〜1.6m。
建て主の主な要望
・玄関までのアプローチはスロープに
・平屋建ての住まい
・開放感のあるリビングとつながるウッドデッキ

✕ 敷地の特性を生かし切れない

乾くかな？
南側をアプローチや駐車スペースに取られ、物干し場が確保できず、やむをえず東側に。東側は隣家が迫っており、十分に乾くか疑問

南向きなのに
敷地中央からアプローチする計画だが、せっかくの南向きの一番いい部分が玄関とアプローチに使われてしまっている

洋室1　収納　浴室
ホール
洋室2　収納　玄関　LDK
駐車スペース

1F
1:200

1台分だけ
敷地と建物との取合いに擁壁をつくり、駐車スペースと建物を置く部分を切り離すプラン。広い敷地の割には狭い駐車スペースで1台分しかない

階段のアプローチ
高低差がそのまま表れたアプローチ。階段を何段も上がって玄関にたどり着く。敷地全体に高低差があるなら仕方ないが、ここは工夫次第で回避できるはず

楽しめる庭になる？
道路からの視線をさえぎるために植栽を植えるスペースが必要となる。十分に楽しめる庭にできるか疑問

高低差を読み
もっとも影響の少ない
東側からアプローチ

左：ウッドデッキの隠し扉
右：リビング側からキッチン方向を見る。
キッチンを中心とした回遊動線がつくら
れている

敷地条件

可変性

採光

人とのつながり

借景

動線

来客

プライバシー

収納

特殊部屋

多世帯

開放感のあるリビング
平屋の小屋組空間を利用した勾配天井としているので、リビング上部は大きな吹抜け空間。子供室の上には10畳分以上の広さのロフトを備えている

回遊動線で快適
キッチンから洗面室に抜ける動線を設けてあり、キッチンを中心とした回遊動線となる。買い物帰りには玄関からLDKを通らずにキッチンに向かうこともできる

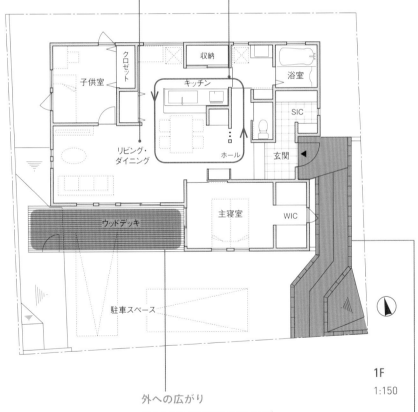

クロゼット
子供室
収納
キッチン
浴室
SIC
リビング・ダイニング
ホール
玄関
主寝室
WIC
ウッドデッキ
駐車スペース

1F
1:150

外への広がり
優れた耐久性能のあるアコヤデッキと吉野の桧材のウッドデッキ。リビングや寝室ともつながり、外への広がりを与えてくれるとともに、道路からの視線もカットする。万が一のときに、ここから避難できるように隠し扉もついている

木と緑のアプローチ
ウッドパーティションと植栽に導かれるアプローチ。アプローチを東側に配置することにより玄関までの距離を確保し、スロープを実現した

敷地面積／188.17m²
延床面積／76.60m²
設計・施工／ダイワ工務店
名称／高低差を利用した広がりと自然を
　　　感じることができる平屋の住まい

017

中庭を巡るように昇るLDKとギャラリーに開放した1階

坂道を上がった傾斜地に建つ、貸オフィスと貸ギャラリーを併設した住宅。中庭をつくり、中庭に開きつつも裏の森にも開いている。最大の特徴は半公共用途を併設した住宅のため、1階にあるギャラリー以外はすべてピロティで浮かし、道路からはピロティ越しに裏の森を望めるようにしたこと。ピロティは風が抜けてゆく心地よい半戸外スペースとして、さまざまなイベントや家族が過ごす縁側のような役割を担っている。

与条件

家族構成：夫婦＋子供3人

敷地条件：敷地面積132.47m²
建ぺい率50％ 容積率100％
閑静な住宅地。坂の上の傾斜地で、裏に森がある。四角形に近い変形地。

建て主の主な要望

- 貸しオフィス、貸しギャラリーを併設
- キッチンは大勢でも使えるアイランドに
- 裏の森の景色を楽しみたい
- 小物を含めた大量の収納スペース

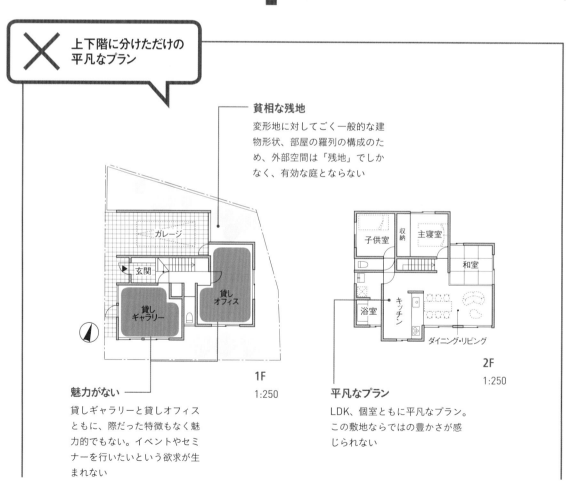

✕ 上下階に分けただけの平凡なプラン

貧相な残地
変形地に対してごく一般的な建物形状、部屋の羅列の構成のため、外部空間は「残地」でしかなく、有効な庭とならない

魅力がない
貸しギャラリーと貸しオフィスともに、際だった特徴もなく魅力的でもない。イベントやセミナーを行いたいという欲求が生まれない

平凡なプラン
LDK、個室ともに平凡なプラン。この敷地ならではの豊かさが感じられない

1F 1:250

2F 1:250

動線を分けて
中庭中心のプランに

上：道路側外観。視線は、ピロティ、中庭、ギャラリーを抜けて、裏の森まで伸びていく
下：2階LDK。暮らしの場は中庭を巡るように床レベルを上げながらつながっていく
撮影：上田宏（3点とも）

大きな収納
床レベルの違いを利用して、広い床下収納をつくっている。季節のものなど、さまざまなものの収納が可能

道路から見通す
道路からピロティ、中庭越しに敷地奥に広がる森まで見通すことができる。ピロティは、接客やレセプションの場として、また家族の憩いの場として縁側のように機能する

敷地面積／132.47m²
延床面積／158.39m²
設計／acaa建築研究所（岸本和彦）
名称／Casaさかのうえ

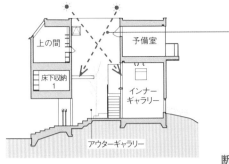

断面
1:250

中庭からの光
中庭から、居室はもちろんオフィスやギャラリーにまで終日心地よい光が届けられる

3F
1:250

広々と使う
中庭を巡って徐々に高くなる居室部分では、中庭を回る動線をつくり、実際以上の広がりが感じられる

2F
1:250

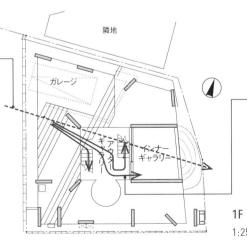

1F
1:250

明確に分ける
道路からの動線を、住居部分への向かうもの、オフィスへ向かうもの、ギャラリーへ向かうものと中庭部分で明確に分けることでそれぞれの場の自立性が高まる

敷地条件
可変性
採光
人とのつながり
借景
動線
来客
プライバシー
収納
特殊部屋
多世帯
賃貸

018.

プライバシーを守りつつ自然を楽しむ狭小コートハウス

共働きの夫婦のための住まい。敷地は建物が三方密集した住宅地の一画にある。

周辺は住宅が建て込んでいるため、視線を考慮し、コートハウス（中庭住宅）という形式を選択した。ポーチ西側にスリットを設けることで風の通り道をつくっている。

こうした設計により、建物が密集した環境でもプライバシーを確保している。また外部との連続性をつくり出し、心地よい自然の気配が感じられるとともに豊かな生活環境を実現している。

与条件

家族構成：夫婦
敷地条件：敷地面積142.07m²
　　　　　建ぺい率60％　容積率200％
　　　　　間口約9m、奥行き約17mの矩形の敷地。
　　　　　道路側以外の三方の隣家が迫っている。

建て主の主な要望

• 駐車スペースは2台分ほしい
• 将来的な子供室を1室用意しておきたい
• キッチンは独立型にしてほしい

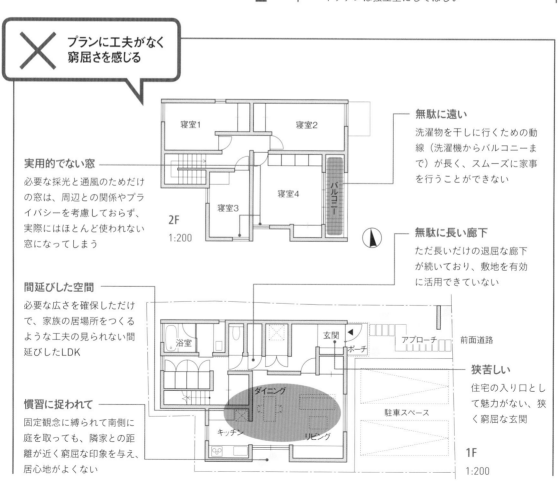

✕ プランに工夫がなく窮屈さを感じる

実用的でない窓
必要な採光と通風のためだけの窓は、周辺との関係やプライバシーを考慮しておらず、実際にはほとんど使われない窓になってしまう

間延びした空間
必要な広さを確保しただけで、家族の居場所をつくるような工夫の見られない間延びしたLDK

慣習に捉われて
固定観念に縛られて南側に庭を取っても、隣家との距離が近く窮屈な印象を与え、居心地がよくない

無駄に遠い
洗濯物を干しに行くための動線（洗濯機からバルコニーまで）が長く、スムーズに家事を行うことができない

無駄に長い廊下
ただ長いだけの退屈な廊下が続いており、敷地を有効に活用できていない

狭苦しい
住宅の入り口として魅力がない、狭く窮屈な玄関

寝室1　寝室2
寝室3　寝室4　バルコニー
2F 1:200

浴室　玄関　ポーチ　アプローチ　前面道路
ダイニング
キッチン　リビング　駐車スペース
1F 1:200

2階LDKとして中庭の光と緑を存分に楽しむ

撮影：小川重雄（3点とも）

左：道路側外観。大きな壁で囲い込んだコートハウスとしてプライバシーを守る
右：2階リビングから中庭方向を見る。天井高さや壁、窓の大きさなどに変化をつけ、ワンルームのなかにさまざまな居場所をつくる

人を導く光
1階から少しずつ明るくなり、2階の階段を上りきると目の前にテラスと大きな窓がある構成。光に導かれるような空間体験をすることになる

視線の抜け
食堂からデッキへと視線が抜けていくことで、内部と外部のゆるやかなつながりを感じる

スカイライト
自然光を天井のスリットから壁面に落とすことにより、季節の移ろいや時間変化に伴って空間がさまざまな表情を見せる

空が見えるデッキ
デッキに屋根のない部分をつくり、空や中庭の緑を楽しみながらデッキでくつろぐことができる

通風の窓
プライバシーに考慮しながらも、風の通り道を確保している

緑の見える居間
座ったときの目線の高さを考慮して低く抑えられた窓からは、くつろぎながら緑を楽しむことができる

物入（将来トイレ）
デッキ
ダイニング
キッチン
吹抜け
リビング

2F
1:150

将来の子供室
家族形態の変化に合わせて、将来子供室の用途に変えることができる部屋を確保。窓から中庭の緑を楽しむことができる

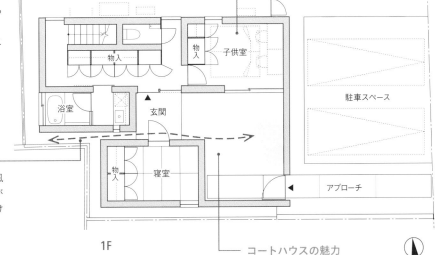

物入
子供室
物入
浴室
玄関
駐車スペース
物入
寝室
アプローチ

風の通り道
空間の奥行きや心地よい風を感じられるように、風が抜けていくスリットを設けている

1F
1:150

敷地面積／142.07m²
延床面積／82.99m²
設計／坂本昭・設計工房CASA
名称／市川の家

コートハウスの魅力
コートハウス（中庭住宅）形式によって、プライバシーを確保しながら自然の気配を感じることができる

江戸より現代に継承される下町の密集地。建設当時も敷地三方は3階建ての住宅が敷地境界線近くまで迫っていた。そこで、日本民家の伝統的な知恵ともいえる「坪庭」を現代風にアレンジする。

住居空間の中央に「坪庭」を抱える構成によって、居室への安定した採光と十分な換気も確保できる住宅となっている。建物に寄り添う路地のような奥行きをもったテラスが、坪庭や隣地との緩衝帯となり、外部環境を優しく室内へと導く。

与条件
家族構成：夫婦＋子供3人
敷地条件：敷地面積150.33m²
　　　　　建ぺい率60%　容積率150%
　　　　　静かな住宅地だが、三方に隣地が迫り、
　　　　　前面道路も4mしかないため四方から圧迫
　　　　　感のある敷地
建て主の主な要望
・家族と自然に顔を合わせる間取り
・十分な収納。5～6mのテーブル
・トイレは各階に計3つ

密集地でも中庭・路地で外を感じる都市住宅

 至らなさが散見され全体にパッとしない

つまらないうえに複雑
廊下に個室群が並ぶおもしろさにかけたプラン。階段の構成も複雑になっている

寝室3
寝室2
寝室1
主寝室
バルコニー
バルコニー
吹抜け
3F 1:300

足りるかな？
壁面に収納スペースを確保しているが、LDKの収納としては使い勝手と収納量に不安が残る

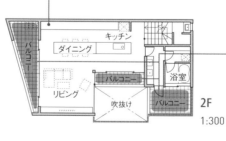

キッチン
ダイニング
バルコニー
バルコニー
リビング
浴室
吹抜け
バルコニー
2F 1:300

バランスが悪い
バルコニーが大きすぎて、室内の面積と比べてバランスが悪い。また各バルコニーが孤立していて、使用方法にも発展性が感じられない

もうちょっと
建物の正面から乗用車2台の間を入っていくアプローチ。演出的にも、車動線との関係も、もう一工夫必要

せっかくの中庭が
和室は中庭に面しているが、中庭に面する気持ちよさが表現されていない

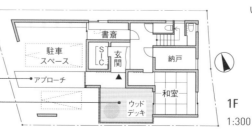

書斎
駐車スペース
SIC
玄関
納戸
アプローチ
和室
ウッドデッキ
1F 1:300

左：3階ファミリークローク。全員の衣類はもちろん、さまざまなものを大量に収納
右：2階LDKとバルコニー。バルコニーは路地のように奥へと伸びていく

バルコニーをつなげて奥行きを感じさせる

撮影：吉田誠/吉田写真（3点とも）

敷地条件

可変性

採光

人とのつながり

借景

動線

来客

プライバシー

収納

特殊部屋

多世帯

賃貸

広い共有スペース
収納や勉強机といった各個室共通の要素を共有スペースにまとめている。家事の効率、動線を整理して生まれたファミリーウォークインクロゼットにより、各個室は衣類の収納スペースが不要となり広く使える

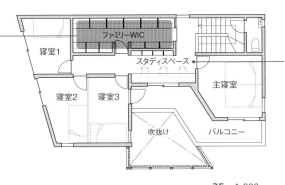

3F 1:200

寝室1
ファミリーWIC
スタディスペース
主寝室
寝室2　寝室3
吹抜け
バルコニー

一緒に勉強
子供たちのスタディスペースが廊下と一体になり、家族で学びを共有する場所となっている

納戸も兼用できる
パントリーをダイニング脇に設けている。食材などの保管のほか、急な来客時にはここが一時的な倉庫にもなる

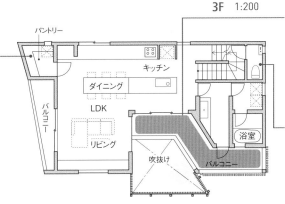

2F 1:200

パントリー
キッチン
ダイニング
LDK
バルコニー
リビング
吹抜け
浴室
バルコニー

奥行きを生み出す
バルコニーを路地状につなげることにより通風・採光を確保し、LDKから奥行きを感じ取れる構成としている

行きやすいトイレ
各階段の中間（1,5階と2,5階）にトイレを設けており、どの階からも行きやすくしている。また、階段の奥に配置しているため、各居室からほどよい距離が生まれ、音の問題も解決

外の見える玄関
壁面収納として玄関をコンパクトにまとめた。中庭に対して開口部を設け、外部との一体感を高めている

植栽に導かれる
アプローチを脇に寄せ、植栽に導かれながら玄関へ向かう。正面にはルーバーの隙間から中庭が垣間見え、路地のような奥行き感を演出している

1F 1:200

多目的ルーム
駐車スペース
納戸
玄関
和室
アプローチ
ウッドデッキ

敷地面積／150.33㎡
延床面積／186.66㎡
設計／LEVEL Architects
　　　（中村和基・出原賢一）
名称／根岸の住宅

中庭からの光と風
密集地で暗くなりがちな1階の部屋に、中庭から光と風を呼び込む。敷地南側にはスペースを設けて、風の抜けを確保している

43

020

2段階の
バルコニーで
2階LDKに
広がりをつくる

北に海が望める敷地だったため、海側に開くかどうか悩んだが、歩けばすぐに海なのだからと素直に南側に向けて開口を取った。2階の大きなバルコニーは、夏の日射を避けるために3階を約1/3せり出し、その部分をインナーバルコニーとしている。1階は主に夫婦それぞれの仕事スペース、2階は大きなLDKとゲストルームを兼ねる和室となっている。3階の主寝室はベッドに寝ながらも海が望める絶好のビューポイントである。

与条件
家族構成：夫婦＋子供1人
敷地条件：敷地面積148.26m²
　　　　　建ぺい率60％　容積率180％
　　　　　南北に細長い敷地。北側に海が眺められ
　　　　　る環境。
建て主の主な要望
・1階に夫婦それぞれの仕事場を
・ホームパーティが多いので遮音、防音に配慮を
・シンプルな動線、快適な居住性

✕ 海辺の立地に無頓着すぎる

海が見えない
せっかく海が見える位置なのに、全面クロゼットで外の景色が楽しめない。バルコニーは向かいの家と視線がバッティングする

楽しめない
バルコニーは、友人たちと一緒に楽しめるほどの広さがなく、また向かいの建物から丸見えになってしまう

押入がいい
客間として用意するのであれば、クロゼットより客用布団を収納できる押入がよい

車が傷みそう
屋根の下ではあるが、海風が当たるオープンなガレージ。海風で車が傷まないか心配。玄関も奥まった場所で、くらいイメージ

素直な南面開口で外を楽しむ

2階LDK。大きなワンルームは、屋根のあるバルコニーからさらに外側の屋根のないバルコニーに向けて広がっている

敷地条件

可変性

採光

人とのつながり

借景

動線

来客

プライバシー

収納

特殊部屋

多世帯

賃貸

専用バルコニー

陽当たりも風通しもよい場所に物干し専用のバルコニーを設けた。ここに洗濯物が干せるので、2階のバルコニーに洗濯物がたなびくことはない

3F
1:150

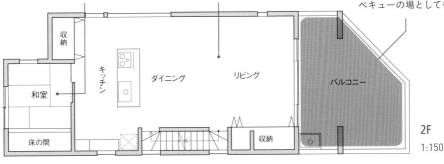

主寝室／洋室／洋室／浴室／バルコニー／廊下／クロゼット

ベッドからも海

寝ていても海が眺められる主寝室。最上階の特性を生かして、屋根型を利用して高い天井高を確保しており、ゆったりした気分で休める

海の見える客間

海が見える和室は、両親や友人のための客間。もちろん、来客時以外はくつろぎの場としても使える

大きなワンルーム

大きなワンルームのLDK。キッチンもアイランド型にして、調理中や洗い物中でも家族と一体に。道路側の窓は、外からの視線が気にならないハイサイドライトとして採光する

2段階のバルコニー

夏の陽射しに配慮して、バルコニーはオープンな部分と屋根のある部分の2段階構成。約12畳分の広さがあり、友人を招いてのバーベキューの場としても活躍

収納／和室／床の間／キッチン／ダイニング／リビング／バルコニー／収納

2F
1:150

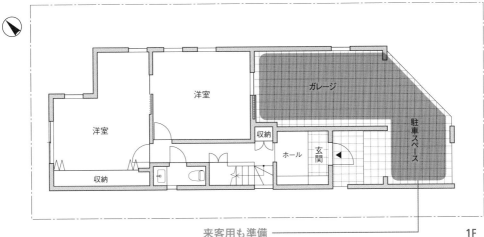

洋室／洋室／収納／収納／ホール／玄関／ガレージ／駐車スペース

来客用も準備

1階は夫婦それぞれの部屋のみと割り切って、駐車スペースを広めに確保。自家用車は海沿いの暴風雨を避けるためにインナーガレージとして、道路側にも2台停められる広さをとっている

1F
1:150

敷地面積／148.26㎡
延床面積／190.65㎡
設計・施工／リモルデザイン
名称／Ｉ邸

021

2方向への跳ね出しでコストカットと広さを両立

密集地でも明るく開放的なリビングを実現するために、大きく跳ね出したプライベートなテラスから光と風を採り込む計画。プライバシーを確保するために壁・ルーバーで囲い込み、LDKに大きな開口部を設けて外部との一体感も高めている。

1階は個室を南側に、玄関・シュークロークを北側に配置。テラスが大きな庇の役割を果たし、駐車場とアプローチ空間を生んだ。3階はプライベートな空間。ルーバーで外部からの視線をさえぎり、各部屋がテラスに面するように配置した。

与条件
家族構成：夫婦＋子供1人＋犬
敷地条件：敷地面積112.86m^2
建ぺい率50％　容積率150％
三方から隣家が迫る密集地。西側に公園があり、プライバシー対策が必要

建て主の主な要望
- 開放的なリビング
- プライバシーに配慮
- バーベキューができる庭、シュークローク、など

✕ 実際に暮らすための繊細な配慮が不足

バランスが悪い
個室、シュークロークの面積を優先しすぎていて、玄関がとても狭い

1F 1:200

3F 1:200

2F 1:200

通りにくい
ガレージに上階を支える独立柱が必要で、駐車するときには車と柱のあいだに一定の距離が必要に。柱から離して安全に駐車すれば、玄関までの人の通路が狭くなる

大丈夫かな？
道路を挟んだ西側には公園があり、視線などの配慮が必要。ルーバーだけでは不安が残る

収納不足が心配
キッチンにはしっかり面積を確保しているが収納量に余裕がない。これだけで足りるか？

大きなテラスで 2階でも快適LDK

道路側外観。手前の道路側と向かって右側に跳ね出しているのがわかる。この跳ね出しが、内部の開放感などともにコストダウンにも貢献している

撮影：吉田誠/吉田写真（3点とも）

敷地条件

可変性

採光

人とのつながり

借景

動線

姿容

プライバシー

収納

特殊部屋

多世帯

資財

1階玄関とホール。玄関扉を開けたときに広々とした空間が出迎えてくれる

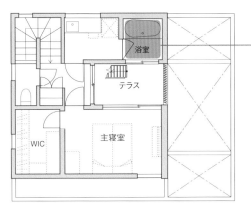

3F
1:150

プライバシーを守る

公園側となる道路側の窓を極力小さくして、公園からの視線をカット。水廻りも敷地奥に置くことでプライバシーを確保している

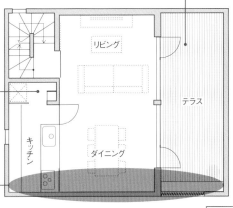

2F
1:150

グランドレベルのように

壁で囲んだ20㎡のテラスがリビングに光と風をもたらす。テラスに対し開口部を最大限に確保しているので、グランドレベルのような外部との連続感が生まれた

隠せるありがたさ

キッチンの隣にパントリーを計画。小さくてもものを隠せる収納があると、キッチンの使い勝手が向上する

広げたゆとり

2階を広くして手狭だったリビング・ダイニングにゆとりが生じた。キッチンもI型が納まり、使いやすくなった

広々とした玄関

個室よりエントランスの面積を優先し、ゆとりのある玄関ホールに

車も人もラクラク

構造の工夫によりガレージ内の柱をなくしている。これにより車の駐車もしやすくなり、同時に玄関までの人の通行スペースも確保しやすくなった

かっこよく、安く

東側、南側の2方向キャンチで2階を跳ね出している。基礎面積の抑制は地盤改良面積の抑制にもなって予算を抑える一助に。また1階と3階の広さを抑え、過大な予算の増額を回避した。さらに2方向に跳ね出す構成が、ダイナミックで印象的なファサードを生む

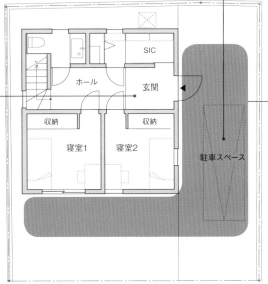

1F
1:150

敷地面積／112.86㎡
延床面積／123.42㎡
設計／LEVEL Architects
　　　（中村和基・出原賢一）
名称／足立の住宅

022

建て主の要望を
丁寧に織り込んだ
住宅街の
3階建て

　外観は木造には見えないシンプルモダン。玄関内部のホールなどから、ガラス越しにビルトインガレージの車を眺めることができる。

　リビングとダイニングキッチンはスキップで分け、リビングは天井を高く、ダイニングキッチンは床をタイル張りにし、それぞれの空間を演出。リビングにはデッキテラスが隣接し、キッチン側には生活用のサービスバルコニーが隣接しているが、両者は区切られている。浴室は1.5坪（3畳）と広く、坪庭付き。屋上は犬の遊び場だ。

与条件
家族構成：夫婦＋子供1人
敷地条件：敷地面積126.00m²
　　　　　建ぺい率60％　容積率200％
　　　　　閑静な住宅街の密集地。台形の形状。
建て主の主な要望
• 車を眺めながらお茶を飲みたい
• パーティができる明るいLDK
• ウッドデッキ、ペットと遊べる屋上
• 広い浴室、坪庭

✕ 建て主の暮らしに
配慮が足りない

丸見えのキッチン
リビングやダイニングへの動線上にあるため、来客に見せたくないキッチンの裏側まで丸見え。生ごみなどを一時的に置く場所もない

窓のないトイレ
せっかくの戸建て住宅なのに狭くて暗いトイレ。息苦しくてストレスがたまりそう

狭い浴室
建物の大きさに比べて狭すぎる浴室。せっかくなら、のんびり入って坪庭などを眺めたいところ

使えない洗面台
ただ広いだけで、朝の忙しい時間帯にも1人しか使えない洗面台。使い勝手が悪すぎる

何もない空間
庭はほしいが中途半端な空間しかなくペットの犬とも遊べない

ただ広い部屋
主寝室として使うには無駄な空間が多すぎてもったいない。広い割には夫婦の収納としても物足りない

無駄に広い
余裕があるのはいいが、空間が余ってしまっている。面積がもったいない

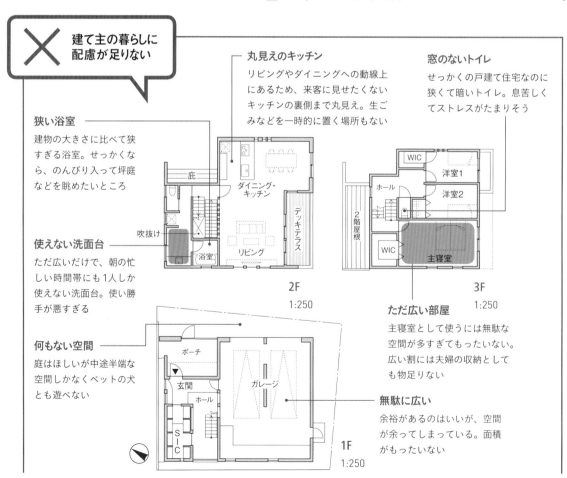

ダイニング・キッチン
庇
吹抜け
浴室
リビング
デッキテラス
2F
1:250

WIC
洋室1
ホール
洋室2
2階屋根
WIC
主寝室
3F
1:250

ポーチ
玄関
ホール
ガレージ
SIC
1F
1:250

ガレージから屋上まで
無駄なく使い切る

道路側外観夜景。アールの壁が、町に柔らかな印象を与える

不思議な空間
階段の途中にライブラリーをつくった。とても明るく、ついつい長時間くつろいでしまう場所

おしゃれに、機能的に
リビング側の人とも正面を向いて語らいながら調理できるアイランドスタイルのキッチン。調理で出た生ごみなど、室内に置いておきたくないものは、脇のサービスバルコニーへ

なんでも入る収納
シュークロークとは別に掃除機や汚れたものなど、なんでも気にせず入れられる収納

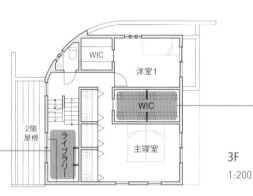

ルーフバルコニー　屋根

RF
1:200

WIC　洋室1　WIC　2階屋根　ライブラリー　主寝室

3F
1:200

犬の遊び場に
立地的に十分な庭が取れない分、ペットの犬が駆け回れるほどの広い屋上をつくっている。周囲から見られることもない最高の遊び場

見渡せる収納
広いWICは夫婦のものを分けて収納でき、一目で選びたい服を見つけることができる

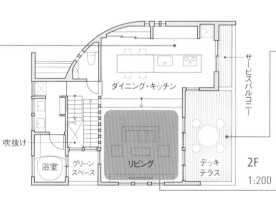

ダイニング・キッチン　サービスバルコニー　吹抜け　浴室　グリーンスペース　リビング　デッキテラス

2F
1:200

くつろぎのテラス
リビングから続く広いテラスは、テーブルと家族全員分のイスを置いても余裕がある広さに。青空の下のランチはとても楽しい

天井高をかせぐ
DKより2段下がるリビングは、一部折り上げ天井のようにしてある天井の高い、気持ちのいい空間。テラスの高い壁が外からの視線をさえぎり、カーテンはいつも開けたままに

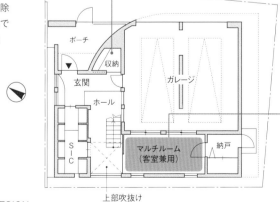

ポーチ　収納　玄関　ホール　ガレージ　S I C　マルチルーム（客室兼用）　納戸　上部吹抜け

1F
1:200

自慢の車を眺める
客室にもなるマルチルーム。趣味の車を眺めながら友人と語ったり、のんびりお茶を楽しんだり、使い方は自在。作業用の収納もたっぷりと用意

敷地面積／126.00m²
延床面積／163.32m²
設計・施工／KAJA DESIGN
名称／ビルトインガレージのある家

023

バルコニーの機能を分けてLDKと一体の外部をつくる

敷地は都心まで1時間足らずの立地にもかかわらず、西側に里山を思わせる大きな緑地が広がる環境。建て主は子育て真っ最中の共働きの夫婦。子供が小さいうちは2階の1フロアで生活できるようにした。特徴は、洗濯機置き場からつながる物干し用のサービスバルコニーを設けたこと。これによりLDKから続く大きなバルコニーは、物干しなどのサービス機能から解放され、森を望みながら楽しむメインのスペースとなっている。

与条件
家族構成：夫婦＋子供1人
敷地条件：敷地面積129.60m^2
　　　　　建ぺい率40％　容積率80％
　　　　　新旧の住宅が混在する住宅地。西側に大きな緑地がある。

建て主の主な要望
・LDK、水廻り、親子で眠れる和室を同じ階に
・階段はゆったりと
・雨の日にも洗濯物を干せる場所

✕ 外部環境のよさを取り込めていない

閉鎖的なキッチン
典型的な閉鎖的独立型キッチン。窓も小さいので暗くて風通しも悪そう

無駄な廊下
移動空間にしかならない廊下が2階平面を縦断。この面積をもっと有効に使いたい

どう使う?
客間にもなる和室がLDK脇に置かれているが、使い方がよくわからない。その割に、かなりの面積を占めていて無駄な印象

楽しめない庭
定石通りに南側のLDK脇に庭を設けているが、隣家が迫っており、あまり陽が当たらない。暗く細長い、楽しめない庭になりそう

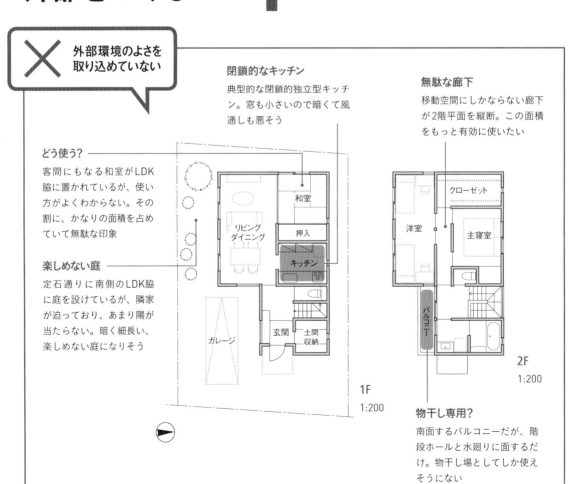

1F
1:200

2F
1:200

物干し専用?
南面するバルコニーだが、階段ホールと水廻りに面するだけ。物干し場としてしか使えそうにない

敷地条件
可変性
採光
人とのつながり
借景
動線
来客
プライバシー
収納
特殊部屋
多世帯
賃貸

左：東側のサービスバルコニー
右：森を臨む西側のバルコニーとLDK。内外一体の気持ちいい空間になっている

専用バルコニーで2階の生活を楽しむ

2Wayクロゼット
主寝室からも廊下からも出入りできるファミリークロゼット。主寝室はもちろん子供室にもクロゼットが不要になり、部屋が広く使える

森を望む
西側の森の緑を望む大きなバルコニー。陽射しをゆるくさえぎるパーゴラが架かっており、夏場はシェードをかけて強い陽射しをカットできる

キッチンからも望む
対面式のキッチンで、調理や洗い物をしながらもバルコニー越しに緑を眺めることができる

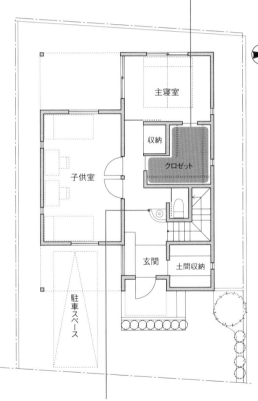

1F
1:150

2F
1:150

すぐに洗える
玄関を入ってすぐのところに手洗いを設置して、帰宅後すぐに手洗いができるように。アールの壁の陰に置かれているので、玄関からは見えない

敷地面積／129.60m²
延床面積／102.62m²
設計・施工／中野工務店
名称／森を望む家

多目的の和室
リビング脇の小上がりの畳スペース。畳の下はたっぷりの収納になっている。リビングとは異なるくつろぎの場所であり、ここで就寝すれば2階だけで生活が完結する。東側バルコニーに面しているので大きな窓から光がふんだんに入る

物干し専用
水廻り空間の脇に、メインバルコニーとは別に物干し専用のバルコニーを設けた。高い手すりで外からの視線をカットし、安心して洗濯物が干せる。洗う・干す・畳む（和室）と洗濯動線も短くて済む

物干しにもなる
洗面台を通路に出したことで、天井の高い脱衣室は広々とした空間に。昇降式物干しで雨の日には物干し場になる

動線上の洗面室
LDKから水廻り空間に向かう通路上に洗面台を設置。広く開放的なうえ、上部トップライトから明るい光も落ちてくる

51

024

細長い敷地では2階中庭を効果的に使って心地よく

大阪市内でよくある隣の建物が敷地ギリギリに建つ2間間口の家。いかに光を採り入れるかが重要なポイントとなった。

東側境界との距離を取り、2階中庭形式の家を提案。将来、東側の家が建て替えられても、採光を確保するため、2階水廻りの上に部屋はつくらない、中庭バルコニーからトップライトで1階にも光を落とすなどの工夫をしている。広々とした玄関土間は、室内感覚で楽しめる趣味のスペースになるなど、楽しさが詰まった家となった。

与条件
家族構成：夫婦＋子供2人
敷地条件：敷地面積80.54m²
　　　　　建ぺい率60％　容積率200％
　　　　　密集地の間口3.92mのウナギの寝床のような狭小敷地。両隣は超近接。

建て主の主な要望
- 奥行き感が感じられるように
- 季節を感じられる家に
- 家族それぞれの趣味の空間がほしい

✕ 採光計画ができていない

あきらめている
すでに1階採光をあきらめているプランの典型。こうした敷地ではよく見られる配置だが、もう少し余白を増やして、わずかでも光を採り入れたい

無意味な吹抜け
開放感は得られるが、南側からの採光ができない

無駄な廊下
吹抜けを挟んで部屋を配置すれば、どうしても無意味な長い廊下ができてしまう

1F
1:200

2F
1:200

3F
1:200

ここしかない
リビングに面して開放感のある大きなバルコニーだが、ほかにバルコニーがなく、物干しも一時的なゴミの管理もここで行うことになる。道路面で人の目も気になるし、2階の採光がここからだけなのも気になる

将来的な予測をして光の通り道を確保する

2階LDKを中庭側から見る。吹抜けの上部に手すりを兼ねたカウンターが見える

敷地条件

可変性

採光

人とのつながり

借景

動線

来客

プライバシー

収納

特殊部屋

多世帯

賃貸

すぐに干せる
水廻りのすぐ脇に物干しバルコニーを設けているので、脱ぐ、洗う、干すという一連の洗濯動線が短く、家事が楽になる

中庭から採光
FRPバルコニーの上にウッドデッキを載せた中庭から採光。中庭は、LDKと水廻りを分ける役割もする。中庭のトップライトからは1階にも光が落ちる

光を確保する
3階東側にはあえて部屋をつくらず、そのままに。東側敷地の建物が建て替わって日影をつくるようになっても、ここを空けておくことで中庭への陽射しが保証される

多目的に使う
わずかだが余白を残して東側からも採光する。地面は土間仕上げで、多目的に使えるようにしている

1つの部屋のように
広めに取った玄関土間は、床をアンティーク加工のフローリングとして、1つの部屋のようにしつらえている。玄関扉を開けた瞬間に、まさに屋内が広がる感覚となる

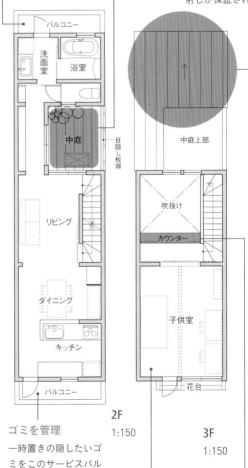

坪庭

収納 寝室
WIC
収納
収納 式台
玄関
収納
インナーガレージ

1F 1:150

バルコニー
洗面室 浴室
中庭
目隠し板塀
リビング
ダイニング
キッチン
バルコニー

2F 1:150

中庭上部
吹抜け
カウンター
子供室
花台

3F 1:150

ゴミを管理
一時置きの隠したいゴミをこのサービスバルコニーで管理する

今は広く使う
3階子供室は、1部屋としてつくっておいて、将来、個室が必要になれば仕切れるように窓や電源、照明などに配慮してある

気配を感じながら
子供室前の廊下に、手すりを兼ねたカウンターを設置。吹抜けに足を投げ出して座ればここで宿題をすることも。吹抜けでつながる下の階の家族の気配を感じながら作業できる

敷地面積／80.54m²
延床面積／112.08m²（ガレージ含む）
設計・施工／じょぶ
名称／心地いい光に包まれた
　　　2間間口の暮らし方

025

路地のような空間で終日変化する陰影を楽しむ

周囲を3階建て住宅に囲まれ、閉塞的になりがちな環境に、奥行きの長い敷地を生かした細長い家をつくり、中庭を2つ挿入。1階は陰影のある細い路地のような空間が特徴で、2階は天井が高く中庭からの光が終日変化しながら射し込む、大らかな空間となっている。

空間を曲げることにより場所を分節し、奥行き感を出している。リビングは床を掘り下げて、潜り込むような居心地のよさをつくりだした。

与条件
家族構成：夫婦＋子供2人
敷地条件：敷地面積109.11m²
　　　　　建ぺい率50％　容積率100％
　　　　　間口に対して奥行きのある細長い敷地。
　　　　　近隣商業地域で、周囲には3階建ての住宅も見られる環境。
建て主の主な要望
• 和を感じる住宅に憧れている
• 畳、障子、坪庭のような庭がほしい
• 骨董の壺が趣味、李朝家具も好き

 細長い敷地に対しなんの工夫もない

何が楽しい？
2階にもち上げただけのLDKと水廻り。回りに楽しめる景色もなく、これで豊かな暮らしができるか極めて疑問。各部屋の連結によるn-LDKプランは、間口が狭く奥行きのある敷地には不向き

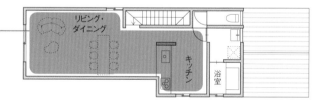

暗い1階
密集地の1階は暗くなりがちで、これを克服するために窓を大きくすればプライバシーが確保できない。そんな悪例の典型

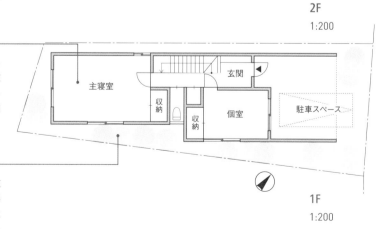

ただの隙間に
奥行きのある少し変形した敷地に対して、工夫もなく矩形の建物を配置。建物の周囲はただの隙間になり、楽しめる庭とはならない

空間を曲げて
奥行き感を出す

敷地条件

可変性

採光

人とのつながり

借景

動線

来客

プライバシー

収納

特殊部屋

多世帯

賃貸

左：1階通路。足元の光に導かれて奥へと向かう
右：2階リビングからDK方向を見る

撮影：上田宏（3点とも）

段差で分ける

DKとリビング（南の間）は、角度をつけるとともに4段の段差を設けている。これにより、一つながりでありながらDKとは異なる場として意識される。DKとは違った角度から庭を楽しむこともできる

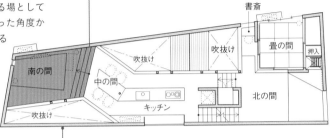

書斎

畳の間

押入

吹抜け

吹抜け

南の間

中の間

北の間

キッチン

吹抜け

2F
1:200

風景をつくる中庭

壁で囲われたプライベートな中庭は、室内に光を届けるとともに風景をつくり出し、移動することさえ楽しくしてくれる。四季折々、時間とともに変化する光と影を、移動するたびに味わうことができる

壁で守る

高く壁を回して中庭まで囲い込むことで外からの視線をカット。LDKでも中庭に向かって大きく開放することができるので、光と風も十分に採り込むことができる

路地のように

あえて直線にしないことで、まるで路地を巡るように移動を楽しむ。単調になりがちな細長い敷地の特性を逆手に取って豊かな住空間をつくり出す

外部収納

アプローチ

ポーチ

中庭

玄関

主寝室

浴室

WIC

駐車スペース

奥庭

1F
1:200

子供の間

空の間

南の間

押入

畳の間

内路地

主寝室

前庭

アプローチ

中庭

外部収納

外路地

断面
1:200

敷地面積／109.11m²
延床面積／109.21m²
設計／acaa建築研究所（岸本和彦）
名称／辻堂の曲り屋

55

026

狭小地でも工夫を重ねて大スクリーンを楽しめる家に

　法的には木造2階だが、2階主寝室を3階レベルにもち上げ、リビングの天井高を4.25m確保。これにより、2階のプレイルームから、リビング（ホール）の上部に設置された150インチスクリーンに映像を投影することができる。可動ブースを設置した2階のプレイルームは子供ゾーンとしてリビングの上に。上下に一体のリビングゾーンは、パーティに招いたバンド仲間が、ポーチから直接出入りできる開放的なスペースとしている。

与条件
家族構成：夫婦＋子供
敷地条件：敷地面積81.00m²
　　　　　建ぺい率50％　容積率80％
　　　　　私道の奥の行き止まりの古い宅地を3分割
　　　　　した真ん中の土地。南斜面のため、2階か
　　　　　ら高台の風景が望める。
建て主の主な要望
• バンドのライブを投影できる大型スクリーン
• 子供のスペースは開放的なワークスペースに
• 高さの変化や空間の連続性などで広々と

✕ **AVルームに固執しすぎで生活空間がおろそかに**

詰め込みすぎ
密集地で両隣の家も迫っているため、明るく見晴らしのよい2階をリビングとしているが、2階には水廻りと子供室もあり、十分な広さが得られていない

コストアップに
2階の水廻りは、床下配管や防水床のため階段1段分の階高が増えたり、床の防音、天井仕上げに追加が出たりで、コストが割高に

かなり狭い
LDKを広くするために、コンパクトな主寝室と子供室を上下に重ねている。小さな個室では物置にベッドを置いたようになってしまう

生活感が出すぎに
建ぺい率いっぱい無駄なく機能的に建物を配置しているが、建物の顔が分割されてしまった。これに物干し用のバルコニーでもつけたら、建物正面に生活感が出過ぎてしまう。敷地条件と機能に忠実に従っただけでは、よい計画にならない

これが原因
要望のAVルームを、外からも直接出入りできる1階に置いているが、その分、家族みんなで過ごすLDKを狭くする原因になっている。床面積が限られたなかで、居室相互の連続性を絶つと、個々の居場所を窮屈にしてしまう

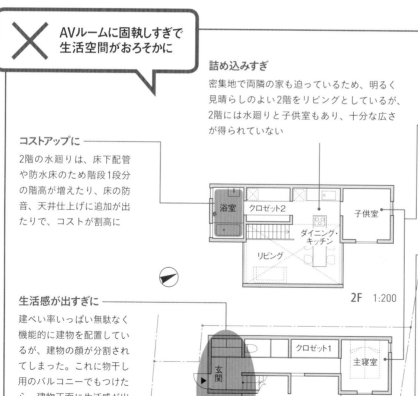

2F 1:200

1F 1:200

2階の床レベルを変えて さまざまな要求をクリア

左：中2階奥より玄関方向を見る。1階東側は天井高4.25mの大空間
右：中2階から2階寝室に昇る階段。階段下に手すりを兼ねたワークカウンターが見える

撮影：わたなべけんたろう（3点とも）

可変性と開放感と
2階は、将来の子供室にもなる想定。LDKの上部に開放され、手すりを兼ねたワークカウンターが据えられている。LDKの上部を介して光や視線が行き来し、床面積からは想像できない広々感を獲得している。プレイルームには子供のために可動のブース（寝台）をつくり、自由なレイアウトが楽しめるようにした

こっそりバルコニー
玄関上部に外壁を張り出し、建築面積に入らないようにFRPグレーチングを載せてバルコニーをつくった。ここは光庭になるとともに物干しバルコニーとしても利用する。一般的なバルコニーと違って、建物の顔を整え、室内からは「プライベートな外部」として内外の視線をつなぐ

1階LDKのメリット
LDKが玄関と近接しているので、車からの荷物の出し入れが楽。子供の遊びやパーティ時にも駐車スペースや道路と一体に利用することができる

1階でも明るく
周辺が建て込んでいる敷地でも、上下、内外への視線の抜けや空間的な連続性によって、広くて明るい開放的なスペースにすることができる

敷地面積／81.00㎡
延床面積／80.66㎡
設計／ステューディオ2アーキテクツ
　　　（二宮博・菱谷和子）
名称／CLIF（国分寺崖線の住宅）

吹抜け上の寝室
2階の主寝室を通常よりも2mほど高くし、1階LDKの天井高を4.25m確保。南側の高窓からLDKに十分な陽光を採り入れ、空への視界も獲得した

大スクリーンを楽しむ
リビング壁に吊り下げられた150インチの電動スクリーンは、2階のプレイルームの壁にプロジェクターをセットすることで投影距離を確保。プレイルームのワークカウンターを桟敷席として映像を楽しむこともできる

まとめてコストカット
キッチン、水廻り、トイレをすべて1階にまとめることで、設備配管のコストを最小に抑えることができる

北側のサービスヤード
建ぺい率いっぱいの計画ながら、うまく矩形に残した北側の奥。洗面浴室をことつなげることで、物干しや物置といったサービスヤードとして利用できる

2階建てにする工夫
リビング上部の主寝室に上る階段は、3階に昇る階段のように見えるが、建築基準法的には2階建て。法律上はすべての場所が2層以下であればよいので、3階のレベルに居室があっても下階が吹抜けならば、2階建てということになる。2階建てなら、防耐火や構造など法的な制約による無駄なコストを抑えることができる

屋根

主寝室　クロゼット

2F 1:200

プロジェクター

物入　プレイルーム
可動ブース　可動ブース
ワークカウンター

光庭　ホール上部

M2F 1:200

納戸　キッチン　浴室
玄関
ホール
駐車スペース

1F 1:200

TV台　主寝室
子供室
ホール
キッチン

断面
1:200

027

天井高4.2mにすることで1階LDKを明るくする

旗竿状敷地の家の1階は暗く風も抜けない空間となりやすいが、この家では1階に4.2mの天井高をもつ大きな空間（LDK）をつくり、光と風を充分に取り込むことができるようにしている。

1階が大きな気積をもつ分、2階の諸室には「屋根裏」のような空間の楽しさが生まれる。隣家と床のレベルが半層ずれるので、窓も自由に設置できる。その構成のシンプルさは、密集地「2階建て」の1つの解答といえるだろう。

与条件
家族構成：夫婦＋子供2人
敷地条件：敷地面積123.93m²
　　　　　建ぺい率50％　容積率100％
　　　　　閑静な住宅街の旗竿状敷地。小さな敷地が増えつつあるが、大きな屋敷の緑も垣間見える。
建て主の主な要望
・倉庫のような大らかな空間
・「外」を感じられる家
・ウッドデッキがあるといい

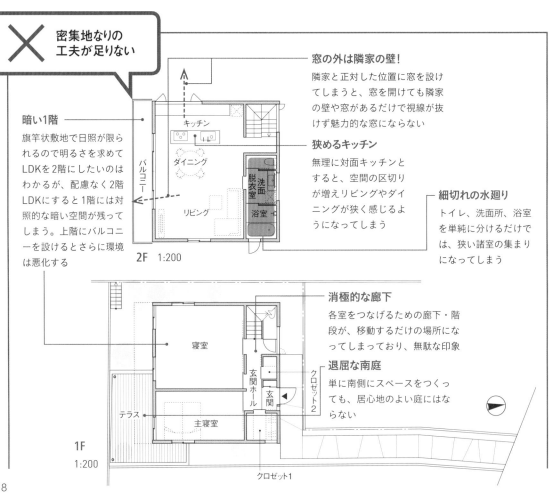

× 密集地なりの工夫が足りない

暗い1階
旗竿状敷地で日照が限られるので明るさを求めてLDKを2階にしたいのはわかるが、配慮なく2階LDKにすると1階には対照的な暗い空間が残ってしまう。上階にバルコニーを設けるとさらに環境は悪化する

窓の外は隣家の壁！
隣家と正対した位置に窓を設けてしまうと、窓を開けても隣家の壁や窓があるだけで視線が抜けず魅力的な窓にならない

狭めるキッチン
無理に対面キッチンとすると、空間の区切りが増えリビングやダイニングが狭く感じるようになってしまう

細切れの水廻り
トイレ、洗面所、浴室を単純に分けるだけでは、狭い諸室の集まりになってしまう

消極的な廊下
各室をつなげるための廊下・階段が、移動するだけの場所になってしまっており、無駄な印象

退屈な南庭
単に南側にスペースをつくっても、居心地のよい庭にはならない

2F　1:200

1F　1:200

キッチン　ダイニング　リビング　バルコニー　脱衣室　洗面　浴室

寝室　玄関ホール　玄関　クロゼット2　テラス　主寝室　クロゼット1

大きな1階をつくりデメリットを克服する

左：2階の水廻り。浴室の間仕切りもガラスとして閉塞感を軽減
右：1階LDK。天井高さ4.2mの開放的な大空間。中央の柱を拠り所にDK側とリビング側がなんとなく分けられる

撮影：鳥村鋼一（3点とも）

敷地条件

可変性

採光

人とのつながり

借景

動線

案内

プライバシー

収納

特殊部屋

多世帯

音響

所在を与える
白い大空間にあえて鋼鉄の柱を立てる。大黒柱として中心付近に立てられた柱は空間のアクセントになると同時に、家具や人の拠り所となる

大きな個室群
1階のLDKと同様、室内に構造壁を設けていないため、間仕切り・扉を自由に変更できる

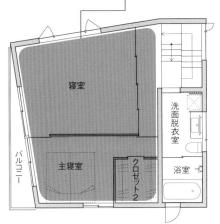

2F 1:150

断面 1:150

大きな気積
4.2mの天井高をもつ倉庫のような大きな空間としつつ、四周に窓を設けることで1階でも光と風を充分に取り込むことができる

天井の高い水廻り
中間階に設けられた水廻り。動線的に使いやすい位置にあるだけでなく、高い天井高を確保。窓から空が望める気持ちのいい浴室となった

ぐるぐる回れる
壁の角度を振って敷地境界から建物の距離に強弱をつけることで隙間空間に動きが生まれ、子供が走り回れるアクティビティが生じる

楽しい階段
ゆったりとした寸法にしつつ踊り場にカウンターを設け、子供が佇める場所をつくった

敷地面積／123.93m²
延床面積／101.88m²
設計／小長谷亘建築設計事務所
名称／世田谷の2階建の住宅

斜めの外壁と大開口
外壁面を隣地境界から斜めに振って大きな開口をつくることで、隣の家々の隙間方向へと視線が向かい、空や少し離れた林の木々を望むことができる

1F 1:150

028

変形敷地を
目一杯使って
広がりとゆとりを
生み出す

リビングを住宅の中心に置き、その周囲に必要な諸室とデッキを配している。リビングの床は半階もち上げ吹抜けを介して2階とつながり、ハイサイドライトによって季節や周囲の環境に関係なく明るく開放的なスペースになった。ダイニングキッチンは既存の敷地の高低差を生かし、リビングとダイニングキッチンをゆるやかに区切っている。明るいリビングを中心に、周囲の環境に関係なく、いつまでも家族がコミュニケーションを取れる住環境を提案することができた。

与条件
家族構成：夫婦＋子供2人
敷地条件：敷地面積288.50m²
　　　　　建ぺい率60％　容積率200％
　　　　　間口4.5m、奥行き55mの変形旗竿敷地で、
　　　　　敷地内に1mの高低差。
建て主の主な要望
・変形敷地をうまく利用して
・リビングはできるだけ広く
・夏涼しく、冬暖かく

✕ 敷地の特長が生かされていない

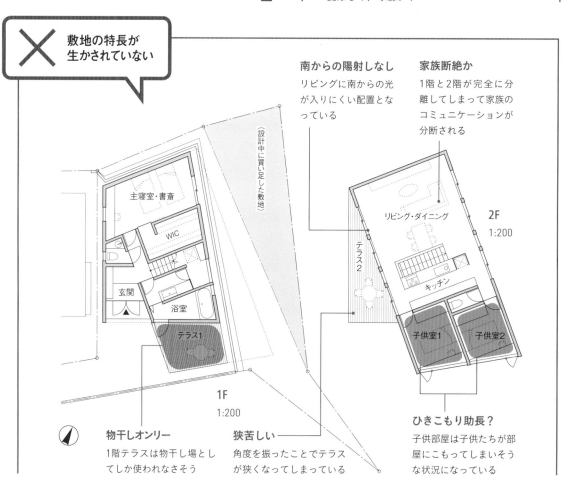

南からの陽射しなし
リビングに南からの光が入りにくい配置となっている

家族断絶か
1階と2階が完全に分離してしまって家族のコミュニケーションが分断される

（設計中に買い足した敷地）

主寝室・書斎
WIC
玄関
浴室
テラス1

1F
1:200

リビング・ダイニング
2F
1:200
テラス2
キッチン
子供室1　子供室2

物干しオンリー
1階テラスは物干し場としてしか使われなさそう

狭苦しい
角度を振ったことでテラスが狭くなってしまっている

ひきこもり助長？
子供部屋は子供たちが部屋にこもってしまいそうな状況になっている

変形をメリットにして
開放的につくる

左：ダイニング奥からリビング方向を見る
右：玄関前から見る。上部ハイサイドライトの外側は回遊できる屋上になっている

撮影：吉田誠（3点とも）

吹抜けでつながる
子供室の前のスペースは吹抜けでLDKとつながり、コミュニケーションが図れる

回れる遊び場
子供室と屋上がつながり、吹抜けを回る回遊動線をつくっている。子供たちが走り回る遊び場に

一人前につくる
子供室は十分な広さをもつ部屋としてつくっている。小さいうちはもちろん、成長して大きくなっても使いやすい環境を用意

いつも明るく
吹抜け上部は北側を除く3方向にハイサイドライトがあり、季節や時間を問わず、明るいLDKとすることができる

子供室1

子供室2

吹抜け

2F
1:200

将来も安心
寝室を1階に配置して子供室のみ2階にある間取り。1階だけで生活が完結し、歳を重ねても使いやすい

たくさん入る
家族4人分の靴も十分入る使いやすい大容量のシュークローク

迎え入れるかたち
玄関脇の大きなテラスは、ポーチに向かって少し開く形状に。隣接する実家との行き来もしやすく両親も訪れやすい。リビングの延長として使えるほか、屋根があるので雨の日でも洗濯物が干せる

キッチン脇で兼用
キッチンのすぐ脇に大きな収納スペースを確保。パントリーとして使うほか、納戸としても使いやすい

目線の高さがそろう
キッチン側とリビングは4段の段差がある。このレベルの違いにより、立っているキッチン側と座っているリビング側の目線の高さがそろい、一体感が生まれる。また階段は椅子代わりにもなり、家族のコミュニケーションも増える

川を見ながら
浴室の窓は川に向かって設けられており、開けた視界が楽しめる

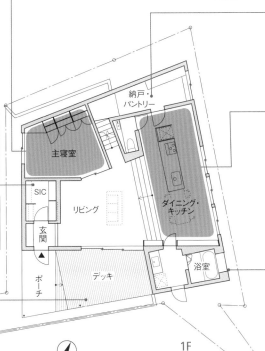

主寝室

納戸・パントリー

SIC

リビング

ダイニング・キッチン

玄関

浴室

ポーチ

デッキ

1F
1:200

敷地面積／288.50m²
延床面積／124.39m²
設計／納谷建築設計事務所
名称／番田の住宅

029

窓の高さを
工夫すれば
密集地でも
明るい間取りに

一戸建て住宅や木造アパートが立ち並ぶ下町の密集地。敷地は細い路地の一番奥の行き止まりの場所にある。こうした環境下で「明るく開放的な住居空間」と「周囲の雑多な印象とは異なる、スタイリッシュな家の外形」が求められた。

各階の床の高さ、開口部の位置、平面外形の緻密な検討を繰り返すことで、プライバシーを守りながら光や風、空間の広がりを最大限に得ることを試みている。

与条件
家族構成：夫婦＋子供2人
敷地条件：敷地面積80.09m²
　　　　　建ぺい率60％　容積率150％
　　　　　4m道路の袋小路の奥。不整形な土地。
建て主の主な要望
• すっきりとしたシンプルな外観
• 明るく開放的な空間

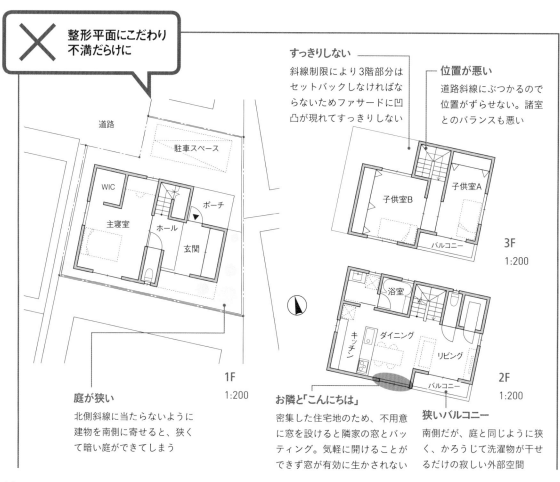

✕ 整形平面にこだわり
不満だらけに

すっきりしない
斜線制限により3階部分はセットバックしなければならないためファサードに凹凸が現れてすっきりしない

位置が悪い
道路斜線にぶつかるので位置がずらせない。諸室とのバランスも悪い

道路
駐車スペース

WIC
主寝室
ホール
玄関
ポーチ

1F
1:200

子供室B
子供室A
バルコニー
3F
1:200

浴室
キッチン
ダイニング
リビング
バルコニー
2F
1:200

庭が狭い
北側斜線に当たらないように建物を南側に寄せると、狭くて暗い庭ができてしまう

お隣と「こんにちは」
密集した住宅地のため、不用意に窓を設けると隣家の窓とバッティング。気軽に開けることができず窓が有効に生かされない

狭いバルコニー
南側だが、庭と同じように狭く、かろうじて洗濯物が干せるだけの寂しい外部空間

敷地条件

可変性

採光

人とのつながり

借景

動線

来客

プライバシー

収納

特殊部屋

多世帯

賃貸

平断面を一工夫し明るく開放的に

撮影：上田宏
（4点とも）

密集地でも外部空間

大きなルーフバルコニーは光と風が存分に楽しめる。狭小敷地でも、気持ちのよい外部空間を獲得

2階LDKから3階に登る階段。階段の向こうにルーフテラスが見える

2F 1:200

キッチン

リビング ダイニング

広々としたLDK

2階はワンルームの開放的なLDK。軽やかな鉄骨階段が、上方へと視線を誘う

3F 1:200

子供室A 子供室B

ルーフバルコニー 吹抜け

空とつながる

LDK上部の吹抜けは、ルーフバルコニー越しに空を眺めることができる

すっきりした外観

道路から外壁を離し、平面形を工夫することで3階までまっすぐに建つスッキリとした外形を実現

前面道路

駐車スペース

ポーチ 浴室

玄関 廊下 主寝室

収納

1F 1:200

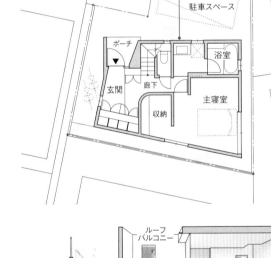

ルーフバルコニー

リビング ダイニング

玄関 主寝室

少しずらす

床の端部を少しだけもち上げることで、階と階のあいだに窓を設ける。隣家の窓との視線の交錯を避け、明るい陽射しが室内へと導かれる

敷地面積／80.09㎡
延床面積／99.78㎡
設計／白子秀隆建築設計事務所
名称／下町のステップハウス

上：2階キッチンとダイニング。トップライトの光は、吹抜け側にあけられた窓を通じて子供室Bにも届く
下：リビング上部。ルーフバルコニーの床を少しもち上げてハイサイドライトをつくっている

030
上からの光が
スキップフロアの
各階に注ぐ
都市型住居

旗竿状敷地で建ぺい率50％容積率100％。さらに四方に隣家が迫っているため道路側の正面以外ほとんど採光が望めないという典型的な都市型敷地の厳しい条件だった。

ここではスキップフロアを採用し、3階レベルのトップライトから1階リビングまで光を落とす。その光は、スケルトンの階段を抜けて、各フロアに行き渡る。また容積緩和を使って、半地下をつくり、収納量を確保している。海外赴任先でなじんだアメリカンでポップなインテリアも特徴。

与条件
家族構成：夫婦＋子供3人
敷地条件：敷地面積90.99m²
　　　　　建ぺい率50％　容積率100％
　　　　　静かな高級住宅街にある旗竿状敷地。3区画分譲の1区画で隣家と近接する。
建て主の主な要望
• 明るいリビングと広いバルコニー
• 家族がいつもつながっていられる間取り
• 洗面スペースを広く

✕ 迫る隣家への対応が不十分

明るくならない
吹抜けで1階に光を落とす計画だが、前の家の影になり陽射しは十分に入らない。1階リビングは暗い部屋になってしまう

3F　1:200

水廻りが遠い
DKから1層分、リビングからは1層半分水廻りが離れていて少し遠い。主寝室前を通過する動線も気になる

2F　1:200

使いにくい収納
スキップフロアにして、DKの下を床下収納とする案。高さのあるものをしまうのが難しく、また気軽に出し入れができるか疑問。LDKの収納不足を補足する役割があるので、気軽に出し入れできないと、ものがLDKにあふれてしまう

1F　1:200

敷地条件

可変性

採光

人とのつながり

借景

動線

来客

プライバシー

収納

特殊部屋

多世帯

防犯

◎
トップライトから採光し
玄関土間まで光を落とす

左：1階土間リビングから奥を見る。階段を昇るとDKにつながる
右：DKから玄関方向を見る。スケルトンの階段で視線が抜け、空間のつながりを強めてくれる

気持ちいい場所
北側になるが、敷地内で唯一視線が抜ける位置にルーフバルコニーをつくった。3階なので、プライベート感もある気持ちのよい場所となった

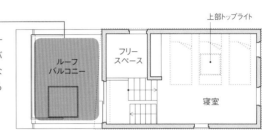

上部トップライト

3F　1:150

ゆったり水廻り
厳しい条件にもかかわらずゆったりした水廻り空間を確保。LDKから主寝室前を通らずに行けるところに配置し、女の子3人という家族構成に配慮して洗面ボールも2つ設置した

階段からも光
スキップフロアをつなぐ階段をスケルトンにして、上階に射し込む光を下の階に落とす。スケルトン階段は、空間の一体感ももたらしてくれる

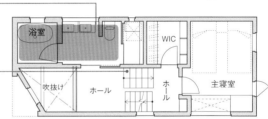

2F　1:150

明るい土間リビング
玄関兼用の土間リビングは吹抜けのある明るい空間。ダイニング・キッチンとスキップでつながっており、閉塞感もない

1F　1:150

趣味室＆収納に
容積率の緩和制度を利用して半地下をつくっている。地下には趣味室と、さまざまなものをしまう収納スペースを配置。ものがあふれない、すっきりしたLDKの暮らしを支えてくれる

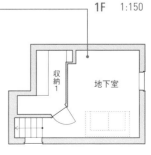

BF　1:150

敷地面積／90.99m²
延床面積／110.00m²
設計・施工／KURASU
名称／奥沢の家

031

立体的な構成と視線の抜けで狭さを克服する小さな家

周囲の建物が迫るなか、明るいリビング、家族の集まれる場所をつくることが課題となった。

キッチンをアイランドにして、家族が自然と集まる居場所をつくり、その傍らにはリビングとなる小上がりをしつらえた。小上がりの大きな窓は、キッチンからの視線の抜けを生む。ロフトへのすのこ廊下からはハイサイドライトの明るい光が降ってくる。窓をあけて窓辺に腰掛け、暑い夏の日はキンキンに冷えたビールを楽しめる。日常のなかにそんな少しのワクワクを埋め込んだ。

与条件

家族構成：夫婦＋子供2人
敷地条件：敷地面積80.95m^2
　　　　　建ぺい率40％　容積率80％
　　　　　閑静な住宅街の狭小地。東側（道路側）
　　　　　以外、隣家が迫っている。

建て主の主な要望

- 明るいリビングにしたい
- 家族が自然に集まれる場所を
- 子供が楽しく暮らせる、ワクワク感のある家

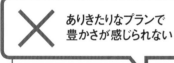

✕ ありきたりなプランで豊かさが感じられない

ありきたりなリビング

住まう家族の暮らし方がみえてこないフラットでありきたりな間取り。視線の抜けもなく、豊かさが感じられない

少し不便

キッチンに立ったときに見えるのはバルコニー越しの隣家。部屋全体も把握しにくく、まだやんちゃな子供のいる家では少し不便かも

使いにくい

ロフトへの階段は、収納式はしごが省スペースだが、大きな荷物がある場合は特に上がりづらい。子供が小さく、ものが増えてしまう時期にロフト使用頻度が減ればせっかくのスペースが台なし

キッチン
ダイニング
収納式はしご
リビング
押入
バルコニー

2F
1:200

浴室
玄関
主寝室
オープンルーム
駐車スペース

1F
1:200

ついつい南側に

この窓の数と配置、リビングの広さだと、2階のすべてで陽当たりがよくなってしまい、夏の強い陽射しもたくさん降り注ぐ。収納家具も置きづらくなる

小上がりリビングで
豊かなLDKをつくる

左：正面外観
右：2階LDK。キッチンに立つ
と、正面の窓から視線が抜けて
いく。キッチンの上がロフト

撮影：渡辺慎一（3点とも）

ロフトも居場所に

ロフトへは固定階段で上がれるので、部屋が1つ増えた感覚に。本棚を設けているので子供部屋代わりにもなる。ロフトまでの廊下（キャットウォーク）をすのこ状にしているため、窓からの陽射しが下階にまで降り注ぐ

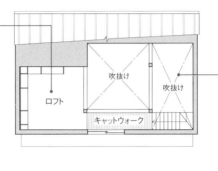

LF
1:150

断面の活用

小上がり、吹抜け、ロフトとさまざまな高さの違いを出し、縦の広がり（高さ）を強調することで、コンパクトななかにも広さを感じられる演出ができている

建物の形状を生かす

縦長の平面形状を生かし、1階の昇り口と2階の降り口で回り階段を採用。シンプルな形状となり省スペースで設置できる

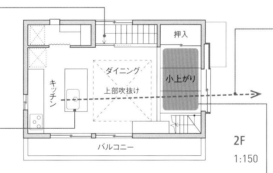

2F
1:150

家族みんなで

アイランドキッチンにして、家族みんなが集いやすい場に。部屋も見渡せ、子供たちの様子も確認できるから安心

視線が抜ける

唯一開放感を感じられる道路側に大きめの窓を設けたことで、視線の抜けができ部屋に広さが生まれた。低めの位置に設置したので腰掛け窓のようになり、家族の居場所がひとつ増えた

万能！　小上がり畳

リビング替わりの小上がりの畳空間。畳に腰かけることもできるのでソファが不要となり、ダイニングも広々と確保。畳の下は収納として活用するほか、小上がりがロフトへ上がる階段の1段目の役割も果たしている

1F
1:150

敷地面積／80.95m^2
延床面積／64.68m^2
設計・施工／岡庭建設
名称／とみとみの家

敷地条件

可変性

採光

人とのつながり

借景

動線

来客

プライバシー

収納

特殊部屋

多世帯

賃貸

032
コンパクトに
まとめた1階で
特殊な敷地条件を
克服する

高低差のある旗竿状敷地で、北側の地盤は3m以上高く、計画上使える敷地が限定された。

1階で生活が完結する間取りを希望されたため、将来的にそれが可能になるよう1階をコンパクトにまとめた。2階には、ロフト部屋の感覚で使用できる子供室およびご主人のワークスペース、収納を置いている。

1階では寝室や水廻り空間がかなりの面積を占めるが、クロゼット前の裏動線や寝室前の和室によって効率的で開放感のある間取りとなっている。

与条件
家族構成：夫婦＋子供2人
敷地条件：敷地面積195.40m^2
　　　　　建ぺい率40％　容積率60％
　　　　　閑静な住宅街のなかの高低差のある旗竿
　　　　　状敷地。
建て主の主な要望
・1階で生活が完結する家
・家事動線に配慮してほしい
・ログハウスのように木をふんだんに使いたい

✕ プランが平凡で
生活しにくそう

― **細かい収納が少ない**
LDK周辺の収納が少なく、細やかな配慮が足りない。日常のさまざまなものがしまえず、収納家具が置かれることになる。そうなると、プラン通りの暮らしはできない

― **広すぎる?**
夫のスペースとなるワークスペースが妙に広い。部屋として独立させると夫専用となり、内部の収納もみんなで使うことができない

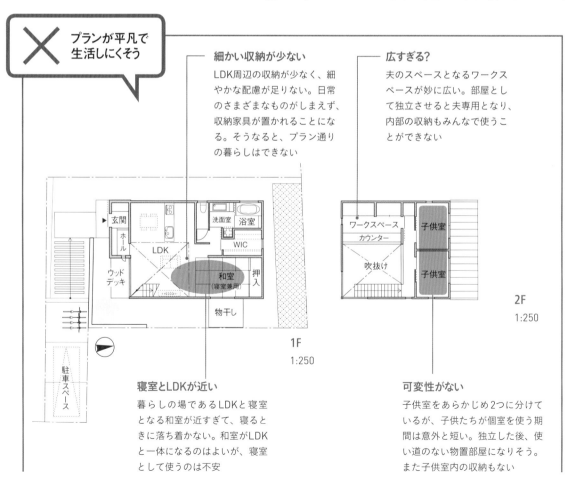

寝室とLDKが近い
暮らしの場であるLDKと寝室となる和室が近すぎて、寝るときに落ち着かない。和室がLDKと一体になるのはよいが、寝室として使うのは不安

可変性がない
子供室をあらかじめ2つに分けているが、子供たちが個室を使う期間は意外と短い。独立した後、使い道のない物置部屋になりそう。また子供室内の収納もない

和室を中間に
挟み緩やかに
LDKと分ける

左：2階ワークスペースとカ
ーテンで仕切った収納
右：1階LDK

敷地条件

可変性

採光

人とのつながり

借景

動線

楽を

プライバシー

収納

特殊部屋

多世帯

カーテンで仕切る
壁を立てて個室にするのでは
なく、カーテンで緩く仕切る
みんなで使える収納に。カー
テンの緩い仕切りにより、ワ
ークスペースの圧迫感がない

眺めも広がりも
ワークスペースは、吹抜け越
しに遠くまで見渡せる気持ち
のいい場所。1階の気配も感
じながら作業できる

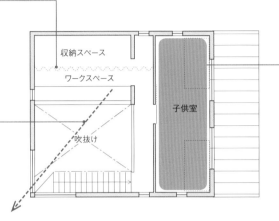

収納スペース

ワークスペース

子供室

吹抜け

2F
1:150

入り口は1つ
仲良し姉妹の部屋は、細く長
くつくる。将来は間仕切るこ
とも考えられるが、それでも
入り口は1つにしてシェアす
るように考えている

ポーチ

玄関

キッチン

ダイニング

CL

洗面室

浴室

PC

WIC

ホール

ウッドデッキ

リビング

和室

寝室

物干し

駐車スペース

1F
1:150

一直線の家事動線
キッチンから浴室までを一直
線に配置。家事動線が短くな
り、キッチン作業の合間の洗
濯なども楽にできる。洗濯物
を干すときも、クロゼット前
の通路でショートカット。物
干し場まで最短で行ける

緩衝空間としても
和室は、LDKの一部として
のくつろぎの場であるととも
に、寝室とLDKのあいだの
緩衝空間。さらに水廻りから
物干し場への洗濯動線であり、
取り込んだ洗濯物を畳む家事
スペースでもある

大容量の収納
小上がり状の寝室は、引出し
収納（図左側）と蓋を上げる
タイプの床下収納（図右側）
を完備。布団をしまうだけで
なく、LDKの収納不足を補い、
扇風機など季節のもの、思い
出の品など日常的にあまり使
わないものも収納する

敷地面積／195.40m²
延床面積／97.92m²
設計・施工／じょぶ
名称／ビンテージ家具の似合う家

旗竿状敷地でも明るく開放的な2階LDKの家

住宅地の一画で、一番奥の閉鎖的になりがちな旗竿状敷地。閉鎖的なことを逆手に、プライバシーを守りながら開放感のある家づくりを心掛けた。

バルコニーは高めの手すり壁で囲って中庭風に仕上げ、内外でつながりのある空間に。物干し場や子供たちの遊び場にもなる多目的スペースだ。リビングでは居心地のよい部分をちりばめ、仕上げについては暮らし始めてからの住まい手に委ねた。住まい手お気に入りの家具とテイストで、オンリーワンの家となっている。

与条件
家族構成：夫婦＋子供2人
敷地条件：敷地面積122.18m²
　　　　　建ぺい率50％　容積率80％
　　　　　閑静な住宅街の旗竿状敷地。竿状部分だけで約23m²ある
建て主の主な要望
・陽当たりがよく家族が集まるリビング
・造り付け家具も含めて収納を多く
・プライバシーを確保してほしい

 中庭がまったく有効に機能していない

使い方不明
どのように使う想定なのか、今ひとつ不明の部屋。全体の収納量から考えると、納戸になりそうだがいかにも中途半端

どこに干す?
洗濯物をどこに干すのか迷う。玄関前から丸見えになる中庭は干したくないが、2階バルコニーまではかなり遠い

1F
1:250

丸見えになる
1階LDKで、キッチンまで明るくするために中庭を設けているが、そのために玄関前からLDKが丸見えになってしまう

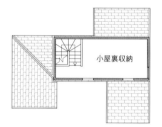

LF
1:250

開放感がない
中庭のよさが生かされておらず、各部屋に開放感がない。特に2階個室はいずれも小さくなり、かつ分散してしまっている

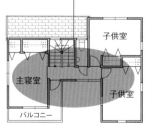

2F
1:250

バルコニーからも小屋裏からも光を室内に導く

左：2階LDK。小屋裏の窓からの光がリビングにも落ちてくる
右：2階バルコニー。コーナーが開口部となっており、実面積以上の広がりが感じられる

敷地条件

可変性

採光

人とのつながり

借景

動線

来客

プライバシー

収納

特殊部屋

多世帯

賃貸

小屋裏からも光
小屋裏の窓から入った光は、吹抜けを通して2階LDKまで降り注ぐ

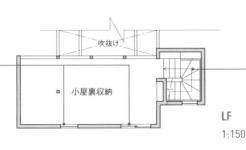

LF
1:150

気軽に向かう
大面積の小屋裏に向かう固定階段。はしごなどと違い、両手で荷物をもって、気軽に上がっていくことができる

2F
1:150

すぐ脇でも快適
洗面室とトイレをセットにして2階にも配置。LDKのすぐ脇だが、洗面室を経てトイレに向かうようにして違和感を軽減。洗面室は温かみのある仕上がりとして、リビング同様に落ち着いた場所となっている

一体のバルコニー
壁を立ち上げてプライバシーを確保したバルコニーは、子供の遊び場や物干し場として多目的に活躍。コーナー窓で接しているので、LDKのどこにいても目が届き、気配を感じられる

充実の収納
各部屋にパッと見て分かるように大きな収納を設け、片付けしやすいようにしている

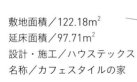

敷地面積／122.18m²
延床面積／97.71m²
設計・施工／ハウステックス
名称／カフェスタイルの家

1F
1:150

034

壁をつくらず
斜材で構成し
極細敷地の欠点を
克服する

細長い敷地の、いわゆる「うなぎの寝床」では、耐力壁が空間と光をさえぎってしまうことが多い。この耐力壁を、上から下までの「壁」にするのではなく、筋かい・斜材だけで構成し、部屋や空間の分節ごとに配置。これらが、1階では空間をゆるやかに区切る間仕切りとして、2階では北側から光を採り込む勾配屋根として機能し、明るく自由な間取りを実現している。

与条件
家族構成：夫婦＋子供2人
敷地条件：敷地面積139.29m²
　　　　　建ぺい率60％　容積率168％
　　　　　間口5m弱に対して奥行きが約28mの典型的な「うなぎの寝床」状敷地で、最奥のみ少しだけ広がっている。周囲に3階建ても含めて隣家が迫る密集地域。

建て主の主な要望
• 明るい住環境
• 風通しのよい家
• プライバシーの確保

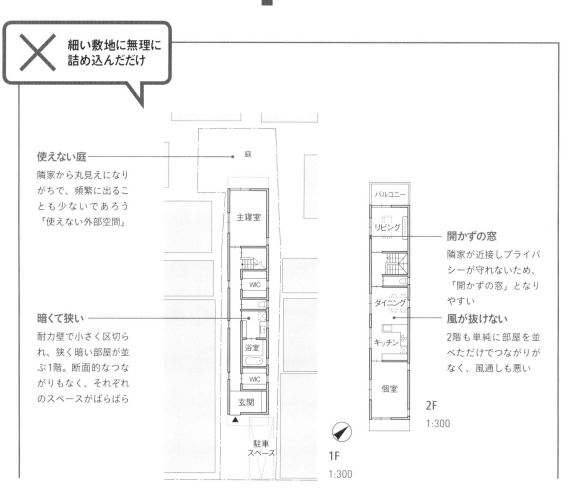

✕ **細い敷地に無理に詰め込んだだけ**

使えない庭
隣家から丸見えになりがちで、頻繁に出ることも少ないであろう「使えない外部空間」

暗くて狭い
耐力壁で小さく区切られ、狭く暗い部屋が並ぶ1階。断面的なつながりもなく、それぞれのスペースがばらばら

開かずの窓
隣家が近接しプライバシーが守れないため、「開かずの窓」となりやすい

風が抜けない
2階も単純に部屋を並べただけでつながりがなく、風通しも悪い

庭
主寝室
WIC
浴室
WIC
玄関
▲
駐車スペース
1F
1:300

バルコニー
リビング
ダイニング
キッチン
個室
2F
1:300

横にも上下にも
つながりをつくる

可変性

採光

人との
つながり

屋根

軒先

動線

安全

プライベート

収納

特殊部屋

多世帯

2階リビングからDK方向を
見る。斜材を耐力壁として扱
い、ゆるやかに場を仕切る

ゆるやかに区切る

耐力壁を筋かい（線材）
とし、1階ではそれをな
ぞった三角形の壁でプラ
イベートゾーンをゆるや
かに区切る

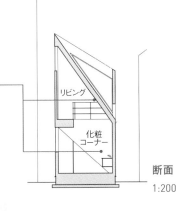

断面
1:200

距離感をつくる

壁や軒で囲うことで隣家
との距離を確保した半戸
外バルコニー。ソファコー
ナーの開放感にもつな
がっている

バルコニー

ソファー
コーナー
(リビング)

吹抜け

畳コーナー

ダイニング

開放的な場所

壁を設けず屋根が筋かい
を兼ねることで、ゆるや
かにつながった開放的な
2階パブリックゾーン

キッチン

吹抜け

プレイルーム

吹抜けでつなぐ

階段室と2か所の吹抜け
によって、下階から風を、
上階から光を導く

2F
1:200

主寝室

化粧
コーナー

WIC

浴室

玄関

ポーチ

アプローチ

駐車
スペース

1F
1:200

機能で分ける

窓は、採光と通風の機能
ごとに分けて設ける。北
側の大きな開口部からは、
安定した間接光を内部に
引き込むことができる

敷地面積／139.29m²
延床面積／129.14m²
設計／GEN INOUE（井上玄）
名称／うなぎの寝床の家

035

敷地の特徴を最大限に生かす2階にもち上げた細長の家

敷地は川辺に位置するとともに、街路と土手に挟まれた土地の突端に位置するという極めて稀な状況であった。そこで先端という特異性、川辺と街並みをつなぐ土地の特性を保持したいと考えた。

多湿であることが想定されたため、暮らしの場を地盤面から土手の高さを越えてもち上げて高床式とし、眺望と開放性を獲得。もち上げられた家型建物の内と外に漂う空気と川の流れを感じながら、この土地にしかない豊かな暮らしが育まれることを期待している。

与条件

家族構成：夫婦＋子供3人

敷地条件：敷地面積195.53m²
　　　　　建ぺい率70％ 容積率200％
　　　　　街路と土手に挟まれた、川辺の細長い敷地。

建て主の主な要望
- 寒冷地だが暖かく暮らしたい
- 屋根付きの駐車場
- 窓からの眺望を楽しみたい

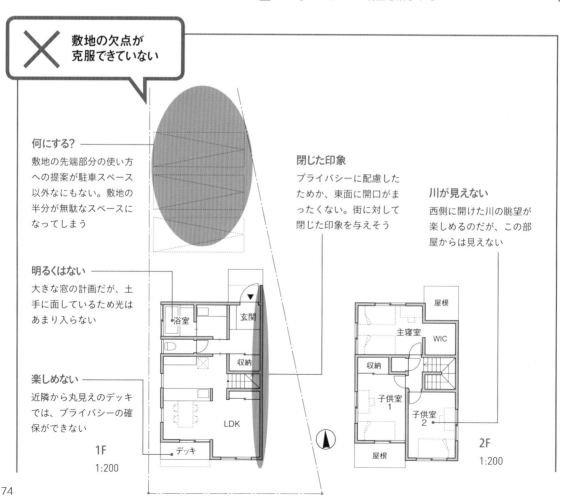

✕ 敷地の欠点が克服できていない

何にする？
敷地の先端部分の使い方への提案が駐車スペース以外になにもない。敷地の半分が無駄なスペースになってしまう

閉じた印象
プライバシーに配慮したためか、東面に開口がまったくない。街に対して閉じた印象を与えそう

川が見えない
西側に開けた川の眺望が楽しめるのだが、この部屋からは見えない

明るくはない
大きな窓の計画だが、土手に面しているため光はあまり入らない

楽しめない
近隣から丸見えのデッキでは、プライバシーの確保ができない

1F 1:200

浴室　玄関　収納　LDK　デッキ

2F 1:200

屋根　主寝室　WIC　収納　子供室1　子供室2　屋根

部屋を持ち上げて眺望と一体感をつくり出す

2階キッチンから見る。屋根型の天井面が奥まで続き、室内の一体感と広がりをつくる。川に向かって窓が横に連なり景色を楽しめる

撮影：田中宏明（2点とも）

敷地条件

可変性

採光

人とのつながり

借景

動線

来客

プライバシー

収納

特殊部屋

多世帯

賃貸

家をもち上げる
土手に塞がれて川が見えない1階部分には部屋を置かず、すべての部屋を2階にもち上げる。1階玄関は雨に濡れずに出入りでき、ピロティは雨の日でも子供が遊べる軒下空間となる

一体感をつくる
ワンルームのような筒状空間により、住み手全員が一体感を感じることができる

開放的なLDK
視線が抜ける開放的なLDK。階段や通路も一体的に扱うことで開放感を高めている

どこからでも見える
水平連続窓により、すべての居室から美しい景色を見渡すことができる

雨でも安心
屋根付きのプライベートバルコニー。突然の雨でも洗濯物の心配は無用

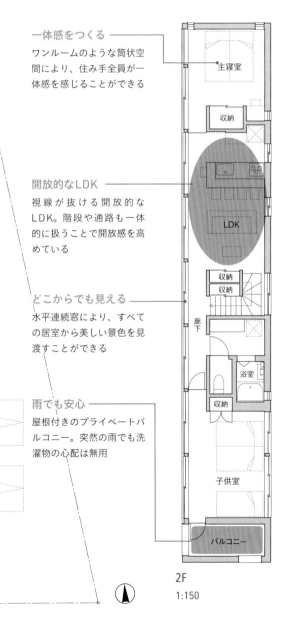

1F
1:150

2F
1:150

敷地面積／195.53m²
延床面積／86.05m²
設計／ H.A.S.Market（長谷部勉）
名称／諏訪の家

036

スキップ構成で狭さを克服し家族5人が楽しく暮らす家

狭小地で建物をいかに広く見せるかをポイントとして、一級建築士のご主人がスキップフロアで、広がりのある空間をつくりあげた。

1層目の玄関部分から6層目のロフトまで、建具などの間仕切がないので、吹付けウレタン断熱を採用した建物は、まるで1つの魔法瓶として考えられる。最上階の女の子3人が使う子供室は、大きな空間にデスクスペース、収納スペース、ロフトスペースを設けている。

与条件
家族構成：夫婦＋子供3人
敷地条件：敷地面積75.52m²
　　　　　建ぺい率60％　容積率180％
　　　　　間口約6.5m、北側道路の狭小地。北側以外の3方向は隣家が迫っている。
建て主の主な要望
・駐車場から濡れずに玄関に入りたい
・狭い敷地だが、広く感じられるように
・子供たちのスペースを広く

 各階が断絶し家族の一体感がない

狭苦しい
ガレージと玄関を並列させたプランだが、玄関もガレージもともに狭く感じられる。雨の日にはガレージと玄関の往復で濡れてしまう

無駄に広い
キッチンを巡る回遊動線はよいが、面積バランスとしてキッチン側が無駄に広い。もう少しバランスをよくしたい

風が流れない
限られた空間で居室を間仕切っているため風の流れが悪そう。通風のための配慮が不足

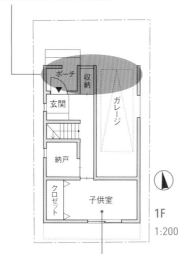

1F　1:200

2F　1:200

3F　1:200

─ 孤立しそう ─
上下階のつながりもなく、子供のスペースが孤立してしまう間取り

スキップフロアで各階の家族をゆるやかにつなぐ

左：キッチン。写真右側にダイニングテーブルが置かれる

右：リビングよりキッチン方向を見る。スキップフロアで見た目以上の広がりを得る

敷地条件

耐震性

採光

人とのつながり

相談

動線

来客

プライバシー

収納

特殊部屋

多世帯

広い駐車場

構造の工夫により狭小地にも関わらず広い駐車スペースを確保。2台の車を停めても玄関までゆったりアプローチできる

アイランドキッチン

流し部分をアイランド型にしてダイニングテーブルと一体化。小さなスペースでも回遊できる動線が生まれ、家事の効率がよくなる。カウンターは人工大理石なので、お菓子づくりなどもできる

縦に有効利用

ワンフロアずつ単純に階段でつなぐのではなく、南北のフロアの床レベルをずらす3階建て6層のスキップフロアの構成。各層が少しずつつながり、広がりも感じられる

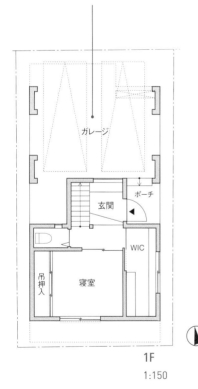

1F
1:150

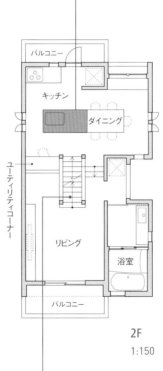

2F
1:150

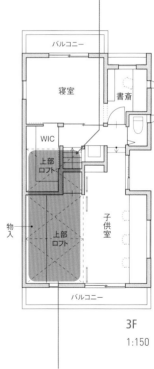

3F
1:150

敷地面積／75.52m²
延床面積／112.48m²
設計・施工／ダイワ工務店
名称／狭小地でも広がりを感じる
　　　3階建て6層のスキップフロア

抜ける視線

ゾーニング的には空間が分かれているが、階段をスケルトンとしているので視線が抜け、空間的に広く感じられる。また家族のつながりも生まれる

みんなにロフト

3階の子供室は勾配天井を利用して3人それぞれにロフト空間を用意。一緒に勉強したり遊ぶときとは別に、1人になれるスペースを確保した

037

浮かぶテラスが視線をカット、室内外のアートを楽しめる家

敷地は傾斜のある閑静な住宅地。クライアントの要望により、さまざまな場所にアートを配置できるように工夫した。中庭に配したデッキテラスは、座ったときに周囲の視線をさえぎる壁を巡らせ、季節のよいときは、食事やお茶の時間を楽しむことができる。

建物は、建築の凹凸や抜けにより、外部からの視線をほどよくさえぎりながらも空間の広がりや外部とのゆるやかなつながりを感じることができる生活を実現している。

与条件
家族構成：夫婦＋子供2人
敷地条件：敷地面積233.89m²
　　　　　建ぺい率50％　容積率100％
　　　　　閑静な住宅街の高低差のある敷地。南東の方向に公園があり、視線が抜ける。
建て主の主な要望
・寝室1、子供室2、客間（和室）1
・キッチンはオープンキッチンがよい
・アートを置けるスペースをつくりたい

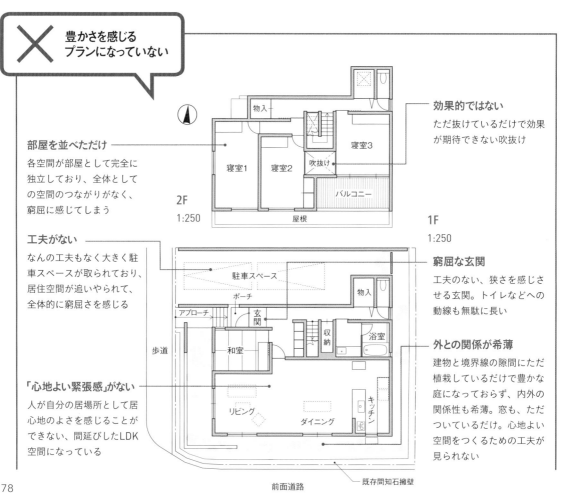

✕ 豊かさを感じるプランになっていない

部屋を並べただけ
各空間が部屋として完全に独立しており、全体としての空間のつながりがなく、窮屈に感じてしまう

工夫がない
なんの工夫もなく大きく駐車スペースが取られており、居住空間が追いやられて、全体的に窮屈さを感じる

「心地よい緊張感」がない
人が自分の居場所として居心地のよさを感じることができない、間延びしたLDK空間になっている

効果的ではない
ただ抜けているだけで効果が期待できない吹抜け

窮屈な玄関
工夫のない、狭さを感じさせる玄関。トイレなどへの動線も無駄に長い

外との関係が希薄
建物と境界線の隙間にただ植栽しているだけで豊かな庭になっておらず、内外の関係性も希薄。窓も、ただついているだけ。心地よい空間をつくるための工夫が見られない

2F 1:250
寝室1　寝室2　寝室3　物入　吹抜け　バルコニー　屋根

1F 1:250
駐車スペース　ポーチ　アプローチ　玄関　物入　浴室　収納　和室　歩道　リビング　ダイニング　キッチン　既存間知石擁壁　前面道路

中庭を囲むL字平面で内外にアートを展示

左：南西側外観
右：1階リビングから中庭方向を見る。正面に見えているコンクリートの箱がデッキテラス

撮影：松村康平（3点とも）

アートな中庭
アート作品を置く芝生の中庭。風によって動くアート作品を置くことで、自然の気配や建築の表情の変化などを楽しめる。1階リビングはもちろん、2階寝室からも見ることができる

ゆるやかにつながる
寝室1、2は吹抜けでリビングとつながっており、家族の気配を感じられる。可動式の引戸を閉めれば、部屋にこもることも

断面
1:250

浮かせてつなぐ
デッキテラスを少し浮かせることで空間の奥行きを感じさせる。外からの視線を適度にさえぎりながら、心地よい空間を実現している

アートを飾る
水平方向に長い造り付けの飾り棚にはアートを美しく飾ることができる

くつろぎの空間
吹抜け上部のトップライトから柔らかい光が落ちるリビング。薪ストーブ越しに中庭の緑やアートを見ながらくつろぐことができる

独立した外部
落ち着いた時間を過ごすために、あえて建物から離し、周囲からの視線をさえぎる高さの壁で囲ったデッキテラス

2F
1:250

抜ける視線
寝室2からは吹抜けやブリッジへと視線が抜け、空間の広がりを感じることができる

公園への眺望
公園の緑を楽しむための窓。周辺の環境を見ながら開口の位置を考える

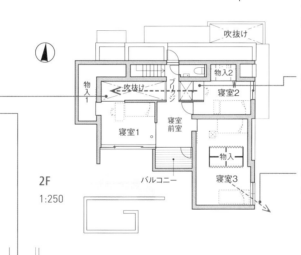

1F
1:250

敷地面積／233.89m²
延床面積／162.59m²
設計／坂本昭・設計工房CASA
名称／外院の家

機能的な動線計画
ゴミ出しや物干しなどの家事動線を機能的に確保。また、動線に配慮しつつも境界線との隙間に植栽し、浴室やダイニングの窓から緑を楽しむことができる

中庭を楽しむ
和室からはリビングとは違う角度で庭の緑を見ることができ、そのまま外部へと出ていくこともできる

敷地条件
可変性
採光
人とのつながり
借景
動線
来客
プライバシー
収納
特殊部屋
多世帯
賃貸

038

城壁のような壁を立て反射光で室内を明るくする

大小さまざまな建物が隙間なく密集する古い住宅地で、太陽の光を得る時間が限られる環境の敷地。敷地の奥に、まるで昔からあった城壁のような大壁をつくり、その壁との間にスリット状の空隙を設けるようにして建物を配置した。

空隙内で反射を繰り返した光は建物の各フロアに柔らかな間接光をもたらす。通常の時間軸上の日の光とともに、異なる時間軸の光がもう1つあるような建築。

与条件
家族構成：夫婦＋子供1人
敷地条件：敷地面積51.63m²
　　　　　建ぺい率60％　容積率160％
　　　　　鋭角な角をもつ狭小変形敷地。大小の建物が密集し、南西面はすぐ近くにマンションのバルコニーあり。
建て主の主な要望
・厳しい環境だが光や風を感じたい
・夫婦ともに夜勤があり、朝の光は重視せず
・トイレと洗面室は別室に

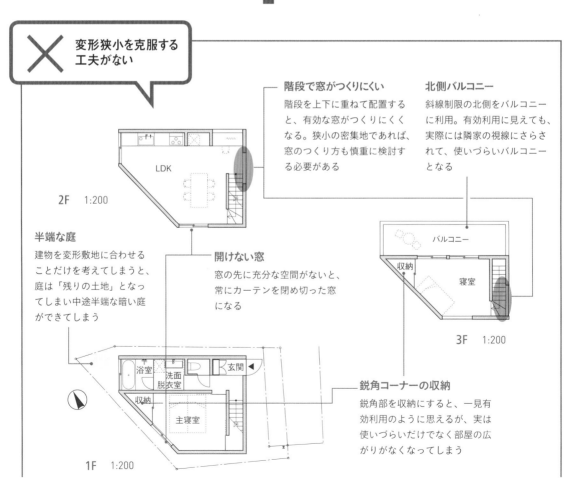

✕ 変形狭小を克服する工夫がない

階段で窓がつくりにくい
階段を上下に重ねて配置すると、有効な窓がつくりにくくなる。狭小の密集地であれば、窓のつくり方も慎重に検討する必要がある

北側バルコニー
斜線制限の北側をバルコニーに利用。有効利用に見えても、実際には隣家の視線にさらされて、使いづらいバルコニーとなる

半端な庭
建物を変形敷地に合わせることだけを考えてしまうと、庭は「残りの土地」となってしまい中途半端な暗い庭ができてしまう

開けない窓
窓の先に充分な空間がないと、常にカーテンを閉め切った窓になる

LDK
2F　1:200

バルコニー
収納
寝室
3F　1:200

浴室
洗面脱衣室
玄関
収納
主寝室
1F　1:200

鋭角コーナーの収納
鋭角部を収納にすると、一見有効利用のように思えるが、実は使いづらいだけでなく部屋の広がりがなくなってしまう

敷地を目一杯使って
光と広がりを得る

左：1階浴室。鋭角のコーナーも浴室の閉塞感を軽減するのに貢献する
右：2階LDK。弓なりの窓の向こうに白い大壁。壁に反射した光が室内を明るくする
撮影：淺川敏（3点とも）

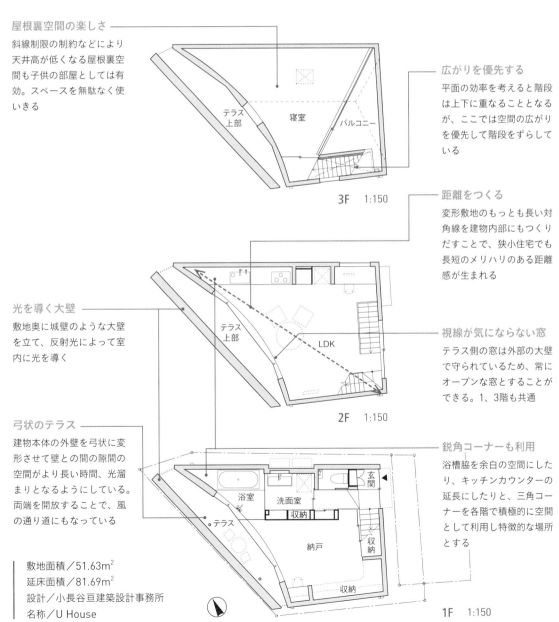

屋根裏空間の楽しさ
斜線制限の制約などにより天井高が低くなる屋根裏空間も子供の部屋としては有効。スペースを無駄なく使いきる

広がりを優先する
平面の効率を考えると階段は上下に重なることとなるが、ここでは空間の広がりを優先して階段をずらしている

テラス上部 / 寝室 / バルコニー
3F 1:150

距離をつくる
変形敷地のもっとも長い対角線を建物内部にもつくりだすことで、狭小住宅でも長短のメリハリのある距離感が生まれる

光を導く大壁
敷地奥に城壁のような大壁を立て、反射光によって室内に光を導く

テラス上部 / LDK
2F 1:150

視線が気にならない窓
テラス側の窓は外部の大壁で守られているため、常にオープンな窓とすることができる。1、3階も共通

弓状のテラス
建物本体の外壁を弓状に変形させて壁との間の隙間の空間がより長い時間、光溜まりとなるようにしている。両端を開放することで、風の通り道にもなっている

鋭角コーナーも利用
浴槽脇を余白の空間にしたり、キッチンカウンターの延長にしたりと、三角コーナーを各階で積極的に空間として利用し特徴的な場所とする

浴室 / 洗面室 / 玄関 / 収納 / テラス / 収納 / 納戸 / 収納 / 収納
1F 1:150

敷地面積／51.63m²
延床面積／81.69m²
設計／小長谷亘建築設計事務所
名称／U House

039

T形平面と境界に立てた塀で敷地奥に中庭をつくる

閑静な住宅街の、奥に向かってやや細長い敷地。ここに家族が暮らす住まいと賃貸住戸1室が求められた。アクセスを考慮して賃貸住戸は道路側に、住まいは敷地奥側を中心に配置した。

室内と庭が気持ちよくつながるようにという要望を受けて、敷地奥の庭は建物と塀で囲い込んでLDKと結びつける。窓枠も木でつくり、質感にこだわった。賃貸部との距離感を測りながら、各スペースで広がりが得られるよう配慮している。

与条件
家族構成：夫婦＋子供2人
敷地条件：敷地面積120.62m²
　　　　　建ぺい率40％　容積率80％
　　　　　畑や公園が散在する閑静な住宅街。敷地はほぼ1：2で奥に細長い形状。
建て主の主な要望
- 室内と庭が気持ちよくつながる中庭のある家
- 単身者用賃貸1戸を併設
- 子供室と賃貸住戸は離してほしい
- 対面型のキッチンにしてほしい

✕ **中庭にこだわりすぎで使いにくい**

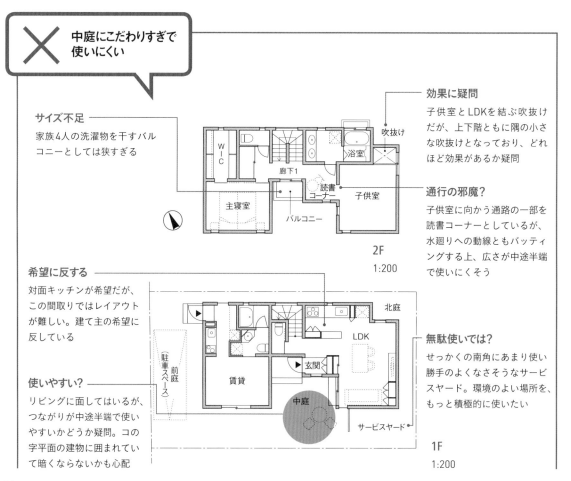

サイズ不足
家族4人の洗濯物を干すバルコニーとしては狭すぎる

効果に疑問
子供室とLDKを結ぶ吹抜けだが、上下階ともに隅の小さな吹抜けとなっており、どれほど効果があるか疑問

通行の邪魔？
子供室に向かう通路の一部を読書コーナーとしているが、水廻りへの動線ともバッティングする上、広さが中途半端で使いにくそう

希望に反する
対面キッチンが希望だが、この間取りではレイアウトが難しい。建て主の希望に反している

使いやすい？
リビングに面してはいるが、つながりが中途半端で使いやすいかどうか疑問。コの字平面の建物に囲まれていて暗くならないかも心配

無駄使いでは？
せっかくの南角にあまり使い勝手のよくなさそうなサービスヤード。環境のよい場所を、もっと積極的に使いたい

2F 1:200

1F 1:200

WIC　廊下1　浴室　吹抜け
読書コーナー　子供室
主寝室　バルコニー

駐車スペース　前庭　賃貸　玄関　LDK　北庭　中庭　サービスヤード

中庭の位置を工夫し
全体に広がりを与える

キッチン。ご希望の対面キッチンを実現。奥に見える階段横が玄関

リビングと中庭のつながり。木製の扉と大きなガラスで密な関係をつくっている

ゆったりつくる
予備のトイレも含めて水廻りをゆったりつくる。トイレを2階に設けることで、2階は完全なプライベートスペースとなる

効果的に使う
玄関上部を吹抜けとし、階段室と合わせて大きく開放する。階段室の窓から入る光が1階だけでなく、2階の読書コーナーも明るく開放的な場所にしてくれる

立体的な広がり
上部にロフトを設けた立体的な空間構成で、面積以上の広がりと楽しさをつくりだす

陽当たりよく
物干しバルコニーはゆったりサイズで陽当たりのよい場所につくる。家族4人分の洗濯物を干すのにも十分な広さを確保

主寝室　洗面脱衣室　浴室　子供室　上部ロフト　読書コーナー　吹抜け　バルコニー

2F 1:150

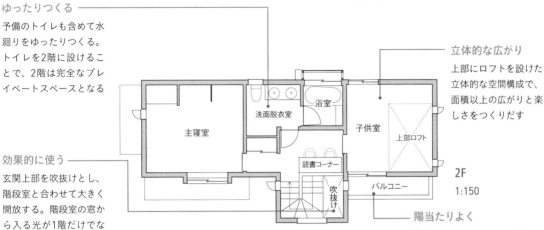

賃貸　LDK　玄関　駐車スペース　前庭　中庭

1F 1:150

一体になる雰囲気
幅の広い木製窓を使って中庭とLDKが一体となる雰囲気をつくっている。ワンルームのLDKだが、リビングが中庭とつながり広がりが生まれる

くつろげる中庭
道路からは見えにくい敷地の一番奥にプライベートなゆったりした中庭を配している。玄関とトイレを出っ張らせ、敷地のコーナーには板塀を巡らすことで、囲まれた居心地のよさをつくりだした

敷地面積／120.62m²
延床面積／96.27m²
設計／オノ・デザイン建築設計事務所（小野喜規）
名称／武蔵野の家

040

家のどこからも中庭を楽しめる口の字平面の2階LDK

　北鎌倉駅から歩いて10分ほどの敷地に建つ住宅である。週末になると観光客でごった返す北鎌倉駅だが、敷地周辺は、山を背景に昔ながらの宅地が広がっている。

　そんな歴史性のある鎌倉の空気を感じるために、また観光地の喧騒と距離をとるために、中庭形式の住宅として計画している。生活の中心となる2階のLDKは、中庭に向けて開放され明るく伸びやかな空間となっている。

与条件
家族構成：夫婦＋子供2人
敷地条件：敷地面積135.33m²
　　　　　建ぺい率80％　容積率200％
　　　　　西側道路の矩形の敷地。東および南側の建物が近接しており、陽当たりは期待できない。
建て主の主な要望
・鎌倉の雰囲気が感じられる家
・骨董を飾る和室がほしい
・好きな家具を置きたい

✕ 無駄が多く暮らしが楽しめない

独立できない
子供室にはデスクスペースが取れないので、勉強などをここで行う想定。小さいうちはいいが、大きくなって勉強に集中したいときなど、このつくりでは独立したスペースにはできない

無駄に長い
廊下が長く無駄な動線スペースの床面積に占める割合が大きすぎる

無駄に広い
玄関に入って、一直線に南側中庭に視線が抜けるのは悪くはないが、エントランスホールが必要以上に大きなスペースとなってしまっている

離れすぎ
外部テラスは楽しそうだが、キッチンと離れすぎていないか。お茶を飲むにしてもかなりの距離を運ばなければならない

管理も考えて
分散した中庭は、あちらこちらで緑に接することができるメリットはあるものの、それぞれが小さく、室内に十分採光ができそうもなく、また植物などの管理も大変になる

ダイニング・キッチン
吹抜け
テラス1
吹抜け
テラス2
リビング
デスクスペース
吹抜け
和室
吹抜け
2F
1:200

子供部屋2
子供部屋1
中庭
主寝室
中庭
WIC
浴室
趣味部屋
ホール
中庭
駐車スペース
玄関
1F
1:200

撮影：池本史彦
（3点とも）

テラス3からテラス1方向を見る。左手奥の室内がDKになる。テラス1により、各部屋に広がりがもたらされ、また部屋どうしもつながる

2階和室。ロの字平面としてLDKなどと切り離したことで、網代の掛込み天井をはじめ和テイストを楽しめる空間になっている

中庭を回る諸室配置でさまざまなシーンを演出

敷地条件

可変性

採光

人とのつながり

借景

動線

来客

プライバシー

収納

特殊部屋

多世帯

賃貸

収納

デスクスペース

ダイニング・キッチン

テラス1

中庭上部吹抜け

テラス2

和室

収納

テラス3

リビング

2F
1:150

広がりをもたらす
ロの字平面により、DK、リビング、デスクスペースは別の部屋のように配置されるが、テラスを通じて一体的に使える。さらにテラスはそれぞれの部屋に広がりをもたらす

違和感がない
中庭を中心にしてロの字に部屋を配置することによって、和室のしつらえも違和感なく計画できる

楽しめる中庭
中庭と接することで、周囲の視線を気にすることのない外に面した開放的な部屋をつくることができる。特に2階では、DK、リビング、デスクスペース、和室とそれぞれ違う方向から中庭の緑を楽しめる

子供部屋1

子供部屋2

主寝室

中庭

浴室

ホール

趣味部屋

階段下収納

WIC

玄関

駐車スペース

1F
1:150

敷地面積／135.33m²
延床面積／116.30m²
設計／篠崎弘之建築設計事務所
名称／House Y2

余裕の収納
玄関のすぐ隣に、靴箱とは別に共有のクロゼットを配置。コート類を掛けておけて、玄関廻りの収納に余裕を与える

目の前に緑！
玄関扉を開けるとホールを挟んで目の前に中庭の樹木がきれいに見える

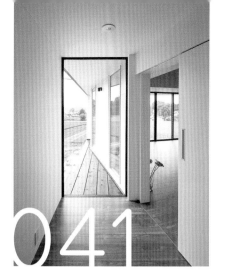

041

ハコのなかに
ハコを組み込み
守られながら
開放的に

田園地帯で、東から南西にかけて見晴らしのよい立地。そのため、内部は守られ感を大切にしつつ、外が見渡せる開口を取り入れた構成・形態を目指した。

大小2つの箱を角度を振って入れ子にするというシンプルなアイデアで平面を構成し、箱と箱の間の隙間をバルコニーや子供室にしている。家の中心に吹抜けをつくり、家族全員の気配が伝わるワンルーム的な家としながら、主寝室や防音スタジオなどの個室は防音性能に配慮して配置した。

与条件
家族構成：夫婦（＋将来子供）
敷地条件：敷地面積427.00m^2
　　　　　建ぺい率60％　容積率200％
　　　　　農村地帯の長方形の敷地。道路より約2m高い。
建て主の主な要望
• 防音音楽スタジオ、客用玄関がほしい
• 書庫＋書斎が夫婦それぞれにほしい
• 吹抜けはほしいが、冷暖房効率はよく

× **敷地の特徴が生かされていない**

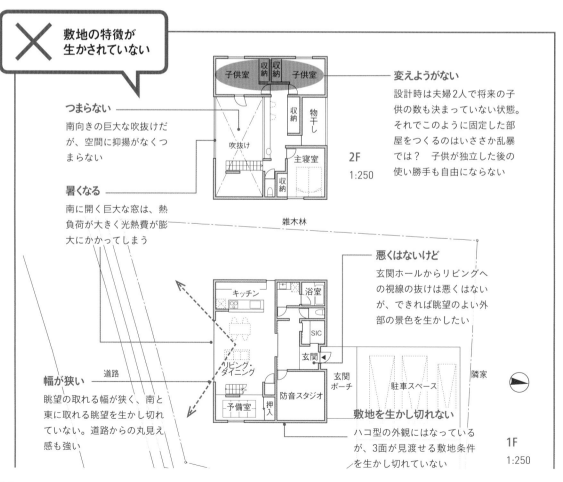

つまらない
南向きの巨大な吹抜けだが、空間に抑揚がなくつまらない

暑くなる
南に開く巨大な窓は、熱負荷が大きく光熱費が膨大にかかってしまう

幅が狭い
眺望の取れる幅が狭く、南と東に取れる眺望を生かし切れていない。道路からの丸見え感も強い

変えようがない
設計時は夫婦2人で将来の子供の数も決まっていない状態。それでこのように固定した部屋をつくるのはいささか乱暴では？　子供が独立した後の使い勝手も自由にならない

悪くはないけど
玄関ホールからリビングへの視線の抜けは悪くはないが、できれば眺望のよい外部の景色を生かしたい

敷地を生かし切れない
ハコ型の外観にはなっているが、3面が見渡せる敷地条件を生かし切れていない

2F
1:250

1F
1:250

雑木林

隣家

道路

キッチン　浴室

SIC

玄関

玄関ポーチ　駐車スペース

リビング・ダイニング

防音スタジオ　押入

予備室

子供室　収納　収納　子供室

収納　物干し

吹抜け

主寝室　収納

撮影：上田宏
（3点とも）

建物外観夕景。シンプルなハコの
なかに、角度を振った別のハコが
組み込まれている

1階キッチン前からの視点。壁に
守られながら、視線は前、横、上
へと抜ける開放的なつくり

◎

ハコの組合せで
可能性も視野も広げる

家の中心に
リビングから見上げると4面
部屋があり2階の様子もわか
る大きな吹抜け。「吹抜け＝大
窓に面する」という既成概念
から解放されると、窓からの
コールドドラフトが起きず、
冷暖房効率もアップする

暖かく、明るく
外壁に面していないので窓か
らの熱損失がない。その分、
トップライトから明るい光を
採り入れ、風を抜く

自由に動かす
一応「子供室」としてあるが、
部屋の用途に応じて仕切りは
自由に動かせる。子供室の場
合には、ここは寝るスペース
と限定し、勉強などはホール
に場をしつらえる計画

家族の図書館
吹抜け廻りの手すり壁は、ぐ
るりと本棚を設けて家族全員
で利用する

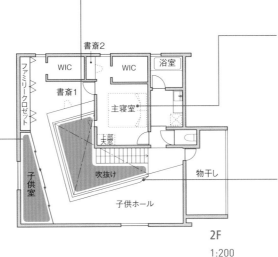

（間取り内ラベル）
書斎2 / WIC / WIC / 浴室 / ファミリークローゼット / 書斎1 / 主寝室 / 主寝室 / 子供室 / 吹抜け / 物干し / 子供ホール

2F
1:200

あっちもこっちも
外壁の壁で守られ感をつくり
ながらキッチンからもダイニ
ングからも幅広く外の眺望が
得られる

充実の家事スペース
キッチン脇に大きなパントリ
ー、パントリーから出られる
サービステラス、とキッチン
廻りのスペースを充実させて
いる

軒下のような
ハコを入れ子にするというア
イデアから、軒下空間のよう
なテラスが2つ生まれた。庭
とは異なる、室内に近い外部
空間として暮らしの幅を広げ
てくれる

（間取り内ラベル）
雑木林 / 道路 / サービステラス / パントリー / 防音スタジオ / キッチン / 予備室 / 押入 / 玄関ポーチ / 駐車スペース / 隣家 / テラス / リビングダイニング / 玄関 / テラス

1F
1:200

敷地面積／427.00m²
延床面積／143.78m²
設計／石川淳建築設計事務所
名称／ハコノオウチ12

玄関ホールからも
玄関に入ると正面のテラス越
しに眺望のよい外部の景色を
見ることができる

動きのあるデザイン
ハコのなかに、角度を振った
もう1つのハコを入れてデザ
インに動きを加える。角度の
振れによって生まれたスペー
スは空間にゆとりをもたらし、
外観の特徴にもなっている

敷地条件

可変性

採光

人とのつながり

借景

動線

来客

プライバシー

収納

特殊部屋

多世帯

賃貸

042

棚の橋を渡って
テラスに進む
距離感を大切に
する間取り

家族とほどよい距離感を保ちながら暮らすことのできる家。庭の向かいには実家があり、そちらとの関係のつくり方やプライバシー確保も大きな課題だった。その解決策としてテラスを挟むことで視線を止めることを提案した。

また家庭内での距離感も重要視されていたので、さまざまな空間の仕切り方を提案し、開放的すぎず閉じすぎずの、ちょうどよい空間のつながりを目指した。

与条件
家族構成：夫婦＋子供1人
敷地条件：敷地面積189.07m²
　　　　　建ぺい率60％ 容積率160％
　　　　　旗竿状敷地。北側の眺望がよい。南側に
　　　　　妻実家があり、実家ダイニングは北向き
　　　　　でプライバシーが気になる。
建て主の主な要望
・落ち着いて本を読める場所がほしい
・家族間でのほどよい距離感
・実家とのほどよい距離感

✕ 実家との関係に対して配慮不足

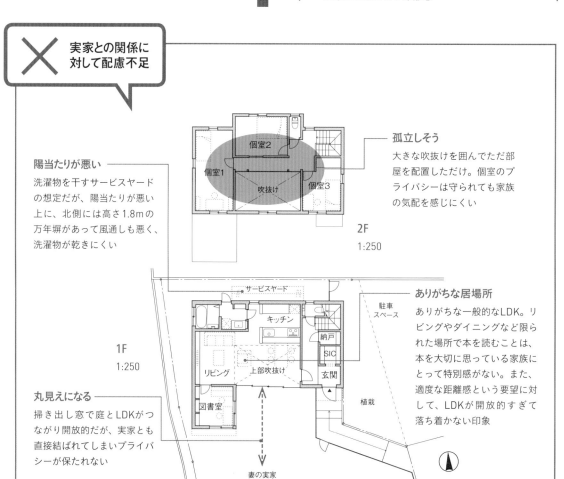

孤立しそう
大きな吹抜けを囲んでただ部屋を配置しただけ。個室のプライバシーは守られても家族の気配を感じにくい

陽当たりが悪い
洗濯物を干すサービスヤードの想定だが、陽当たりが悪い上に、北側には高さ1.8mの万年塀があって風通しも悪く、洗濯物が乾きにくい

個室2
個室1
吹抜け
個室3

2F
1:250

サービスヤード
キッチン
駐車スペース
納戸
SIC
玄関
上部吹抜け
リビング
植栽
図書室

1F
1:250

ありがちな居場所
ありがちな一般的なLDK。リビングやダイニングなど限られた場所で本を読むことは、本を大切に思っている家族にとって特別感がない。また、適度な距離感という要望に対して、LDKが開放的すぎて落ち着かない印象

丸見えになる
掃き出し窓で庭とLDKがつながり開放的だが、実家とも直接結ばれてしまいプライバシーが保たれない

妻の実家

本を読む場所を
あちこちにちりばめる

上：1階キッチンとダイニング。右手前の収納を越えてテラスに出られる
下：南側外観。テラスに面する窓は腰窓で、実家側とはテラスを挟んで向き合うかたちとなる

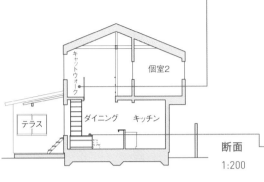

断面
1:200

こんなところも
吹抜け上部の窓のメンテナンス用でもあるキャットウォーク。たまには意味もなくこんなところに昇ってみるのもいい。子供にとっては、自分だけの特別な居場所になる

収納棚に昇る！
ダイニングとリビングをゆるやかに仕切る収納は、テラスに出る高いステップにもなり、またキャットウォークへ向かう階段の踊り場にもなっている

気配を感じる
個室それぞれに吹抜け側の窓を設けることで、ほかの部屋や下の階にいる家族の気配を感じることができる

2F
1:200

1F
1:200

回遊動線の魅力
キッチン横に扉を設けることで、キッチンを中心とした回遊動線がつくられ、家事動線を短くできる。玄関から、直接キッチンに入ることも可能

陽当たりと風通し
サービスヤードを南側に設けているので、気持ちよく洗濯物を干すことができる。縦格子で囲っているので、来客などの目を気にする必要もない

ワンクッション
南側にある実家とほどよい距離を保つため、テラスをしつらえて緩衝帯とした。テラスに面する窓は掃き出し窓ではなく腰窓だが、ステップを昇ればその腰窓から出入りすることもできる

敷地面積／189.07m²
延床面積／104.33m²
設計／こぢこぢ一級建築士事務所（小嶋良一）
名称／本とともに暮らす家

収納、増量！
LDKの面積を絞って無駄な空間をなくすことで、玄関廻りの収納も増えた。シュークロークは、テラスに抜ける動線にもなる

O43

光の通り道を
つくって
1階北側に
LDKを配置

敷地の四方を隣家に囲まれた旗竿状敷地。北側の1階という一番環境の悪い場所にあえてLDKを配置し、南側の2階上部の開口部からLDKまで光が通り抜ける断面構成とすることで住まい全体に光と風の流れを生み出した。

旗状部分に目一杯ボリュームを詰め込むのではなく、空の見える外部空間や軒のある半戸外空間などを立体的に取り込む。それによりプライバシーを確保しながら明るく開放的な住空間が実現。

与条件
家族構成：夫婦＋子供3人
敷地条件：敷地面積146.82m²
　　　　　建ぺい率60％　容積率168％
　　　　　典型的な旗竿状敷地。旗状部分は四方に
　　　　　隣家が近接し、採光・通風だけでなくプ
　　　　　ライバシーの確保も難しい周辺環境。
建て主の主な要望
• 明るく風通しのよい家
• プライバシーの確保
• 白いキューブの外観と楽しめる外部空間

✕ **密集地での工夫が
まったく見られない**

開かずの窓
隣家が迫るなかで、ただ窓を設けてもプライバシーが守れず「開かずの窓」となりやすい

風も抜けない
個室を並べただけの1階では、暗いだけでなく風も抜けない。開放感がまったく感じられない

目の前に洗濯物
2階の南側バルコニーは洗濯物を干すにはよいかもしれないが、LDKではいつもそれを眺めながら過ごすことになる

暗い部屋
四方に隣家が迫る旗竿状敷地でありがちな2階LDKプランは、なんの工夫もなければ1階が昼でも電気をつけるような暗い住環境に

使えない庭
南側に庭、住居を北側に配置する一般的な配置から生まれた「使えない庭」

洗濯室
浴室
パントリー
ホール
キッチン
リビング
ダイニング
バルコニー
2F
1:250

駐車スペース
玄関
ホール
主寝室
個室1
個室2
個室3
庭
1F
1:250

上からの光で
家中を明るく気持ちよく

敷地条件

可変性

採光

人とのつながり

借景

動線

来客

プライバシー

収納

特殊部屋

多世帯

賃貸

計算された高さ
夏の暑い陽射しはさえぎり、冬の陽射しはLDKまで届くようハイサイドライトの高さと位置を調整している

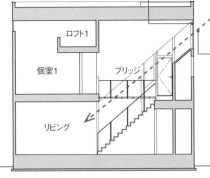
断面
1:200

光の道をつくる
2階の南側から北側の1階にかけて光の道をつくることで、家全体が明るく開放的な環境を獲得

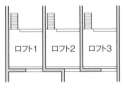
ロフト1　ロフト2　ロフト3
LF
1:200

2F
1:200

上：南側外観。中央の窓が光の入り口となるハイサイドライト
下：1階LDK。2階から採り込んだ光が1階北側まで届く

中庭に開く
玄関を奥まで引き込んで配置し、玄関前を庭・植栽スペースを兼ねた中庭状のテラスとすることで、各部屋から外の自然が感じられる。また各部屋は、中庭とつながる玄関の吹抜けから採光するので、プライバシーを保ちながら開放的に暮らすことができる

1F
1:200

敷地面積／146.82m²
延床面積／134.43m²
設計／GEN INOUE（井上玄）
名称／光が通り抜ける家

044

周囲の視線をカットする「外の部屋」で広がりを得る

外部と内部で印象の異なる住まい。外部に対しては閉じた印象だが、内部は白い壁と天井が流れるように連なることで光を拡散しながら奥まで導き、明るい室内環境をつくりだしている。

2階はリビング前に、壁で囲まれたバルコニーを設け、バルコニーの開口を通して間接的に光を採り込む。完全な外部でもなく内部でもない中間的なバルコニーにより、外からの視線を気にせず、安心して伸び伸びと暮らせる住まいとなった。

与条件
家族構成：夫婦＋子供2人
敷地条件：敷地面積138.96m²
　　　　　建ぺい率50％　容積率80％
　　　　　古い住宅街の角地。敷地内に2mほどの高低差あり。北側道路向かいにある集合住宅からの視線が気になる。

建て主の主な要望
• 周囲に見たい景観がないので閉鎖的に
• 家族の気配が感じられる明るい住まい
• 図書コーナー、ピアノスペース、仕事部屋

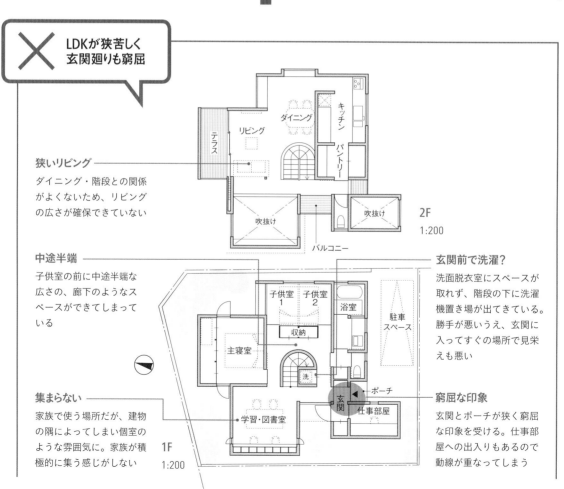

✕ LDKが狭苦しく玄関廻りも窮屈

狭いリビング
ダイニング・階段との関係がよくないため、リビングの広さが確保できていない

中途半端
子供室の前に中途半端な広さの、廊下のようなスペースができてしまっている

集まらない
家族で使う場所だが、建物の隅によってしまい個室のような雰囲気に。家族が積極的に集う感じがしない

玄関前で洗濯？
洗面脱衣室にスペースが取れず、階段の下に洗濯機置き場が出てきている。勝手が悪いうえ、玄関に入ってすぐの場所で見栄えも悪い

窮屈な印象
玄関とポーチが狭く窮屈な印象を受ける。仕事部屋への出入りもあるので動線が重なってしまう

2F　1:200

1F　1:200

敷地の高低差を使い
仕事部屋をしつらえる

撮影：花岡慎一
（3点とも）

左：2階バルコニーとリビングのつながり。バルコニーとはいっても壁と屋根に守られた「外の部屋」
右：バルコニーからダイニング方向を見る

敷地条件

同じ眺め

採光

人とのつながり

構成

動線

家事

プライバシー

収納

特殊部屋

多世帯

防犯

守られたバルコニー

壁と屋根で囲んだバルコニー。周囲からの視線を気にすることなく、開放的に過ごすことができる。内のような外のような曖昧なスペースはリビングとも一体化する

効率よく

キッチンは要望により完全な独立型。集中して調理を行うことができる。一つながりのパントリーは十分な収納量を確保している

高さで補う

玄関ホールのすぐ横にある仕事部屋。敷地の高低差を利用して、ここだけ床レベルがほかの居室より低くなっている。そのため広さは約3畳だが天井の高い、ボリュームのある部屋となっている

見えないけどつながる

2つの子供室は基本別室で出入り口も離れているが、窓の前のデスクでつながっている。同時にデスクに向かえば隣の様子が見えるが、それ以外のときは気配だけが伝わる

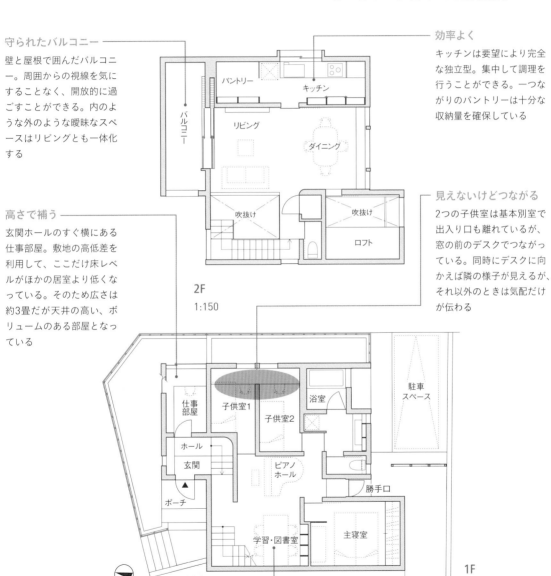

2F
1:150

1F
1:150

敷地面積／138.96m²
延床面積／111.05m²
設計／デザインライフ設計室（青木律典）
名称／戸塚の住居

第2のリビングにも

1階の中心に置いた家族が集まる場所。誰でも勉強をしたり、本を読んだり、作業をしたり。2階のLDKとは違った、家族の居場所

045
密集地でも
LDKの両側に
テラスをつくり
開放的に暮らす

密集地に建つこの住宅では、プライバシーを重視し、暮らしの場となるLDKや個室を2・3階に配置している。隣家が迫り比較的暗い1階には水廻りのほか、バッファーとしての通り土間を設けた。通り土間は、玄関扉を開ければ街とつながる仕掛けである。もち上げられた居住スペースには、アウターリビングとしてのバルコニーを複数設け、閉じた空間のなかでも、視覚的な広がりを確保している。

与条件
家族構成：夫婦＋子供2人
敷地条件：敷地面積163.62m²
　　　　　建ぺい率60％　容積率160％
　　　　　密集地の東西に細長い敷地。西側に約3m
　　　　　の下り斜面がある。
建て主の主な要望
• 開放感のあるバルコニー
• 明るく開放感のあるリビング
• 趣味のものを置くスペース

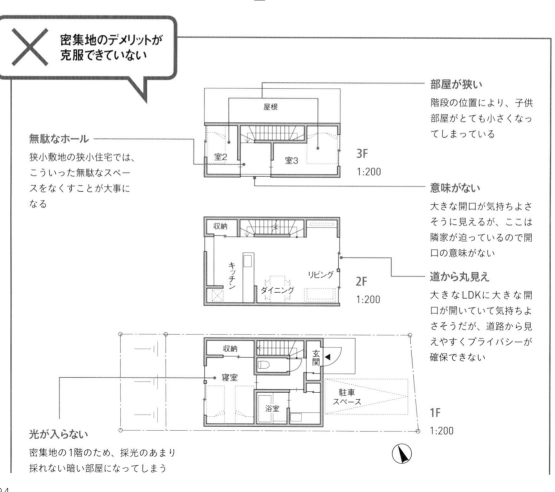

✕ 密集地のデメリットが克服できていない

無駄なホール
狭小敷地の狭小住宅では、こういった無駄なスペースをなくすことが大事になる

部屋が狭い
階段の位置により、子供部屋がとても小さくなってしまっている

3F
1:200

意味がない
大きな開口が気持ちよさそうに見えるが、ここは隣家が迫っているので開口の意味がない

道から丸見え
大きなLDKに大きな開口が開いていて気持ちよさそうだが、道路から見えやすくプライバシーが確保できない

2F
1:200

室2　室3　屋根　収納　キッチン　ダイニング　リビング　寝室　浴室　玄関　駐車スペース

1F
1:200

光が入らない
密集地の1階のため、採光のあまり採れない暗い部屋になってしまう

敷地条件

可変性

採光

人とのつながり

借景

動線

来客

プライバシー

収納

特殊部屋

多世帯

賃貸

階段位置の工夫と 2つのテラスで明るく

撮影：松崎直人（3点とも）

左：1階玄関から西側の庭までつながる通り土間
右：2階LDK。中央の階段の上から光が落ちてくるのがわかる。正面のバルコニーも明るさと広がりを与えてくれる

階段の位置が大事
階段を家の中央に置くことで、無駄な通路などが減り部屋を広く使える。また階段をスケルトンにすることで、上階からの光を下階に届ける

静かな寝室
密集市街地だが、2階バルコニーから立ち上げた壁により、吹抜けに面する奥まった静かな寝室となる

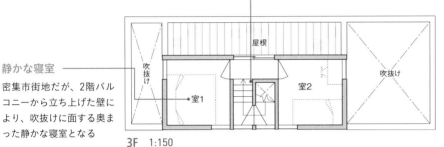

3F 1:150

室1　室2　屋根　吹抜け　吹抜け

もう1つのバルコニー
西側にもバルコニーをつくってLDKに開放感を与える。崖側には建物を配置できないので、このテラスはオーバーハング（跳ね出し）でつくっている

外に広がる
LDKとつながる開放的なバルコニーはアウターリビングとして機能する。道路側には壁を立てているので道路からの人目を気にせずオープンにできる

2F 1:150

バルコニー　リビング　ダイニング　キッチン　アウターリビング

バスコート付き
崖側に坪庭をつくり、その緑を眺めながらゆったりと風呂に入ることができる

通り土間の効用
趣味のサーフボードも置ける大きな通り土間。広い土間を通すことで、暗い1階に開放感が生まれる。玄関の親子扉を開放すれば街とつながる

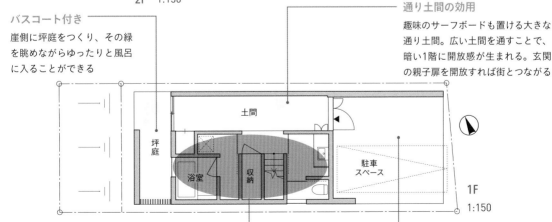

土間　坪庭　浴室　収納　駐車スペース

1F 1:150

敷地面積／163.62m²
延床面積／77.82m²
設計／H.A.S.Market（長谷部勉）
名称／北千束の家

1階の使い方
狭小地ではとても暗くなる1階には、居室は置かずに水廻りを集中させる

大きなポーチ
上部テラスにより、車を置いても十分に広い、雨に濡れないエントランスとなる

046

配置の工夫でプライバシーも高台からの眺望も獲得する

高台にある敷地のポテンシャルを最大限に生かし、緑と眺望が十分に楽しめる空間を目指した家。

敷地に対して角度をつけて建物を配置することで、大きな開口部は隣地からの視線から逃れ、プライバシーを守りながらも思う存分眺望を楽しめる豊かな住まいになった。室内は、仕上げに、木・鉄・タイルなどの素材をミックスして使うことで、緊張と緩和のバランスが取れた心地よい空間となっている。

与条件
家族構成：夫婦＋子供1人
敷地条件：敷地面積288.75m²
　　　　　建ぺい率40％　容積率80％
　　　　　閑静な住宅街の外れの高台にある敷地。
　　　　　川が流れる東側が谷になっており眺望が
　　　　　開けている。南側に隣家がある。
建て主の主な要望
• 使いやすい動線
• 眺望を生かしたい
• プライバシーの確保

✕ 平凡な配置で暮らしがつまらない

出入りしにくい
ビルトインガレージを西側に設けているが、前面道路は4mと狭く、これだとハンドルを大きく切らなければならず、出し入れは面倒になる

家事動線が長い
パントリーを通り抜ける裏動線はよいが、そこを通ってもキッチンと水廻りが離れすぎており家事効率が悪い

奥まった洗面室
浴室横の、ちょっと奥まった洗面室。家族だけならよいが、ゲストが来たときには家事動線との交錯が気になる

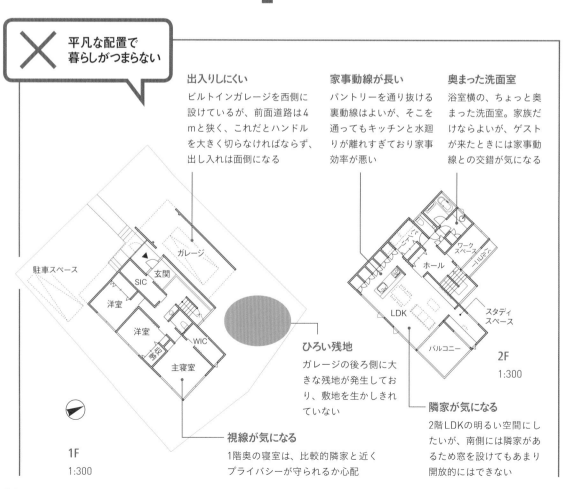

ひろい残地
ガレージの後ろ側に大きな残地が発生しており、敷地を生かしきれていない

視線が気になる
1階奥の寝室は、比較的隣家と近くプライバシーが守られるか心配

隣家が気になる
2階LDKの明るい空間にしたいが、南側には隣家があるため窓を設けてもあまり開放的にはできない

1F
1:300

2F
1:300

角度を振ることで さまざまな メリットを得る

左：建物外観
右：2階LDK。外からの視線を気に
しない、明るい空間となっている

敷地条件

可変性

採光

人とのつながり

借景

動線

来客

プライバシー

収納

特殊部屋

多世帯

寛げる

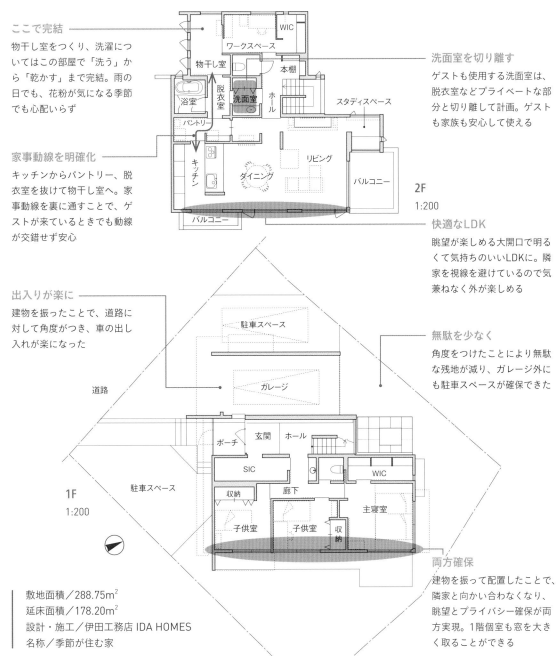

ここで完結
物干し室をつくり、洗濯についてはこの部屋で「洗う」から「乾かす」まで完結。雨の日でも、花粉が気になる季節でも心配いらず

家事動線を明確化
キッチンからパントリー、脱衣室を抜けて物干し室へ。家事動線を裏に通すことで、ゲストが来ているときでも動線が交錯せず安心

洗面室を切り離す
ゲストも使用する洗面室は、脱衣室などプライベートな部分と切り離して計画。ゲストも家族も安心して使える

快適なLDK
眺望が楽しめる大開口で明るくて気持ちのいいLDKに。隣家を視線を避けているので気兼ねなく外が楽しめる

WIC
ワークスペース
物干し室
本棚
浴室
脱衣室
洗面室
ホール
スタディスペース
パントリー
キッチン
ダイニング
リビング
バルコニー
バルコニー

2F
1:200

出入りが楽に
建物を振ったことで、道路に対して角度がつき、車の出し入れが楽になった

無駄を少なく
角度をつけたことにより無駄な残地が減り、ガレージ外にも駐車スペースが確保できた

駐車スペース
道路
ガレージ
駐車スペース

ポーチ
玄関
ホール
SIC
収納
廊下
WIC
子供室
子供室
収納
主寝室

1F
1:200

両方確保
建物を振って配置したことで、隣家と向かい合わせにならなくなり、眺望とプライバシー確保が両方実現。1階個室も窓を大きく取ることができる

敷地面積／288.75m²
延床面積／178.20m²
設計・施工／伊田工務店 IDA HOMES
名称／季節が住む家

敷地を読み
限られたなかに
広がりをつくる
2階LDKの家

土地探しから一緒に始めた家づくり。もちろん敷地を生かした提案が求められた。

ここでは建物を敷地に対して振ることで、庭のスペースや隣地との距離が取れ、限られたスペースを有効に活用できる計画とした。そして道路とは反対の北と西に大きく開く間取りに。西日対策として、ビックバルコニーを設置して、日よけのタープで日射遮蔽を試みている。2階は勾配天井を生かした開放的な空間。浴室などの水廻りを1階に置くことで、各階を広く活用している。

与条件
家族構成：夫婦＋子供2人
敷地条件：敷地面積120.16m²
　　　　　建ぺい率60％　容積率200％
　　　　　北側に開けた三角形の敷地。北側には小
　　　　　川が流れ、西側にも抜けがある。
建て主の主な要望
・木の家に住みたい、土いじりがしたい
・風と太陽の光を感じたい
・キッチンでの時間を充実させたい

✕ 環境に対して
配慮がなさすぎる

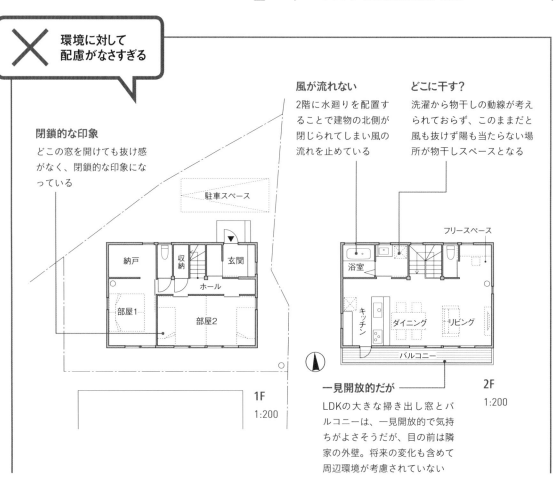

風が流れない
2階に水廻りを配置することで建物の北側が閉じられてしまい風の流れを止めている

どこに干す？
洗濯から物干しの動線が考えられておらず、このままだと風も抜けず陽も当たらない場所が物干しスペースとなる

閉鎖的な印象
どこの窓を開けても抜け感がなく、閉鎖的な印象になっている

駐車スペース

納戸　収納　玄関
ホール
部屋1　部屋2

1F
1:200

フリースペース
浴室
キッチン　ダイニング　リビング
バルコニー

2F
1:200

一見開放的だが
LDKの大きな掃き出し窓とバルコニーは、一見開放的で気持ちがよさそうだが、目の前は隣家の外壁。将来の変化も含めて周辺環境が考慮されていない

敷地条件

可変性

採光

人との
つながり

借景

動線

来客

プライバシー

収納

特殊部屋

多世帯

賃貸

遊びと実用を兼ねた2階のビッグバルコニー

左：浴室前のバスコート
右：開放的な2階LDK。キッチンカウンターのモザイクタイルが作業を楽しくしてくれる

広々リビング
光と風を感じたい、そんな要望を叶えるための2階リビング。勾配天井により開放的な空間となっている

ごろっと休める
ちょっとしたときにごろっとできる小上がりの畳コーナー。リビングのソファとは一味違うくつろぎの場所となる

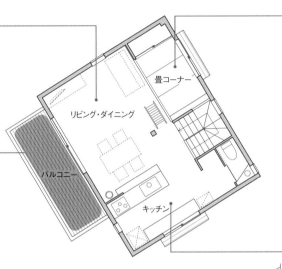

ビッグバルコニー
西側の陽射しをさえぎるための屋根が架けられる骨組み（フレーム）を取り付けたビッグバルコニー。夏は日よけを付けて日射を遮蔽。子供たちが大好きなハンモックを取り付けられるよう加工もしてある

奥行きをつくる工夫
敷地に対して建物を振って配置したことで、家と敷地境界の間に三角の空地が出現。そこを駐車スペースとしつつ、浴室の目隠しを兼ねて板塀と植栽をしつらえた。斜めの部分をうまく使うと奥行きが出て、空間を広く感じさせることができる

2F
1:150

わくわくキッチン
キッチンですごす時間を大切にしたいという要望に従って、キッチンスペースはお気に入りの家具を置くための広い空間を確保。対面カウンターは、キッチンに向かうたびにわくわく嬉しくなるようなお気に入りのモザイクタイルで仕上げている

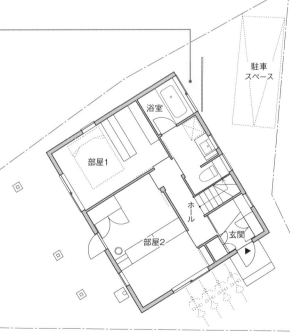

敷地面積／120.16m²
延床面積／86.13m²
設計・施工／相羽建設
名称／小平市O邸

1F
1:150

048

DKの位置を
ずらして
開放感と明るさを
確保する

つくばエクスプレス線沿線の新興住宅地に建つ住宅。北側道路で敷地には段差もなく、ほぼ正方形の敷地であった。

切妻屋根の建物を中央でずらすようにして、駐車場やエントランス、庭をつくり出し、開口面も多くして採光や通風を確保した。L字形のLDKには吹抜けを設け、庭と連続させることで、より広がりを感じることができるようになっている。

与条件
家族構成：夫婦＋子供2人
敷地条件：敷地面積146.40m²
　　　　　建ぺい率60%　容積率120%
　　　　　新興住宅地の整形の敷地。
建て主の主な要望
• 家族が集まれるLDK
• 素材感を楽しみたい（大谷石が好き）
• 客間がほしい
• 明るく風通しのよい家にしてほしい
• 寝室に書斎コーナーがほしい

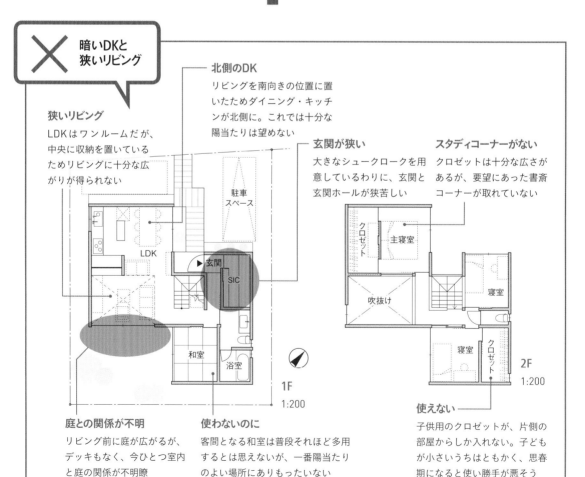

✕ 暗いDKと狭いリビング

北側のDK
リビングを南向きの位置に置いたためダイニング・キッチンが北側に。これでは十分な陽当たりは望めない

狭いリビング
LDKはワンルームだが、中央に収納を置いているためリビングに十分な広がりが得られない

玄関が狭い
大きなシュークロークを用意しているわりに、玄関と玄関ホールが狭苦しい

スタディコーナーがない
クロゼットは十分な広さがあるが、要望にあった書斎コーナーが取れていない

1F 1:200

2F 1:200

庭との関係が不明
リビング前に庭が広がるが、デッキもなく、今ひとつ室内と庭の関係が不明瞭

使わないのに
客間となる和室は普段それほど多用するとは思えないが、一番陽当たりのよい場所にありもったいない

使えない
子供用のクロゼットが、片側の部屋からしか入れない。子どもが小さいうちはともかく、思春期になると使い勝手が悪そう

生活空間を雁行させ
広がりと光を得る

書棚もある
要望にあった書斎コーナーをクロゼット併用で準備。大きな書棚もある、落ち着いた書斎

左：テラス越しにリビングを見る。大谷石のテラスが暮らしに溶け込む
右：リビングからの見返し。雁行してDKが続く　　撮影：上田宏（3点とも）

風通しよく
寝室北側にバルコニーをつくって開口を設けたことで、南側との2方向開口で気持ちよく風が抜けていく

ウォークインじゃなくても
寝室から書斎スペースまでの壁一面を利用しているので、ウォークインクロゼットに劣らない十分な収納量が確保できる

バルコニー

書斎兼WIC

主寝室

子供室1

廊下

吹抜け

子供室2

2F
1:150

無駄を減らして
階段を中央に配置することで、各部屋に放射状にアクセスすることが可能となり、移動するだけの無駄な廊下を短くできる

吹抜けで光を
この部分の吹抜けにより、1階リビングは奥（東側）まで明るくなり、開放感も高められる

いろいろ使える
客間となる和室は落ち着いた北側に配置。キッチンや水廻りにも近く、家事作業の合間などにも使えそう

DKも明るく
ダイニング・キッチンも南側開口部があって明るい。冬季でも暖房がいらないくらい暖かい

リビングの広がり
南開口にこだわらずに建物を南側に寄せたことで、十分な広さのリビングに。吹抜けやテラスとの連続性によって部屋の広がりはさらに増す。白い大谷石のテラスは、光を反射して室内を明るくしてくれる

押入

和室

浴室

床の間

脱衣室

洗面

キッチン

ダイニング

収納

駐車スペース

ポーチ

玄関

収納

廊下

1F
1:150

テラス

リビング

玄関に余裕
シュークロークなどの収納を確保しながら、玄関とホールに余裕を与えている

身近で楽しむ
建て主が好きだという大谷石はテラスだけでなく内部のインテリアにも使用。身近なところで素材感を楽しめる

大谷石のテラス
リビングとダイニングの前に大谷石のテラスをしつらえた。大谷石の素材感を味わいながら、内外の行き来を楽しめる

敷地面積／146.40m^2
延床面積／103.14m^2
設計／直井建築設計事務所
名称／流山のいえ

敷地条件
可変性
採光
人とのつながり
価値感
動線
来客
プライバシー
収納
特殊部屋
多世帯
賃貸

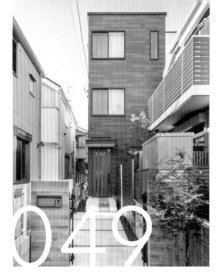

049

トップライトから
1階LDKに
光を届ける
明るい都市住宅

駅からも近い閑静な住宅街にある奥行きの長い旗竿状敷地。四方を建物に囲まれ、玄関位置も南側になるため、リビングへの採光確保が課題となった。

そこで1階リビングに吹抜けを設けて、東南面のハイサイドライトおよび2つの大きなトップライトから光を採り入れている。2、3階には個室と水廻りを配置。吹抜けを中心とした、暮らしやすいプランとなっている。気密性の高い省エネ住宅でもあり、室内は明るく冬も暖かい。

与条件
家族構成：夫婦＋子供2人
敷地条件：敷地面積134.28m²
　　　　　建ぺい率50％　容積率100％
　　　　　閑静な住宅地。旗竿状敷地で四方を隣家
　　　　　に囲まれている。
建て主の主な要望
• 狭小地だが明るい1階リビング
• 家事動線と収納の充実
• 吹抜けを通じて家族がつながれるように

✕ 工夫はされているが逆に使いにくそう

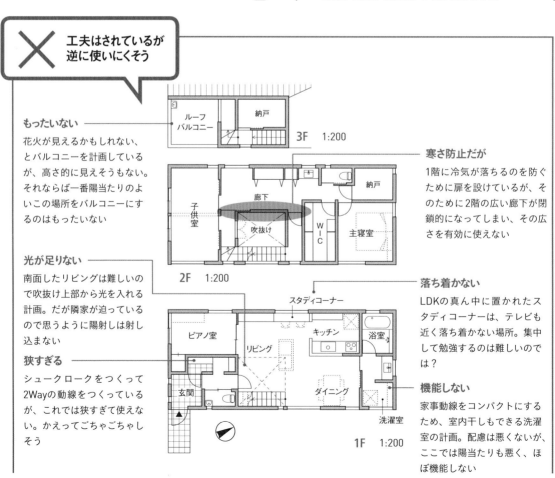

もったいない
花火が見えるかもしれない、とバルコニーを計画しているが、高さ的に見えそうもない。それならば一番陽当たりのよいこの場所をバルコニーにするのはもったいない

光が足りない
南面したリビングは難しいので吹抜け上部から光を入れる計画。だが隣家が迫っているので思うように陽射しは射し込まない

狭すぎる
シュークロークをつくって2Wayの動線をつくっているが、これでは狭すぎて使えない。かえってごちゃごちゃしそう

寒さ防止だが
1階に冷気が落ちるのを防ぐために扉を設けているが、そのために2階の広い廊下が閉鎖的になってしまい、その広さを有効に使えない

落ち着かない
LDKの真ん中に置かれたスタディコーナーは、テレビも近く落ち着かない場所。集中して勉強するのは難しいのでは？

機能しない
家事動線をコンパクトにするため、室内干しもできる洗濯室の計画。配慮は悪くないが、ここでは陽当たりも悪く、ほぼ機能しない

図中のラベル：ルーフバルコニー、納戸、3F 1:200、子供室、廊下、吹抜け、納戸、WIC、主寝室、2F 1:200、スタディコーナー、ピアノ室、リビング、キッチン、浴室、玄関、ダイニング、洗濯室、1F 1:200

敷地条件

可変性

採光

人とのつながり

借景

動線

来客

プライバシー

収納

特殊部屋

多世帯

賃貸

水廻りを2階に上げて
暮らしのメリハリをつける

左：吹抜け見上げ。トップライトからの光
右：1階LDK。吹抜け上部のハイサイドライトからも採光。ダイニングの奥にスタディコーナーがある

思い切り干せる
3階部分のバルコニーになるのでプライベート感が高く、洗濯物も思い切り干すことができる

家族のクロゼット
個室を大きく取れない分、衣類の収納をこの2か所にまとめている。洗濯後の片付けも楽になる

ブリッジのアクセント
スケルトン階段と吹抜けに挟まれた廊下はブリッジ状となり、空間のアクセントになっている。また主寝室のプライベート感も高くなる

上から光を落とす
リビング上部は吹抜けとし、トップライトと東側ハイサイドライトから光を落として明るい空間とする

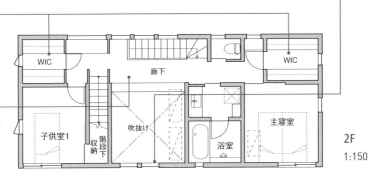

子供室2
ルーフバルコニー
小屋裏収納
トップライト
3F 1:150

WIC
廊下
WIC
子供室1
収納
階段下
収納
吹抜け
浴室
主寝室
2F 1:150

フリールーム
収納
収納
玄関
廊下
上部吹抜け
ポーチ
キッチン
パントリー
リビング・ダイニング
スタディコーナー
1F 1:150

充実のパントリー
キッチン脇につくったパントリーは、面積比率から考えると大きすぎるようにも見えるが、あえて大きくつくることでLDKでのすっきりした暮らしが実現する

ちょっと陰になる
アルコーブ状の隅にみんなで使えるスタディコーナーを設置。LDKから見える位置だが、少し奥まっていることで、落ち着いて勉強できるスペースになっている

敷地面積／134.28m²
延床面積／125.74m²
設計・施工／KURASU
名称／等々力の家

050

吹抜け上部の窓から採光して1階LDKを明るい空間に

間口が狭く細長い土地で、スペースを最大限に生かすよう工夫を凝らした住宅。密集地の1階LDKは暗くなりがちだが、十分な明るさを確保するため敷地の南側をぎりぎりまで空け、吹抜けとハイサイドライトを設けた。2階の4畳ほどの仕事場兼書斎は、造作でつくり込んだ使い勝手のよいスペース。自然素材の漆喰と珪藻土を全部屋に使用し、家族の暮らしをイメージしながら細部までこだわって満足のいくLDKを実現した。

与条件
家族構成：夫婦＋子供1人
敷地条件：敷地面積124.50m^2
　　　　　建ぺい率50％　容積率80％
　　　　　北西道路の整形地。海が近く、夏には近くで花火大会があり、海の家も立ち並んで賑やかになる。
建て主の主な要望
- 4畳程度の仕事場兼書斎
- 広く明るく風通しのよいLDK
- 土間収納とシュークロークを別に

✕ 密集地での採光の工夫が足りない

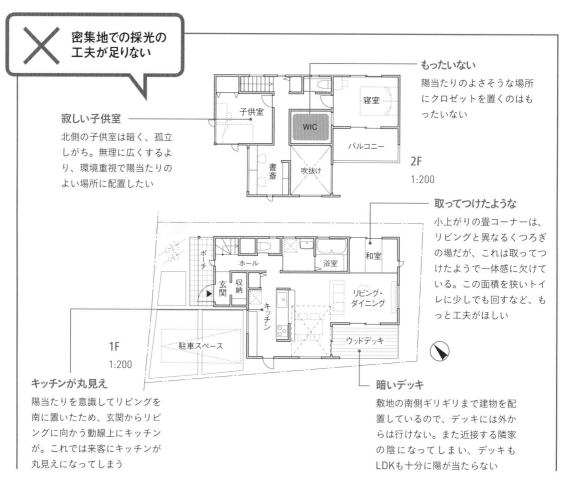

2F 1:200

1F 1:200

寂しい子供室
北側の子供室は暗く、孤立しがち。無理に広くするより、環境重視で陽当たりのよい場所に配置したい

もったいない
陽当たりのよさそうな場所にクロゼットを置くのはもったいない

取ってつけたような
小上がりの畳コーナーは、リビングと異なるくつろぎの場だが、これは取ってつけたようで一体感に欠けている。この面積を狭いトイレに少しでも回すなど、もっと工夫がほしい

キッチンが丸見え
陽当たりを意識してリビングを南に置いたため、玄関からリビングに向かう動線上にキッチンが。これでは来客にキッチンが丸見えになってしまう

暗いデッキ
敷地の南側ギリギリまで建物を配置しているので、デッキには外からは行けない。また近接する隣家の陰になってしまい、デッキもLDKも十分に陽が当たらない

ハイサイドライトを
効果的に使い
家全体を明るく

左：2階の書斎。奥に細長い形状だが、ホール側に開放されていて閉塞感を感じさせない
右：1階LDK。畳の小上がりが違和感なくLDKとつながっている

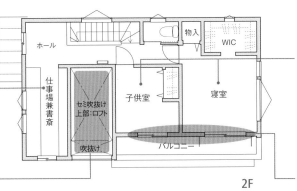

広く感じさせる

仕事場兼書斎は、幅1間（1820mm）の細長い空間だが、少しでも広く感じさせるためホール側に仕切りは設けずに開放。空間は階段上部までつながるので、狭さを感じることはない

光を落とす

収納としてロフトを設けているが一部吹抜けになっており、高い位置の窓から入った光は漆喰壁に反射しながらやさしい光を1階にまで落としてくれる

寝室も子供室も

2つの個室を、ともに陽当たりがよくなるように配置。バルコニーに面しているので、陽当たりのよい外部空間を身近に楽しめる

ハイサイドライト

2階の子供室と寝室は勾配天井としてハイサイドライトをつくり、そこから射し込む光で部屋全体を明るくしている

2F
1:150

使い勝手を考えて

土間収納とは別に靴の収納を造り付けて整理。実際の使い勝手を考慮して、すっきりと使えるよう配慮。動線も短くなって使いやすい

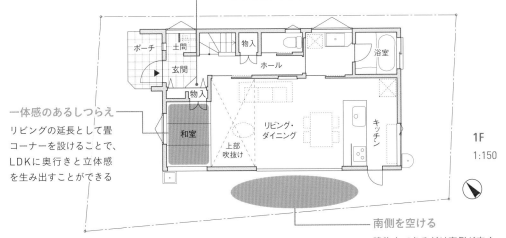

一体感のあるしつらえ

リビングの延長として畳コーナーを設けることで、LDKに奥行きと立体感を生み出すことができる

1F
1:150

敷地面積／124.50m²
延床面積／92.33m²
設計・施工／サンキホーム
名称／限られた立地で光をたくさん
　　　取り込む家

南側を空ける

建物をできるだけ南側が空くように配置することでLDK前の外部空間を確保。デッキをつくればLDKに広がりが生まれ、陽当たり、風通しともによくなる

敷地条件

可変性

採光

人とのつながり

借景

動線

来客

プライバシー

収納

特殊部屋

多世帯

管理

051

吹抜けの リビングに 光と風があふれる 明るい住まい

南側にある両親宅への連絡通路が敷地より約1m下にある敷地。比較的細長い敷地で、南側に大きな窓を設けても通行する人が気になってしまうため、南側は腰窓とし東側のデッキに向けて吹抜けまで続く大きな窓を設けた。デッキテラスは両親との交流の場となっている。

大きな吹抜けのあるリビングは開放感があり、風通しも抜群。造作の家具によりキッチンとリビングがほどよく分離されながらも、子供の気配が感じられるプランとなっている。

与条件
家族構成：夫婦＋子供1人
敷地条件：敷地面積165.89m²
　　　　　建ぺい率40%　容積率80%
　　　　　住宅街のなかの、比較的交通量の多い道路に面した敷地。

建て主の主な要望
• 調理中でも家族の気配を感じたい
• アメリカのアイクラーホームの趣が好き
• 書斎コーナーがほしい

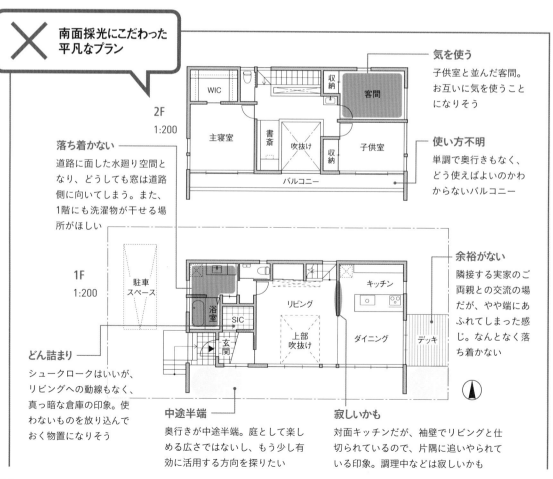

✕ 南面採光にこだわった平凡なプラン

気を使う
子供室と並んだ客間。お互いに気を使うことになりそう

使い方不明
単調で奥行きもなく、どう使えばよいのかわからないバルコニー

落ち着かない
道路に面した水廻り空間となり、どうしても窓は道路側に向いてしまう。また、1階にも洗濯物が干せる場所がほしい

余裕がない
隣接する実家のご両親との交流の場だが、やや端にあふれてしまった感じ。なんとなく落ち着かない

どん詰まり
シュークロークはいいが、リビングへの動線もなく、真っ暗な倉庫の印象。使わないものを放り込んでおく物置になりそう

中途半端
奥行きが中途半端。庭として楽しめる広さではないし、もう少し有効に活用する方向を探りたい

寂しいかも
対面キッチンだが、袖壁でリビングと仕切られているので、片隅に追いやられている印象。調理中などは寂しいかも

2F 1:200

WIC　収納　客間　主寝室　書斎　吹抜け　収納　子供室　バルコニー

1F 1:200

駐車スペース　浴室　SIC　玄関　上部吹抜け　リビング　キッチン　ダイニング　デッキ

外からの視線に配慮し東側デッキ方向に開く

左：2階客間から吹抜け方向を見る。吹抜けに沿った細長い書斎が見える

右：1階リビング。吹抜けの大きな空間は、外のデッキにも延びていく

ホールとつながる
コーナーの引戸を開け放つとホールと部屋が一体化。広々とした子供の遊び場となる

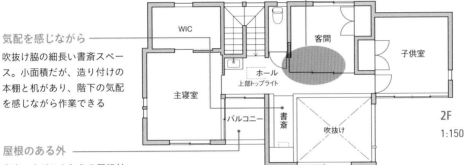

WIC / 客間 / 子供室 / ホール 上部トップライト / 主寝室 / バルコニー / 書斎 / 吹抜け

2F
1:150

気配を感じながら
吹抜け脇の細長い書斎スペース。小面積だが、造り付けの本棚と机があり、階下の気配を感じながら作業できる

屋根のある外
寝室に広がりを与える屋根付きのバルコニー。通風・採光はもちろん、夏にはビールを楽しむことも

奥行きをつくる
家の中央付近に玄関をつくることで、道路から奥行きのあるアプローチをつくっている

一緒に楽しむ
隣接する実家の両親との交流場所にもなるデッキテラス。LDKに近く、気軽に食事やお茶をともにすることができる

内玄関機能
玄関からシュークロークに入ると、そのまま廊下に上がることができる。家族の靴などが玄関に散らからず、帰宅時にはそのまま洗面室で手を洗ってからLDKに入ることも

浴室 / キッチン / ダイニング / リビング / 中庭 / SIC / 玄関 / 上部吹抜け / デッキ

守りつつ開ける
道路からの視線に配慮して洗面脱衣室はハイサイドライトで採光・通風を図る

1F
1:150

屋内のように
格子で視線をさえぎり、2階によって雨もかからない中庭。物干し場としても使えるし、水廻りの換気にも効果的

機能性アップ
キッチンはL型だが、家電収納の家具を造作して回遊動線をつくっている。キッチン側は調理家電、リビング側はテレビ収納となる特注家具で、生活にメリハリが生まれる

敷地面積／165.89㎡
延床面積／120.65㎡
設計・施工／リモルデザイン
名称／M邸

052

2つの吹抜けで光と暖かさが家中に行き渡るパッシブハウス

設計者である建て主自身が基本設計した、省エネのパッシブハウス。風通しや光の採り入れ方はもちろん、薪ストーブの暖かさを効果的に行き渡らせる工夫がなされている。

夫婦2人の暮らしのため、必要な個室は主寝室だけで、2階は寝室以外、吹抜けを中心とした大きな書斎のみ。家の中心付近に設置した薪ストーブは、2つの吹抜けで家中に暖かさを伝えるとともに、LDKと水廻りや玄関スペースなどをゆるやかに分け、生活空間にメリハリを与えている。

与条件
家族構成：夫婦
敷地条件：敷地面積135.58m²
　　　　　建ぺい率60%　容積率92.9%
　　　　　閑静な住宅街の平地。東側で接道。有名な花火大会が見える。
建て主の主な要望
- パッシブデザインの省エネの家
- 薪ストーブ、広い書庫
- 書斎のある家

 全体的に暗く、風や熱が行き届かない

暗いキッチン
窓の数が少ないため陽射しが入りにくく、キッチンが暗そう。もう少し配慮が必要

間延びした空間
クロゼットを仕切りなしで設けているが、その分広々空間にはなるものの、クロゼットの中身が丸見えになり落ち着かない

狭い吹抜け
薪ストーブの煙突の通り道として吹抜けを考えたが、吹抜けが狭く、仕切りが多すぎてせっかくの薪ストーブの熱が全体に行き届かない

1F
1:200

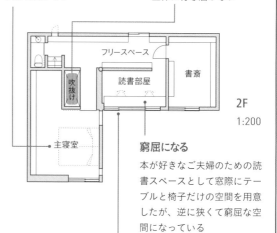

2F
1:200

窮屈になる
本が好きなご夫婦のための読書スペースとして窓際にテーブルと椅子だけの空間を用意したが、逆に狭くて窮屈な空間になっている

広すぎる土間
薪ストーブの置き場のことを考えて広い土間としたが、家全体の空間がそもそもおかしく、トイレなどに行きにくい

広すぎる
洗濯物を干したり寛いだりできるデッキスペースとして広くしているが、無駄に広すぎて駐車場、庭のスペースが取れなくなってしまった

ちょっともの足りない
1階に広いデッキを用意したので、2階にはバルコニーを設けていないが、外観全体を考えると少し物足りない

光と風と熱が家全体に伝わるように

1階LDK。吹抜けで2階ともつながる。寝室に至る動線部分は両側が木製手すりになっており、ちょっと橋を渡るような感覚に

2か所の吹抜け
吹抜けを2か所つくることで、光や熱が家全体に行き渡り心地よい空間になる

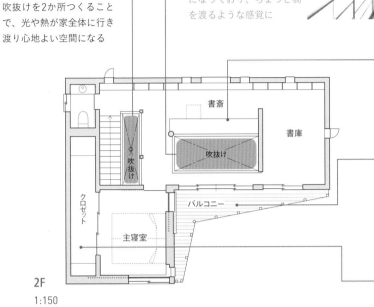

2F
1:150

書斎

書庫

吹抜け

吹抜け

クロゼット

バルコニー

主寝室

まるっと書斎
完全に閉め切る部分をなくすことで広々とした書斎になり、どこでも自由に読書ができる

2階にもバルコニー
1階のウッドデッキを狭くした分、2階にもバルコニーをつくっている。1階ウッドデッキとは違った使い方ができて、いろいろなものが外干しできる

開けても閉めても
寝室には6m近くの広いクロゼットを設けており、主寝室とは引戸で仕切れるようにしている。引戸を閉めれば寝室の見た目がスッキリ。開けておけば寝室に広がりが出る

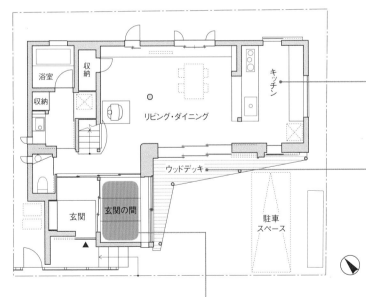

1F
1:150

浴室

収納

収納

収納

リビング・ダイニング

キッチン

ウッドデッキ

玄関

玄関の間

駐車スペース

明るいキッチン
対面キッチンでカウンターテーブルをつくり、窓を増やすことで、陽射しが入りやすくなった

スリム化する
デッキスペースを狭くすることで、駐車場スペース・庭が確保できてより開放的になった

狭くして1部屋
玄関・土間を大幅に小さくして、「玄関の間」をつくった。小さな部屋だが客間として利用できる

敷地面積／135.58m²
延床面積／125.96m²
設計・施工／千葉工務店
名称／2階まるっと書斎の家

敷地条件

可変性

採光

人とのつながり

借景

動線

来客

プライバシー

収納

特殊部屋

多世帯

賃貸

053

隣家で景色が見えなくてもさまざまな工夫で視線を海へ

海辺の段丘に沿った細い路地を昇り、振り返ると海への視界が開ける。そうした漁村の風景を室内にも取り込んだ住宅。玄関上部から食堂に連なる船底天井は、敷地最奥のリビングの縁台となり、さらに甲板のような外部に連続する。その舳先は海へと視線を向けさせる屋根となり、連続する空間のなかにさまざまな場を生み出している。敷地条件を読み込んで、視線を誘導することによって、開放的で広々したスペースを実現した。

与条件
家族構成：夫婦＋子供2人＋猫
敷地条件：敷地面積112.24m²
　　　　　建ぺい率60％　容積率160％
　　　　　細い路地に面した細長い敷地。細い路地を見返すと海を望めるが、敷地から海への視界は隣家にブロックされている。

建て主の主な要望
・2階LDKで、できるだけ広々と
・路地の先の海の風景を楽しみたい

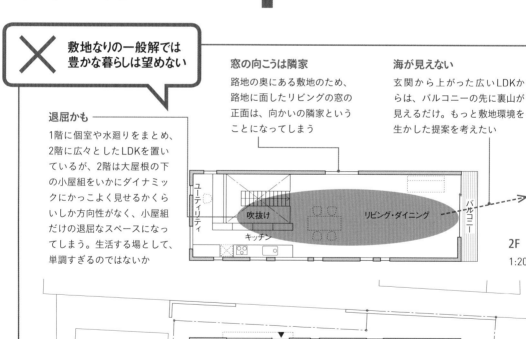

× 敷地なりの一般解では豊かな暮らしは望めない

退屈かも
1階に個室や水廻りをまとめ、2階に広々としたLDKを置いているが、2階は大屋根の下の小屋組をいかにダイナミックにかっこよく見せるかくらいしか方向性がなく、小屋組だけの退屈なスペースになってしまう。生活する場として、単調すぎるのではないか

窓の向こうは隣家
路地の奥にある敷地のため、路地に面したリビングの窓の正面は、向かいの隣家ということになってしまう

海が見えない
玄関から上がった広いLDKからは、バルコニーの先に裏山が見えるだけ。もっと敷地環境を生かした提案を考えたい

2F　1:200

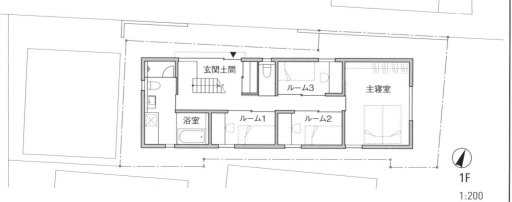

1F　1:200

110

路地の動線を
屋内でも生かし
高さを変えつつ
最後は外につなぐ

左：2階キッチンからリビング側を見る　右：リビングからの見返し。DKとリビングは階段のブリッジでつながり、リビングから甲板の外部へとつながる

撮影：守屋欣史/ナカサ＆パートナーズ（3点とも）

ふさわしい高さでつくる

玄関および2階は一体の大空間としながらも、DKとリビングは吹抜けを挟んで切り離し、床レベルや天井高もそれぞれにふさわしい場になるよう配慮。床座のリビングは、ダイニングの床より80cmほど高く、ダイニングの屋根を兼ねたデッキはさらに45cmほど上がっている。室内に延長されたデッキは、収納を兼ねたベンチになる

特徴をつくる

ルーフデッキは、間取りに挿入された「仕掛け」として、建物全体のダイナミックな空間構成を特徴づける

甲板に連続する

玄関上部から食堂に連なる船底天井は、敷地最奥のリビングの縁台となり、さらに甲板のように外部へと続く。その舳先は海へと視線をむけさせる屋根兼ルーフデッキとなっており、連続する一体の空間のなかに、さまざまな場を生み出す

落ち着いたダイニング

ダイニングの天井は極力低く抑えて、あえて大屋根全体が見渡せないようにし、落ち着いた場としている。食卓の横長窓からは、浜の風景を望むことができる

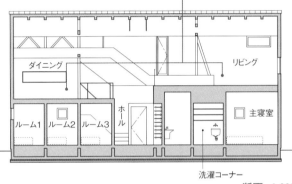

断面　1:200

2F　1:200

路地のような動線

浜沿いの道から段丘に向かって細い路地を昇り、玄関から2階のDKへ上がり、玄関上部のブリッジを渡って、敷地最奥の床座のリビングに至る。海辺のまちの動線を家の内部までつなげるような生活動線となっている

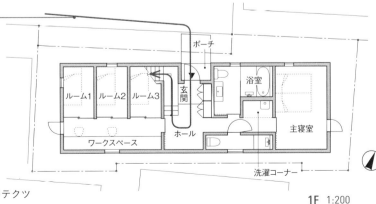

1F　1:200

敷地面積／112.24㎡
延床面積／122.04㎡
設計／スチューディオ2アーキテクツ
　　　（二宮博・菱谷和子）
名称／DEK（海辺の住宅）

敷地条件
可変性
採光
人とのつながり
借景
動線
来客
プライバシー
収納
特殊部屋
多世帯
賃貸

054

北側に開けた土地の特徴を最大限に生かして楽しむ

　ニューヨークのロフトのような空間をイメージした郊外の住宅。敷地は、隣地との段差が大きな分譲地の一画にある。クライアントのもっているアートを生かす壁の配置や、天井をできる限り高くしてロフトのイメージを出すように心がけた。

　また、奥様のご要望で『セックス・アンド・ザ・シティ』のキャリーのウォークインクロゼットを小さいながら実現した。5角形の敷地形状や、段差を生かしたプランも特徴である。

与条件
家族構成：夫婦＋子供1人
敷地条件：敷地面積132.54m²
　　　　　建ぺい率60％　容積率160％
　　　　　旗竿状敷地で、旗部分は五角形。敷地内に6mの高低差。北側下がりなので北側の景観はよい。

建て主の主な要望
- ニューヨークのロフトのような空間
- 広さを感じるリビングがほしい
- 小さくてもよいので書斎を希望

 敷地の性状を生かし切れていない

プライバシーがない
広がりを獲得するために壁をなくしているが、個室として完結せずプライバシーが守られない

つまらない
LDK配置が当たり前すぎておもしろくない

絵を掛けたいのに
所蔵する大きな絵画を楽しみたいが、絵が掛けられる大きな壁がない

寝室1
収納
WIC
寝室1
玄関

LDK
書斎
浴室

大きすぎる
開口が大きすぎて、ウォークインクロゼットには不向き

1F
1:200

工夫がない
囲われているだけで窓からの眺望も悪く、飾り棚や収納もない

2F
1:200

敷地条件

可変性

採光

人とのつながり

借景

動線

集客

プライバシー

収納

特殊部屋

多世帯

増築

さまざまな場所から景観を楽しむ工夫

撮影：上田宏
（3点とも）

左：幅は狭いが長さを確保した書斎スペース
右：2階LDK。どこにいても視界の開けた北側の景観が楽しめる

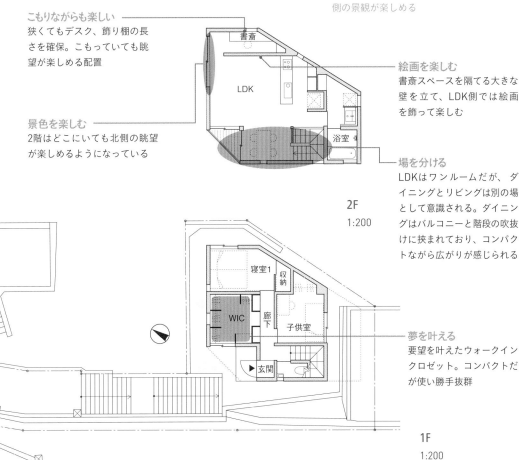

こもりながらも楽しい
狭くてもデスク、飾り棚の長さを確保。こもっていても眺望が楽しめる配置

絵画を楽しむ
書斎スペースを隔てる大きな壁を立て、LDK側では絵画を飾って楽しむ

景色を楽しむ
2階はどこにいても北側の眺望が楽しめるようになっている

場を分ける
LDKはワンルームだが、ダイニングとリビングは別の場として意識される。ダイニングはバルコニーと階段の吹抜けに挟まれており、コンパクトながら広がりが感じられる

2F
1:200

夢を叶える
要望を叶えたウォークインクロゼット。コンパクトだが使い勝手抜群

1F
1:200

広がりを強調する
片流れの屋根で、天井は北側開口に向かって高くなるので、開放感が増す

跳ね出す
敷地段差を克服するため、2階の一部を跳ね出して床面積を確保している

敷地面積／132.54m²
延床面積／80.07m²
設計／直井建築設計事務所
名称／眺望のいえ

断面
1:200

055

中央の階段がLDKの関係を心地よくする2階LDKの家

小高い丘の中腹の、ゆるやかな傾斜地に立つ4人家族のための住宅。1階は、ポーチ・玄関から数段上がって居室やバスルームがある。階段を建物の中心に配することで、回遊できるスパイラル状の動線となり、さまざまなシーンを生み出す。2階には、南側の道路の気配を感じながら守られた印象のリビング、北西の緑地遠方へ視線が伸びるダイニング、少しだけ独立感を与えたキッチンなど。ほどよい距離感を保つことで、特徴をもった居場所となっている。

与条件
家族構成：夫婦＋子供2人
敷地条件：敷地面積47.99m²
　　　　　建ぺい率40％　容積率80％
　　　　　閑静な住宅街にある整形地。北側に生産緑地があり、北西に眺望が得られる。東西の隣家が近接。
建て主の主な要望
・子供室を2部屋

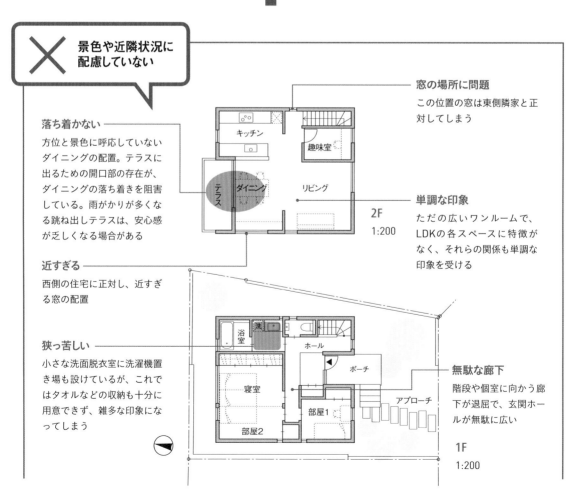

✕ 景色や近隣状況に配慮していない

落ち着かない
方位と景色に呼応していないダイニングの配置。テラスに出るための開口部の存在が、ダイニングの落ち着きを阻害している。雨がかりが多くなる跳ね出しテラスは、安心感が乏しくなる場合がある

近すぎる
西側の住宅に正対し、近すぎる窓の配置

狭っ苦しい
小さな洗面脱衣室に洗濯機置き場も設けているが、これではタオルなどの収納も十分に用意できず、雑多な印象になってしまう

窓の場所に問題
この位置の窓は東側隣家と正対してしまう

単調な印象
ただの広いワンルームで、LDKの各スペースに特徴がなく、それらの関係も単調な印象を受ける

無駄な廊下
階段や個室に向かう廊下が退屈で、玄関ホールが無駄に広い

キッチン
趣味室
テラス
ダイニング
リビング

2F
1:200

浴室
洗
ホール
ポーチ
寝室
部屋1
アプローチ
部屋2

1F
1:200

ダイニングスペース。テラスに面した窓と併せて広く開口を設け、遠くの景色までも楽しめる

撮影：Akinobu Kawabe
（2点とも）

敷地条件

可変性

採光

人とのつながり

借景

動線

来客

プライバシー

収納

特殊部屋

多世帯

賃貸

外の状況を観察し心地よい居場所をつくる

壁で隠す
あえて袖壁を設けることで、冷蔵庫やキッチン家電などをダイニング側からは見えにくくする。キッチン側では使いやすく、ダイニング側は落ち着いた空間となる

景色を楽しむ
北西の開放的な景色が望めるダイニング。腰壁のあるコーナー2面の窓によって安心感のある居場所となる

緩衝空間として
テラスによってダイニングへの日射を緩和し、西側隣家との距離を確保する

窓の場所を選ぶ
隣家と正対しない小さな窓を設けて風を抜き、閉塞感を軽減させる

階段で分ける
中央の階段を挟んで、リビング、ダイニング、キッチンを配置。ワンルーム空間だが、階段によって場が分けられ、ほどよい距離感を保つ。階段に腰壁を設けることと1階への降り口をキッチンにアクセスしやすい位置にすることで、リビングとダイニングに落ち着きをもたらす

守られる安心感
リビングでは、壁面を背にした居場所にすることで落ち着きと安心感が得られる。ここからはテラス越しに北側の緑地が望める

キッチン

趣味室

ダイニング

テラス

リビング

2F
1:150

外も楽しめる
北側の緑地へと見通せる浴室と洗面脱衣室とホール。洗濯機置き場を洗面脱衣室の外に出したことで洗面脱衣室はすっきりした印象の場所になる

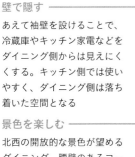

分割可能
主寝室として大きめの部屋としているが、将来的に部屋の用途が変えられるよう2室に仕切れるようになっている。仕切っても、両方の部屋から北側の緑地が望める

暮らしのリズム
家の中央に回り階段を置き、そこに向かって階段を昇るスパイラル状にプランが展開することで暮しにリズムが生まれる

浴室

洗

収納

ホール

玄関

寝室

ホール

ポーチ

アプローチ

部屋2

部屋1

1F
1:150

敷地面積／47.99㎡
延床面積／91.32㎡
設計／imajo design
　　　（今城俊明・今城由紀子）
名称／国分寺の家

外がうかがえる
廊下には腰窓があり、歩きながらポーチ越しに道路側の様子をうかがうことができる。留まるための個室に対して、それらをつなぐ廊下（移動のためのスペース）に新鮮な印象をもたせている

ゆとりのポーチ
小さな住宅でも、雨に濡れないポーチや軒下を設けるとゆとりが感じられる。玄関扉は、出入りの邪魔になりにくい引戸になっている

056

果物畑を見ながら暮らす家族一体のパッシブな家

梨栽培を営む家族の家。住宅街のなかの果樹園とつながる敷地で、家から果樹を望む。

「農と食」「職と住」が一体の暮らしを楽しめること、家中どこにいても家族の気配が伝わる間取りの実現が、住まいへの主な要望だった。畑仕事の合間に土足で上がれる土間の実現など、実際の暮らしに沿った提案のほか、周囲の自然環境を生かして通風を得るパッシブな家づくりも特徴の1つとなっている。

与条件
家族構成：夫婦＋子供3人
敷地条件：敷地面積295.60m²
　　　　　建ぺい率60％　容積率160％
　　　　　都市化の進む郊外の住宅地にありながら、
　　　　　隣地に所有の梨園がある平坦地。

建て主の主な要望
- キッチンで家族の気配を感じたい
- 農作業の合間に土足で休憩できる土間
- リビングを通らず洗面・浴室に行ける動線
- セミオープンの和室

✕ 生活動線が整理できていない

入りづらい
家族のウォークインクロゼットだが、主寝室を経由しないと入れない

空間の抜けがない
北側にプライベートスペースがあるため、風も空間も南北に抜けず閉塞感が生じてしまう

つながりが薄い
吹抜けはあるが、2階全体と1階とのつながりはやや限定的

閉鎖的な和室
多目的なスペースを目指しているが、空間のつながりが弱く、活用されにくい場所になってしまう

離れている
寝室と家族のウォークインクロゼットから洗面・浴室が離れている。家事動線や、日常の着替え、身支度に不便を感じる

農作業に配慮しつつ暮らしの広がりを大切に考える

敷地条件
可変性
採光
人とのつながり
借景
動線
来客
プライバシー
収納
特殊部屋
多世帯
賃貸

左：建物南東側外観
右：玄関より。農家風の広い
土間があり、ダイニング、リ
ビング、和室と広がっていく
撮影：山田新治郎（3点とも）

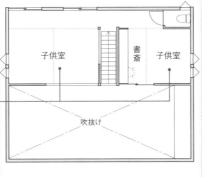

2F 1:200

子供室　書斎　子供室

吹抜け

成長に応じて
2階の子供室は、成長に応じて仕切り方を変える。吹抜けを通じて、1階といつもつながっていられる場所

奥の間的な主寝室
南面アプローチから一番奥に位置するプライバシーを重視した主寝室。クロゼットや水廻りに近く、身支度しやすい

ウォークスルー
家族全員の衣類が収納できるクロゼット。主寝室への通路を兼ねるウォークスルーのスタイルで空間を無駄なく活用

家事室を兼ねる
タオルや下着の収納棚をたっぷり設けた洗面室。洗面カウンター脇にアイロン台を備えた家事室でもある

そよ風が抜ける
北窓に面し天井高さを抑えたリビングは落ち着ける空間。隣り合うダイニングの南窓から心地よい風が通り抜ける

いろいろ使える
和室は障子を開ければリビングとつながる子供の遊び場。季節のしつらえをしたり、障子を閉めて客間にしたり多目的に使用

農家の土間をイメージ
畑仕事の合間にお茶や食事ができる広い土間。畑仕事の作業場など、昔の農家の土間と同じような役割も果たす

主寝室　浴室　WIC
和室　リビング
土間　ダイニング　キッチン

1F 1:200

敷地面積／295.60㎡
延床面積／130.41㎡
設計・施工／鈴木工務店
名称／梨花に集う

梨園を望む
南庭を望む場所に家族が集うダイニングを配置。大屋根の下、大きな食卓で庭を眺めながら楽しい団らんの時間を過ごす

汚れものをもち込まない
勝手口に大きな庇をかけ、外用シンクと洗濯機置き場に。畑仕事や子供の部活で汚れた衣類を家のなかにもち込まない工夫

057

高い位置からの視点を考え遠くから近くまで眺めを楽しむ

景色を楽しみながら穏やかに暮らせる、開放感と安心感を併せもつ家。遠景の丘の樹々、中景の竹林・コナラの林が見えるように窓を配置し、落ち着いた居場所を設けている。また近景として植栽を施し、近隣の樹々とつなげ遠近感をつくった。

角地のため、外観は表裏のないつくりに。内部ではリビングとダイニング、キッチンと窓辺など居場所のつながりと、外部（景色）のつながりを、対角の関係性によって生み出している。

与条件
家族構成：夫婦＋子供1人
敷地条件：敷地面積125.64m²
　　　　　建ぺい率50％　容積率100％
　　　　　道路との高低差2m以上。擁壁を兼ねた既存の車庫がある。丘の中腹で見晴らしはよいが、周囲の住宅やアパートが近接。
建て主の主な要望
• 東南方向の眺望を楽しみたい
• ダイニングの窓は小さくてよい
• 家族の気配が伝わるように

✕ **敷地の特徴に対して配慮が見られない**

落ち着かない
ワンルームのLDKでアクセスはよいが、動線に近すぎて目に入りすぎるキッチン

問題の窓
眺めのいい景色が十分に取り込めていない大きさの窓。また、ソファからはテレビを見ていても外が目に入ってしまい集中しにくい

外から見られる
この窓は、向かいの高い場所にあるアパートからの視線にさらされそう

見られてしまう
浴室2か所の窓は換気にはよいだろうが、南側のアパートと西側の住宅に正対してしまう

無駄に広い
外とのつながりも、また吹抜けなどもない閉鎖的な玄関ホール。無駄に広く、その面積をほかに活用したいところ

狭苦しい
この広さの洗面脱衣室に洗濯機を置くと、十分なリネン庫も置けず、雑多な印象になってしまう

落ち着かない玄関
北側の暗い印象の玄関。西側には隣家の玄関が近くにあり、落ち着かない位置

庭が生かせない
既存の地下車庫の上部に南面した庭があるが、このプランでは有効に使えない

2F 1:200

1F 1:200

高低差にも近隣にも配慮して快適さを高める

2階キッチンから見る。左がダイニング、右奥がリビング。遠くまで視線が抜ける位置に窓を設けて、広がりをつくり出す

撮影：Akinobu Kawabe
（2点とも）

敷地条件

可変性

採光

人とのつながり

借景

動線

来客

プライバシー

収納

特殊部屋

多世帯

賃貸

家具で安心感
カウンター収納をつくってリビングを囲い込むようにすることで、落ち着きのある心地のよい居場所となる

すっきり暮らす
アクセスのよい家の中央付近に大きな収納をつくり、片付けるものをここに集中させる。リビングに収納が不要となり、ワークスペースやカウンターをつくることができた

テレビも景色も
L字ソファからはコーナー部の窓から遠くの景色を、そして景色とは別方向でテレビが楽しめる構成。外の景色とテレビが干渉しない位置関係をつくっている

遠くも近くも
キッチンからはホール越しにリビングが見通せ、ダイニングの向こうの窓からは中景と遠景が楽しめる

明るい水廻り
主寝室を北側に置いて、水廻りを南側に。爽やかな明るさと空気環境を確保している。洗面脱衣室は庭への出入り口にもなっており、庭が遠くなりがちな2階LDKでも気軽に外に出られる

ゆっくり眠れる
開口部の面積を抑えて、またアプローチ奥に部屋を配置することで東側道路と距離を取り、寝室の「眠る場所」としての特質を高めている

安全に通風
折り返した壁の奥にスリット状の窓を設け、風と間接光を採り入れる。スリット状で人が通れないため防犯性に優れ、外出時にも開放して通風が可能

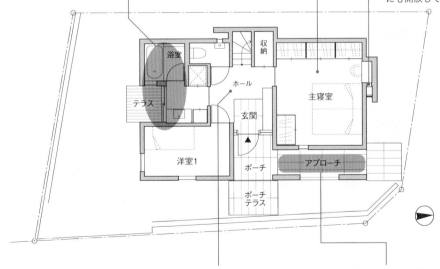

2F 1:150

1F 1:150

無駄なく広く
玄関・ホールを家の中心に置くことで無駄な移動空間をつくらない。玄関からは、ポーチを介して景色を楽しむこともできる

落ち着いた玄関
雨に濡れないアプローチを数メートル歩くと玄関にたどり着く構成。道路から距離をとることで、玄関・ポーチが落ち着いた場所になっている

敷地面積／125.64m²
延床面積／98.20m²
設計／imajo design
　　　（今城俊明・今城由紀子）
名称／日吉本町の家

058

平面形状の工夫で高台のメリットを享受した2階LDKの家

高台の2階にLDKのある住まい。2階からの眺望は、近隣からの視線を気にすることなく開放的で、神戸の山並みや海まで望める。2階リビングは、キッチン・ダイニングから少し突出させるように配置し、四方から光を採り込める快適な空間だ。また、この平面形状により中庭空間が生まれ、1階でも明るい陽射しが建物の中央付近まで届く。

敷地を読み解き、そのポテンシャルを最大限に生かせば、緑と光にあふれた住まいとなる。

与条件
家族構成：夫婦＋子供2人
敷地条件：敷地面積267.45m²
　　　　　建ぺい率40％ 容積率80％
　　　　　掘り込みの既存ガレージがある高台の造成地。道路との高低差約5mの東西に長い敷地。
建て主の主な要望
・住み心地よく、使い勝手よく
・眺望を生かしたい、季節を感じたい
・ゲストをもてなすことのできる家

✕ 高台という立地が生かし切れていない

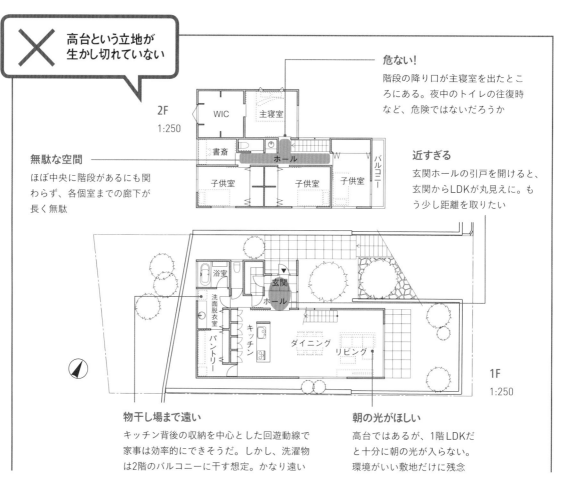

危ない！
階段の降り口が主寝室を出たところにある。夜中のトイレの往復時など、危険ではないだろうか

近すぎる
玄関ホールの引戸を開けると、玄関からLDKが丸見えに。もう少し距離を取りたい

無駄な空間
ほぼ中央に階段があるにも関わらず、各個室までの廊下が長く無駄

2F
1:250

WIC　主寝室
書斎　ホール　バルコニー
子供室　子供室　子供室

物干し場まで遠い
キッチン背後の収納を中心とした回遊動線で家事は効率的にできそうだ。しかし、洗濯物は2階のバルコニーに干す想定。かなり遠い

朝の光がほしい
高台ではあるが、1階LDKだと十分に朝の光が入らない。環境がいい敷地だけに残念

浴室　玄関　ホール
洗面脱衣室　キッチン　ダイニング　リビング
パントリー

1F
1:250

2階にLDKを上げて
日常の暮らしを豊かに

2階リビング。ここは、空中に浮いているように感じられる四方に窓のある空間。明るい陽射しと高台からの景色が、日常の疲れを癒してくれる

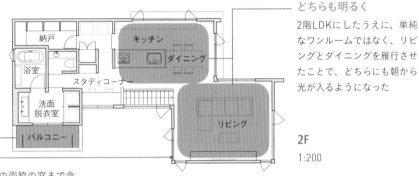

すぐ干せる

洗濯機のある洗面脱衣室の外に物干しバルコニーを配置。洗濯したらすぐ干せる楽々動線

どちらも明るく

2階LDKにしたうえに、単純なワンルームではなく、リビングとダイニングを雁行させたことで、どちらにも朝から光が入るようになった

2F
1:200

光も緑も

2階のリビングは、南側の壁の両脇の窓まで含めれば、部屋の四方向に窓がある。十分な明るさとともに景色も庭の緑も存分に楽しめる

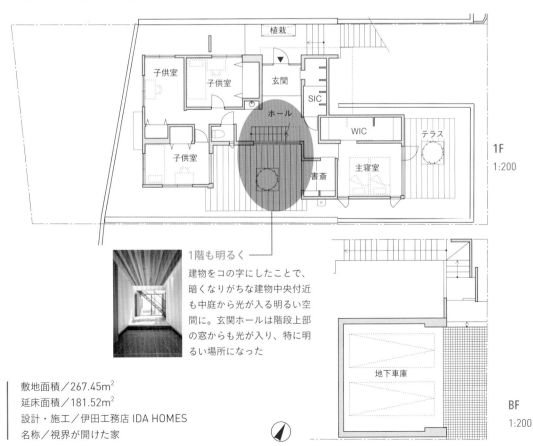

1F
1:200

1階も明るく

建物をコの字にしたことで、暗くなりがちな建物中央付近も中庭から光が入る明るい空間に。玄関ホールは階段上部の窓からも光が入り、特に明るい場所になった

BF
1:200

敷地面積／267.45m²
延床面積／181.52m²
設計・施工／伊田工務店 IDA HOMES
名称／視界が開けた家

059

いろいろな
場所から
海を眺められる
シンプルな家

東側に中学校、南東に海とレストランの松林が望め、三方道路には人通りも少ない恵まれた敷地。準防火地域でありながらも配置を工夫し、全開放サッシの採用など開放的な計画を実現させた。

プライバシーを確保しつつ、リビング、小上がりからは額縁で切り取られた窓より、キッチンやダイニングからは全開放の窓より、海を感じることができる。2階の子供室もシンプル、コンパクトながら開放的で、明るい部屋となっている。

与条件
家族構成：夫婦＋子供1人
敷地条件：敷地面積132.25m²
　　　　　建ぺい率70％　容積率180％
　　　　　海の見える高台の整形地。3方向で接道。
　　　　　南に下る道路なりに高低差がある。
建て主の主な要望
・開放感のある吹抜け
・海が感じられる家
・第2リビングになるようなデッキ、など

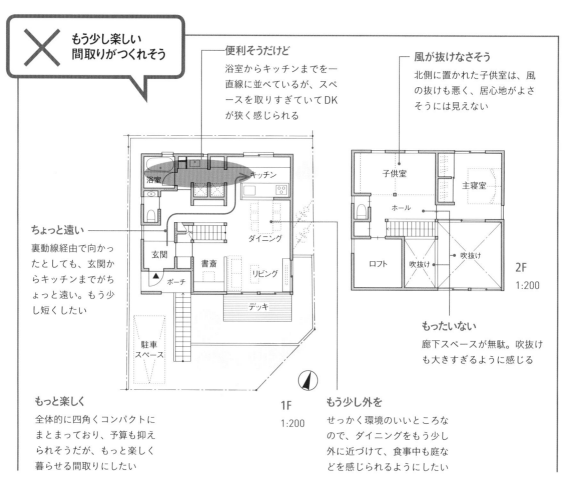

✕ もう少し楽しい
間取りがつくれそう

便利そうだけど
浴室からキッチンまでを一直線に並べているが、スペースを取りすぎていてDKが狭く感じられる

風が抜けなさそう
北側に置かれた子供室は、風の抜けも悪く、居心地がよさそうには見えない

ちょっと遠い
裏動線経由で向かったとしても、玄関からキッチンまでがちょっと遠い。もう少し短くしたい

もったいない
廊下スペースが無駄。吹抜けも大きすぎるように感じる

もっと楽しく
全体的に四角くコンパクトにまとまっており、予算も抑えられそうだが、もっと楽しく暮らせる間取りにしたい

もう少し外を
せっかく環境のいいところなので、ダイニングをもう少し外に近づけて、食事中も庭などを感じられるようにしたい

1F
1:200

2F
1:200

浴室 キッチン ダイニング 玄関 書斎 リビング ポーチ デッキ 駐車スペース

子供室 主寝室 ホール ロフト 吹抜け 吹抜け

空間にメリハリをつけ
違った景色が楽しめる

小上がりからの視点。額縁で切り取られた海が望める。右側に見えるのがダイニングとつながるデッキ

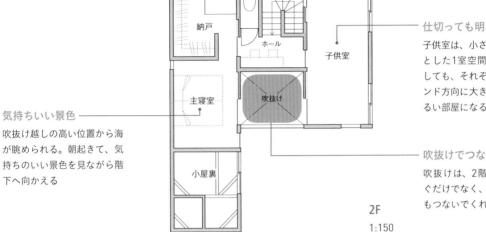

気持ちいい景色

吹抜け越しの高い位置から海が眺められる。朝起きて、気持ちのいい景色を見ながら階下へ向かえる

2F
1:150

仕切っても明るい

子供室は、小さいうちは広々とした1室空間。将来、分割しても、それぞれ東側のグランド方向に大きな窓のある明るい部屋になる

吹抜けでつながる

吹抜けは、2階と1階をつなぐだけでなく、子供室と寝室もつないでくれる

風が抜ける

北側にもできるだけ開口部を設けて、南北方向で風が流れるように配慮

ショートカット

パントリーを通り抜けられるようにして、玄関からのルートをショートカット。わずかな距離だが、パントリーにしまうものも多いので買い物帰りにはとても便利

落ち着きの場所

開放的なLDKのなかにも、奥まった落ち着いたスペースをつくる。小上がりの畳スペースは座っても横になってもくつろげる

違う視点

ダイニング側とは違う視点で海を楽しめるリビング。窓は、景色を眺めるための大きなガラス面のFIX窓と、風を通す下部の小さな窓に分けている

海を見ながら

ダイニングはデッキと一体化できる場所に配置。普段から海を楽しみながら食事ができる。天気のよい日にはデッキに出ての食事も可能

敷地面積／132.25m²
延床面積／95.02m²
設計・施工／加賀妻工務店
名称／二宮の家

1F
1:150

平面図の室名：納戸、ホール、子供室、主寝室、吹抜け、小屋裏、浴室、小上がり、キッチン、ダイニング、リビング、パントリー、玄関、デッキ、ポーチ、駐車スペース

敷地条件

可変性

採光

人とのつながり

借景

動線

来客

プライバシー

収納

特殊部屋

多世帯

賃貸

隣地の緑で
四季を感じる
内外一体の
大きなLDK

　隣地が生産緑地だったのが気に入って購入した土地。リビングから緑を眺めながら生活できる家づくりが期待された。生産緑地の樹木などの自然と一体になる空間づくりをコンセプトに基本計画がスタート。

　リビングからつながる大きなデッキバルコニーは子供が三輪車で遊べるほどの広さの贅沢な場所。リビングの上部は吹抜けで、いつも陽の光が上部から降り注ぐ。リビングを中心とした間取りが特徴で、当初からほぼプランはまとまっていた。

与条件
家族構成：夫婦＋子供3人
敷地条件：敷地面積82.76m²
　　　　　建ぺい率50％　容積率100％
　　　　　閑静な住宅街の、東西に細長い敷地。東
　　　　　側に生産緑地がある。
建て主の主な要望
• 陽当たりがよく家族が集まるリビング
• 隣地の生産緑地を借景したい
• 大きなバルコニー、大きな見せる収納、など

✕ **1階の使い方が考えられていない**

狭すぎる
自転車置き場の想定だが、5人家族の自転車をしまうには狭すぎる。あきらめて外に置き場を確保するほうがよい

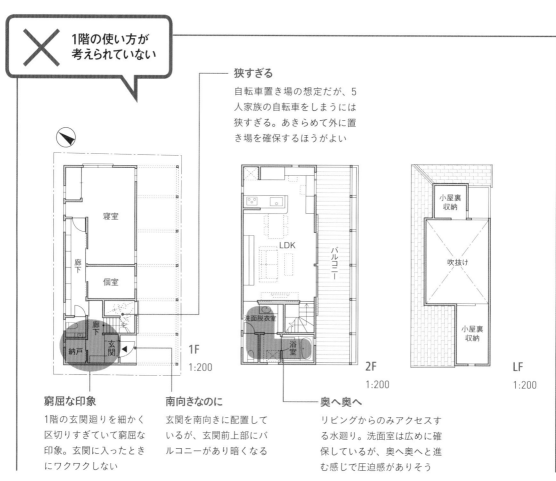

1F 1:200

2F 1:200

LF 1:200

窮屈な印象
1階の玄関廻りを細かく区切りすぎていて窮屈な印象。玄関に入ったときにワクワクしない

南向きなのに
玄関を南向きに配置しているが、玄関前上部にバルコニーがあり暗くなる

奥へ奥へ
リビングからのみアクセスする水廻り。洗面室は広めに確保しているが、奥へ奥へと進む感じで圧迫感がありそう

詰め込むのをやめ 生活に則した 開放感を大切に

左：1階廊下。広めに
確保した廊下が、オー
プンなクロゼットに
右：2階LDK。広いバ
ルコニーと室内が一体
となる

敷地条件

可変性

採光

人との
つながり

借景

動線

美容

プライバシー

収納

特殊設備

多世帯

2階LDKのメリット
2階LDKは上部に床面がない
ため、屋根形状を最大限に生
かして吹抜け空間がつくれる。
バルコニーへの広がりに上へ
の広がりが加わり、2階全体
が気持ちのよい開放感に包ま
れる

使い勝手優先
水廻り空間は、使い勝手と動
線を重視してコンパクトに配
置。5人家族であることに配
慮し、脱衣室を広めにつくっ
て収納を充実させる

緑を眺める窓
コーナーも窓として、キッチ
ンやスタディコーナーからも
外の緑が眺められる

庭感覚のバルコニー
LDKからフラットに続く大
きなバルコニーは、窓もフル
オープンにでき、庭感覚で使
える外部空間。室内と一体化
し、開放感も抜群に

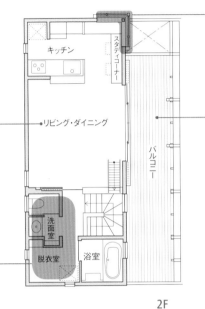

2F
1:150

広めにつくる
1階の廊下は少し広めにつく
って、オープンな収納スペー
スに。ラックを設置してファ
ミリー収納として活用

玄関の広がり
土間続きのオープンなシュー
クロークは玄関の広がりも演
出する。靴だけでなく、外廻
りのさまざまなものも収納で
きる

LF
1:150

最初は大きく
家族みんなで寝る1階スペー
スは、将来的に間仕切ること
ができるが、子供たちが小さ
いうちはワンルームの大きな
空間で使う。家族の絆も深ま
りそう

敷地面積／82.76m²
延床面積／81.17m²
設計・施工／ハウステックス
名称／木の温まりあたたかHouse

1F
1:150

061
また行きたくなる別荘にはありきたりな案と逆の発想を

海を見下ろす山の斜面に、へばりつくように建てられた平屋建ての別荘リフォーム。西、南、北の3方向は山に半分埋まるように建てられているが、東方向だけは大きく広がる海に面し、眺望がすばらしい。海側の開放的なスペースにリビング・ダイニングを、崖側に寝室や浴室を配置することが一般的なプランである。しかし、それをあえて逆転させ寝室と浴室を海側前面に配置、リビングは崖側に白い洞窟のイメージで仕上げた。この建築にまた来たくなる仕掛けを考えた結果である。

与条件
家族構成：夫婦＋子供1人
敷地条件：敷地面積164.00m²
　　　　　建ぺい率60％　容積率150％
　　　　　山の頂上で、一方は崖、反対側には海が
　　　　　広がる環境。山のなかなので虫が多い。
建て主の主な要望
・屋上にバーベキューガーデンを
・眼下の海を独り占めした気分に
・時間がたっても何度も来たくなるように

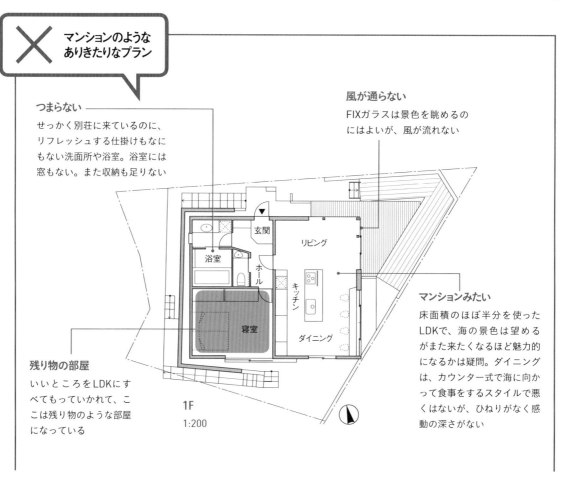

✕ マンションのようなありきたりなプラン

つまらない
せっかく別荘に来ているのに、リフレッシュする仕掛けもなにもない洗面所や浴室。浴室には窓もない。また収納も足りない

風が通らない
FIXガラスは景色を眺めるのにはよいが、風が流れない

残り物の部屋
いいところをLDKにすべてもっていかれて、ここは残り物のような部屋になっている

マンションみたい
床面積のほぼ半分を使ったLDKで、海の景色は望めるがまた来たくなるほど魅力的になるかは疑問。ダイニングは、カウンター式で海に向かって食事をするスタイルで悪くはないが、ひねりがなく感動の深さがない

1F
1:200

海の見え方を
限定させることで
インパクトを与える

左：洞窟のようなリビング
右：絶景が楽しめる寝室。気分や風の
強さにより、窓の開け方を変えられる

敷地条件

可変性

採光

人とのつながり

借景

動線

来客

プライバシー

収納

特殊部屋

多世帯

賃貸

動線上のキッチン
普通の食事のときにはリビング側に、デッキでバーベキューをするときには収納側に、と状況に応じてサービス方向を変えられる

土間収納の魅力
海の道具、山の道具、バーベキューグッズなどが、靴を脱がずに取れる玄関土間と一体になった倉庫スペース。玄関からキッチンへの裏動線にもなる

収納の工夫
単に場所を確保するだけでなく、傘立てスペース、掃除機収納スペースなど、具体的にしまうものを想定した収納。使い勝手がぐんとよくなる

海と対話する寝室
35cm上がった畳のスペースは、腰かけるにも寝転がるにもちょうどいい高さ。海に向かう窓は、FIXではなくいろいろなところが開くので、海からの風が心地よく入ってくる

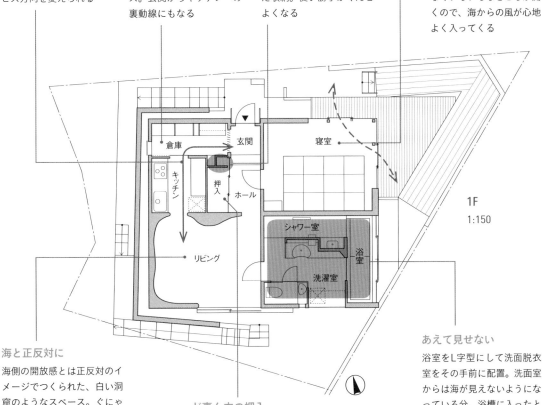

倉庫

キッチン

玄関

押入

ホール

寝室

シャワー室

浴室

洗濯室

リビング

1F
1:150

海と正反対に
海側の開放感とは正反対のイメージでつくられた、白い洞窟のようなスペース。ぐにゃぐにゃした閉鎖的な壁が、不思議な安心感を与えてくれる

敷地面積／164.00m²
延床面積／66.24m²
設計・施工／剛保建設
名称／i-villa

ど真ん中の押入
別荘は人の出入りが少なく、湿気ですぐに布団がカビてしまう。そこで押入を家の真ん中に配置して、湿気を寄せ付けない工夫をしている

あえて見せない
浴室をL字型にして洗面脱衣室をその手前に配置。洗面室からは海が見えないようになっている分、浴槽に入ったときの劇的な海の風景に喜びが倍加する

062

1、2階とも
回遊動線をつくり
効率よく
明るく広く

閑静な住宅街の、夫婦と子供2人の4人家族が住む家。メインの居場所となるのは1階のLDK。階段の回りにキッチンや畳コーナー、リビングを配置し、回遊性のある大きなワンルームとした。また、LDKの南東と南西に窓を設けることで、1日中1階に光を採り込むことができる。

2階も1階同様に、階段中心として回遊性をもたせるように水廻りやWICを配置し、家事動線に配慮。子供たちのスペースはオープンスペースにしてあり、将来的に2部屋に分けることができる。

与条件
家族構成：夫婦＋子供2人
敷地条件：敷地面積92.70m²
　　　　　建ぺい率60％　容積率150％
　　　　　閑静な住宅街にある、間口8mほどの敷地。
建て主の主な要望
• 住みやすい普通の家（建築家の奇抜さは求めない）
• 小さな子供を育てやすい家
• 自由度のある家

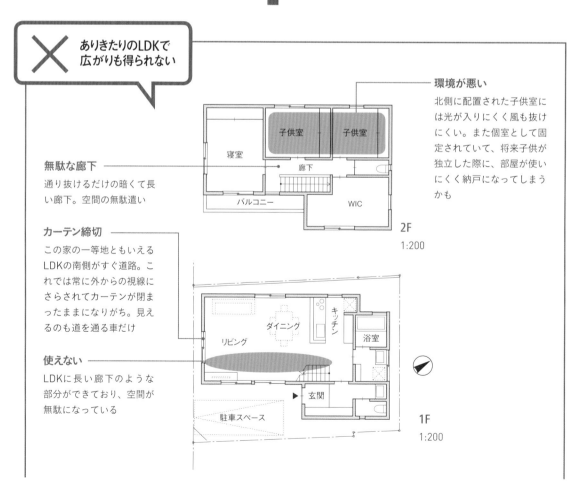

✕ ありきたりのLDKで広がりも得られない

環境が悪い
北側に配置された子供室には光が入りにくく風も抜けにくい。また個室として固定されていて、将来子供が独立した際に、部屋が使いにくく納戸になってしまうかも

無駄な廊下
通り抜けるだけの暗くて長い廊下。空間の無駄遣い

カーテン締切
この家の一等地ともいえるLDKの南側がすぐ道路。これでは常に外からの視線にさらされてカーテンが閉まったままになりがち。見えるのも道を通る車だけ

使えない
LDKに長い廊下のような部分ができており、空間が無駄になっている

子供室　子供室
寝室
廊下
バルコニー　WIC
2F
1:200

ダイニング　キッチン
リビング　浴室
玄関
駐車スペース
1F
1:200

撮影：石井雅義
（3点とも）

回り階段を中心に 家全体を楽しめるように

1階LDK。中央の階段を回る回遊動線がつくられている。階段は、壁で覆っていないので視線が抜けていく

2階子供室。子どもが小さなうちは、広々としたワンルームで使う

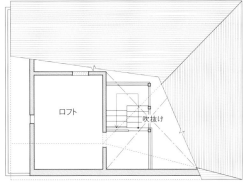

LF
1:150

2方向から入る

寝室脇のクロゼットは洗面脱衣室側からもアクセスできる。このクロゼットは、バルコニーにもつながっているので、洗濯→バルコニーで干す→クロゼットにしまうという洗濯動線もスムーズにしてくれる

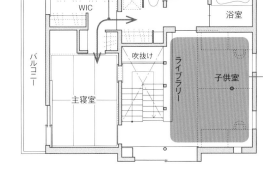

WIC

浴室

バルコニー

吹抜け

ライブラリー

子供室

主寝室

最初は広く

子供室はライブラリーとも一体になった、広くて明るいスペースとして確保。将来、2部屋に分けることができる

2F
1:150

東西の窓

LDKの東側と西側に窓を設けることで、1日中LDKに光を採り込むことができ風も流れる。また、リビングの開口を隣地境界線に対して斜めにして庭を設けることで、リビングにより多くの光と風を通すことができる

畳コーナー

ダイニング

キッチン

駐車スペース

リビング

玄関

アプローチ

テラス

回れるワンルーム

1階は階段を中心にキッチン、リビングなどを配置し、回遊性のある大きなワンルームとした

1F
1:150

敷地面積／92.70m^2
延床面積／109.73m^2
設計／佐久間徹設計事務所
名称／上馬の家

敷地条件

将来住

採光

人とのつながり

明るさ

動線

来客

プライバシー

収納

特殊部屋

多世帯

063

畳敷きのリビング・ダイニングで楽しく、くつろげる間取りに

都心近郊にはよくある、間口の狭い長方形の狭小敷地。ここに家族3人の住まいが求められた。

敷地条件により、一般的には細長い平面形状になり、上下階や離れた部屋どうしのつながりが希薄になりがちだ。ここでは2階中央付近のサンルームの一部をすのこ状にして1階のLDKと結び、上下のつながりをつくりだした。1階のLDは畳敷きで、塀で守られた四季の庭を眺めながらゆったりとくつろげる家の中心としている。

与条件

家族構成：夫婦＋子供1人
敷地条件：敷地面積92.09m²
　　　　　建ぺい率50％　容積率100％
　　　　　閑静な住宅街の、間口4m、奥行き12m
　　　　　の長方形の狭小敷地。

建て主の主な要望

- 木の香る家
- テーブル、ソファではなく床座の暮らし
- 家族の気配を感じられるように
- 開放性のある明るい間取り

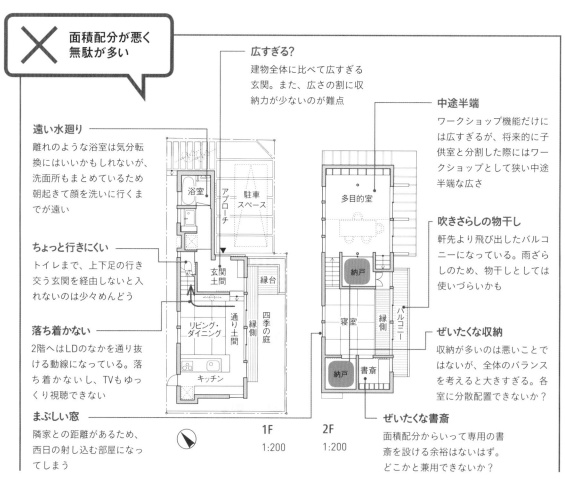

✕ 面積配分が悪く無駄が多い

広すぎる？
建物全体に比べて広すぎる玄関。また、広さの割に収納力が少ないのが難点

中途半端
ワークショップ機能だけには広すぎるが、将来的に子供室と分割した際にはワークショップとして狭い中途半端な広さ

遠い水廻り
離れのような浴室は気分転換にはいいかもしれないが、洗面所もまとめているため朝起きて顔を洗いに行くまでが遠い

吹きさらしの物干し
軒先より飛び出したバルコニーになっている。雨ざらしのため、物干しとしては使いづらいかも

ちょっと行きにくい
トイレまで、上下足の行き交う玄関を経由しないと入れないのは少々めんどう

落ち着かない
2階へはLDのなかを通り抜ける動線になっている。落ち着かないし、TVもゆっくり視聴できない

ぜいたくな収納
収納が多いのは悪いことではないが、全体のバランスを考えると大きすぎる。各室に分散配置できないか？

まぶしい窓
隣家との距離があるため、西日の射し込む部屋になってしまう

ぜいたくな書斎
面積配分からいって専用の書斎を設ける余裕はないはず。どこかと兼用できないか？

1F 1:200
2F 1:200

浴室　駐車スペース　アプローチ
玄関土間　縁台
リビング・ダイニング　通り土間　縁側　四季の庭
キッチン

多目的室
納戸
寝室　縁側　バルコニー
納戸　書斎

2階水廻りとして
動線に流れをつくる

上：2階物干しスペース。窓側の床がすのこになっており、この吹抜けを通じて家中の気配がどこにいても伝わる
右：1階LDK。引戸を閉めれば、手前の畳部分が客間や仏間となる

撮影：青野浩治（3点とも）

コンパクトな専用収納
各室の用途に合わせた収納を造り付けることで、専用収納をコンパクトに

収納量を確保
階段下と間口の広さを生かしてつくった玄関収納。土間に隣接しているため、汚れた大きなものも搬入しやすく、使い勝手がよい

自然な流れに
使い勝手、生活動線を考慮して水廻りを2階へ。風呂→就寝→起床→洗面といった日常生活の自然な流れに沿うように

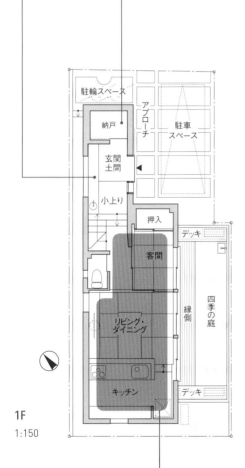

1F
1:150

夜も安全に
夜間の使用を考え、寝室から段差なしでアクセスできるトイレを2階にも設けている

雨でも物干し
屋内にバルコニー機能をもたせ、より広く使える室内物干しとしている。すのこ床によって上下階どこにいても家族の気配を感じられる家になった

2F
1:150

敷地面積／92.09m²
延床面積／83.35m²
設計／設計アトリエ（瀬野和広）
名称／tatamause

奥行きのあるLDK
玄関廻りの整理により、建物形状を生かした広さの感じられるLDKを実現。間仕切りを開放すれば玄関までの一体空間になる

一体の収納
カーテンのみの間仕切りとし、収納がありながら8畳分の広さを確保

敷地条件
可変性
採光
人とのつながり
借景
動線
来客
プライバシー
収納
特殊部屋
多世帯
賃貸

064

回遊動線と小上がりでアクティビティと居心地を両立

温度差が少なく、家族のつながりを大切にした家が望まれた。そこで、部屋の連続性を考慮しながら、リビング脇の小上がりの畳スペースや家族で使える書斎、こもりつつつながる奥様の裁縫コーナーなど、LDKの回りに家族が自然と集まる心地よい居場所をちりばめた。回遊性をもたせたことで家事動線も効率的に。パッシブソーラーシステムを採用して、四季を通してムラのない室内の空気循環も実現した。

与条件
家族構成：夫婦＋子供2人
敷地条件：敷地面積160.72m²
　　　　　建ぺい率50％　容積率80％
　　　　　敷地内に若干の高低差がある、ほぼ正方形の敷地。南側道路に接道。
建て主の主な要望
• 家全体の温度が一定の快適な室内環境
• 家族の存在が感じられるような家に
• プライバシーの守られた家
• 室内物干し場がほしい

× もう一工夫が足りずつまらないプランに

収納量が少ない
コンパクトなキッチンであっても収納量は確保しておきたい。パントリーがあれば理想的

見えない配慮を
トイレ扉はリビング側から見えないように隠したい。また、帰宅後の手洗いのためにも独立した手洗い場を設けたい

風通しも悪い＆狭い
風通しが悪いので換気がしにくく、面積的にも狭い。バルコニーまでの動線も考えられていない

収納量不足
主寝室の収納としては小さすぎる。できればこの2倍はほしいところ

暗い＆狭い
中廊下は光が入りにくく、狭さが強調されがち。南北方向で分断されるため、風通しも悪い

落ち着かない庭
庭が道路側になるのであれば、道路からの視線を制御する工夫がほしい

1F
1:200

2F
1:200

LF
1:200

動線と面積配分を見直して快適性向上

敷地条件

可変性

採光

人とのつながり

借景

動線

来客

プライバシー

収納

特殊部屋

多世帯

上：1階LDK。小上がりの畳コーナーは座ってもごろごろしてもくつろげるスペース
下：2階洗面室。収納棚もあり、タオル類などは洗う・干す・しまうが短い動線でできる

ロフト
上部収納 ハシゴ
小屋裏　吹抜け　小屋裏

LF
1:150

効率よく
キッチン脇のパントリーは、コンパクトだが回遊できる便利で大容量の収納。回遊動線の一角には奥さまの趣味の裁縫が楽しめる作業カウンターがしつらえてある

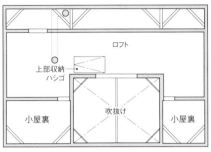

WIC
吹抜け　浴室
ホール
主寝室　子供室　洗面脱衣室

2F
1:150

階段を利用する
階段廻りを利用して吹抜けをつくり、2階廊下の閉塞感をなくすとともに上下階の通風・採光を確保している。吹抜けは、単調なLD空間のアクセントにもなっている

風が抜け、かつ便利
浴室、トイレ、洗面、洗濯機、バルコニーを一直線に並べた配置。風通しよく、洗濯動線も短くて便利。室内干しのスペースにもなる

あちこちの居場所
誰でも使えるデスクを用意した小上がりの畳コーナー。リビングのソファとは違うくつろぎの場所は落ち着きを生み、気分のままに暮らしを楽しむことができる

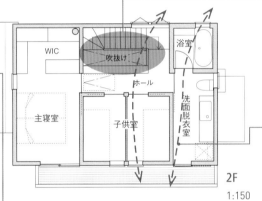

階段下納戸
上部吹抜け
パントリー　キッチン　ダイニング
畳コーナー
書斎　リビング　玄関　SIC

1F
1:150

隠れたトイレ&手洗い
アルコーブをつくってトイレの入り口をリビングから見えない位置に。その横に、子供や客も手を洗える独立した手洗い場を設けている

広く感じる玄関
面積としては特別広いわけではないが、間仕切りを透過性のあるものにして視線の抜けをつくり広く感じさせる

開きつつ閉じる
駐車スペースを確保しつつ、段階的な木塀と植栽で内外を仕切る。プライバシーを守りながら、内外ともに圧迫感なく仕切る工夫。街に開く庭づくりは防犯面でも有利

庭との一体感
中途半端な大きさのデッキをやめて庭と室内との距離を縮め、室内外の一体感を強めている

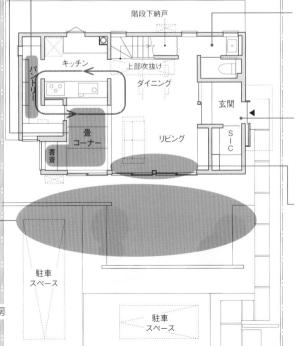

駐車スペース
駐車スペース

敷地面積／160.72m^2
延床面積／97.96m^2
設計・施工／北村建築工房
名称／木ごこちの家

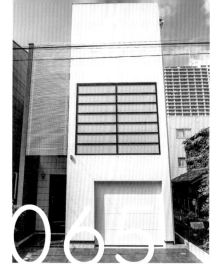

065
空間のメリハリで敷地30坪でも広く感じるシンプルモダン

広い玄関ホールはハワイアンテイストのギャラリーで、ハワイから取り寄せた絵や趣味のサーフボードを展示。2階は高い天井の大きな箱（ワンルーム）にして、造作収納・タイルなど色の統一にこだわっている。バルコニーは外部に面しているが、ガラスの壁をつけてインナーバルコニーとすることで、ワンルームのLDKが外まで広がっていく。防犯も兼ねて、窓の位置が分からないシンプルモダンな外観にまとめた。

与条件
家族構成：夫婦＋子供1人
敷地条件：敷地面積102.64m²
　　　　　建ぺい率60％　容積率300％
　　　　　東側で接道する整形地。会社や住宅が混在する地域で、近くには美術館併設の大きな公園もある。
建て主の主な要望
• 玄関に直行できるインナーガレージ
• 玄関ホールは広く、ギャラリーのように
• LDKは壁を立てず1つの箱に、など

✕ 変化を求めすぎて逆に狭く感じられる

分断される
スキップフロアにしたことで、2階LDKは視線が抜けず狭く感じる。リビングの天井高さも確保できない

2F 1:250　キッチン／廊下／リビング／ダイニング／インナーバルコニー／外部吹抜け

RF 1:250　スカイバルコニー／屋根／外部吹抜け

1F 1:250　浴室／収納／WIC／主寝室／ホール／玄関／SIC／収納／ガレージ／中庭／駐車スペース

3F 1:250　収納／収納／廊下／押入／吹抜け／ゲストルーム／プール／子供室／外部吹抜け／テラスバルコニー／バルコニー

狭い印象
玄関ホールが狭い。ポーチに至るアプローチも決して広くないため、ホールまで狭いと、家全体が狭いと感じてしまう

ちょっと不便
ビルトインガレージから直接玄関へ向かう動線がないので、いちいち回り込まなければならず、ちょっと不便

無駄な廊下
トイレや階段の配置により、無駄な廊下ができてしまう。スキップフロアにしているので、階段スペースはなおさら増えている

無駄を省いて広さを印象付ける

左：広い玄関ホール。右側の扉がSICで、ガレージとつながっている
右：2階LDK。圧迫感のない鉄骨の階段は部屋のアクセントにもなる

敷地条件

可変性

採光

人とのつながり

借景

動線

来客

プライバシー

収納

特殊部屋

多世帯

賃貸

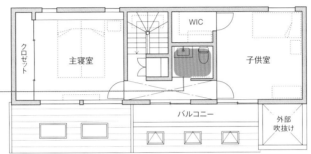

ここで間に合う
3階のトイレを広くつくって洗面台も置くことで、洗面や歯磨きなどもここで完結。1階まで降りる必要はない

3F
1:150

クロゼット／主寝室／WIC／子供室／バルコニー／外部吹抜け

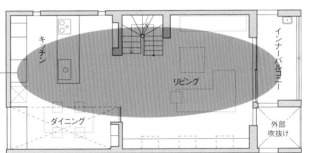

広がるLDK
LDKを1つのフロアにまとめ、階段を鉄骨のストリップ階段にすることで、広がりを演出。広がりは外のインナーバルコニーまで続いていく

2F
1:150

キッチン／インナーバルコニー／リビング／ダイニング／外部吹抜け

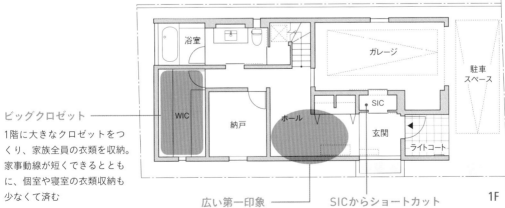

ビッグクロゼット
1階に大きなクロゼットをつくり、家族全員の衣類を収納。家事動線が短くできるとともに、個室や寝室の衣類収納も少なくて済む

浴室／ガレージ／駐車スペース／WIC／納戸／ホール／SIC／玄関／ライトコート

1F
1:150

敷地面積／102.64m²
延床面積／143.25m²
設計・施工／YAZAWA LUMBER
名称／三好の家

広い第一印象
玄関ホールを広めにつくることで、家に入ったときの第一印象で広く感じさせる

SICからショートカット
ガレージからシュークロークを抜けて玄関に行けるようにした。わずかな距離でもぐっと利便性が高まる

135

066

吹抜けや
引戸の仕切りで
フレキシブルに
つながる家

家事動線をシンプルに使いやすくし、普段は1階のみで生活ができる住まいである。木組みの構造美を生かしつつ、吹抜け中央に架かる梁には太鼓梁を採用。壁の珪藻土や無垢の床板などこだわりの自然素材を多く使用している。

必要諸室を配しながら、大屋根の勾配を生かした吹抜けや引戸の間仕切りで連続性をつくり出し、平面だけではなく立体的にも広がる、家族のコミュニケーションが向上する家に仕上がった。

与条件
家族構成：夫婦＋子供2人
敷地条件：敷地面積246.00m²
　　　　　建ぺい率70％　容積率200％
　　　　　駅に近い住宅地の角地。西と南で接道している。
建て主の主な要望
・1階だけで生活できるように
・収納は多く、家事動線は効率的に
・土間収納からも入れる玄関

✕　**1、2階が分断されつながりがない**

階段と玄関が近い
玄関からリビングを通らずにそれぞれの部屋に行く動線。家族と顔を合わせる回数が減ってしまう

どうやって使う？
引違い戸で開け放しにできない和室は、日常的に使われない「開かずの間」になってしまう可能性も

クロゼットと物干し場
物干し場が1階にあってクロゼットが2階にあると、たたんだ洗濯物を両手で抱きかかえて、足元が見えずに階段を上がるということになりかねない

1F
1:200

2F
1:200

暗くて狭い
土間納戸がスペースを圧迫。窓が取れないので、暗くじめっとした玄関になりそう

玄関から遠い
玄関からリビングを横断してキッチンに向かう動線。キッチンにもっていく荷物は重いしかさばる。この長い動線は正直つらい

罠だらけ？
忙しい時間に、急に開いた扉でケガをする恐れあり。内開きでは室内にものが置きにくくなる

将来的にはやっぱり
階段を上がるのがつらくなる時期は必ず来る。そのときに主寝室が2階だと厳しい

左：玄関土間。奥に続くのが土間納戸
右：リビングは吹抜けの大空間。2階の子供室とも気配がつながる

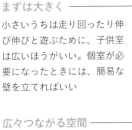

2階を必要最小限とし1階で生活を完結させる

まずは大きく
小さいうちは走り回ったり伸び伸びと遊ぶために、子供室は広いほうがいい。個室が必要になったときには、簡易な壁を立てればいい

広々つながる空間
吹抜けは1階に開放感を与えるだけでなく、1階と2階を自然とつなぎ、風通しも抜群にしてくれる。子供室にいても、いつも1階の家族の気配を感じていられる

子供室1　子供室2　小屋裏収納

吹抜け

大容量収納
屋根裏空間を利用した収納スペース。天井高さは低くなるが、収納としては充分な空間

2F
1:200

中心の階段
家の中央に回り階段を配置。忙しいときでも家族の顔が見える。家族円満の秘訣！

玄関からキッチンへ
玄関には、土間納戸兼食品庫を併設してあり、ここを通ればそのままキッチンへとつながる。玄関に置かれがちなものも土間納戸に収納しておけば、急な来客でもスッキリ玄関でお出迎え

土間納戸　キッチン　浴室
土間玄関　WIC
リビング・ダイニング　畳コーナー　主寝室
物干し場

楽々動線のWIC
洗濯機から物干し場へ、さらに取り込んだ洗濯物は畳コーナーでたたんで、そのままクロゼットにしまえる

1F
1:200

おもてなしの玄関
玄関は上がり口の間口を広く取り、おもてなしの空間に。土間に窓があるので明るく広い玄関となっている

敷地面積／246.00m²
延床面積／120.56m²
設計・施工／小林建設
名称／自然エネルギーを活かした"つながり"のある家

空間をつないで広々
ヨコの空間を引戸で、タテの空間を吹抜けでつなげて、実際の面積より広く感じさせる

安定の1階寝室
将来のことを考えると寝室は1階がいい。東南に配置することで心地いい陽射しが射し込む部屋となる

067

敷地と希望を読み解き快適さを追求した広い土間の家

　三角の敷地形状にあわせて建物を計画。隣地（公園）と高低差が2m以上あり、春には桜の木が望めるということで、リビングのソファから桜を楽しめるようにしている。

　夫の趣味は自転車。みずから整備するスペースを広い土間として確保し、シュークロークを中心に回遊動線をつくった。このことにより機能的な動線となるだけでなく、下足の土間が深く室内に入り込み、内外が曖昧につながる楽しい暮らしを生み出すことになった。

与条件
家族構成：夫婦＋子供1人
敷地条件：敷地面積304.48m²
　　　　　建ぺい率50％　容積率100％
　　　　　閑静な住宅街の三角形状の敷地。隣地が
　　　　　公園で桜の木が望める。
建て主の主な要望
・リビングは広く感じられるように
・隣地の桜を借景したい
・自転車整備の空間、畳の部屋ほか

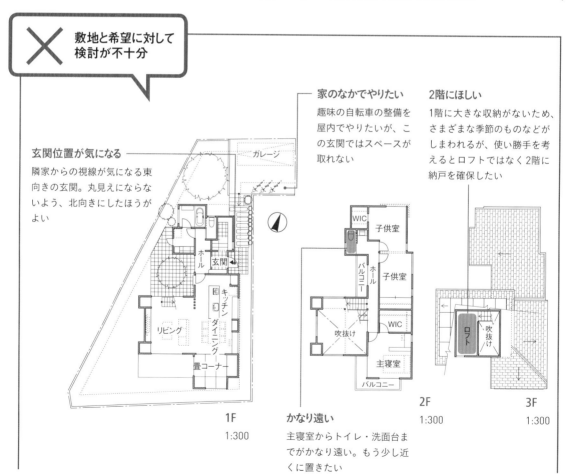

✕ 敷地と希望に対して検討が不十分

玄関位置が気になる
隣家からの視線が気になる東向きの玄関。丸見えにならないよう、北向きにしたほうがよい

家のなかでやりたい
趣味の自転車の整備を屋内でやりたいが、この玄関ではスペースが取れない

2階にほしい
1階に大きな収納がないため、さまざまな季節のものなどがしまわれるが、使い勝手を考えるとロフトではなく2階に納戸を確保したい

ガレージ

ホール
玄関
キッチン
リビング
ダイニング
畳コーナー

1F
1:300

WIC
子供室
子供室
バルコニー
ホール
WIC
吹抜け
主寝室
バルコニー

2F
1:300

ロフト
吹抜け

3F
1:300

かなり遠い
主寝室からトイレ・洗面台までがかなり遠い。もう少し近くに置きたい

敷地の形状を生かして暮らしに余裕を生み出す

上：吹抜けのあるLDK。正面、階段脇に見える扉で土間とつながる
右：土間のフリースペース。トップライトからの明るい光の下で、趣味の自転車を楽しむ

敷地条件

可変性

採光

人とのつながり

借景

動線

来客

プライバシー

収納

特殊部屋

多世帯

賃貸

屋内整備場
趣味である自転車の整備ができるように広い土間をつくった。トップライトから採光し、明るく心地よい場所で趣味に没頭できる

視線に配慮
東側隣家からの視線に配慮して玄関を北側に置いた。北側には公園もあるので、公園で遊ぶ子供に玄関先から声をかけることができる

2階に納戸
2階子供室を家具配置のとりやすい整形にし、ロフトをやめ同フロアに納戸を確保

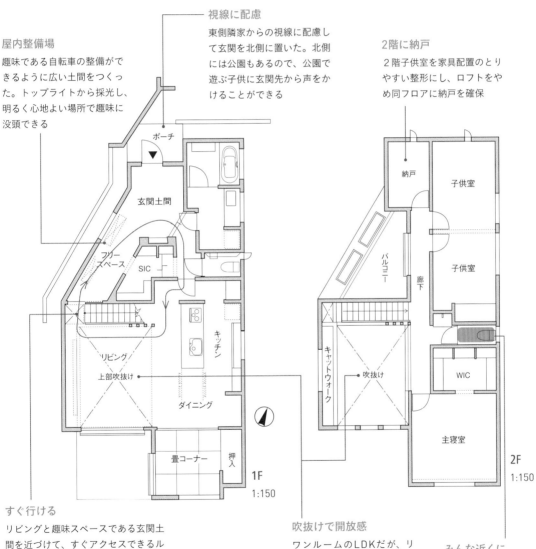

ポーチ

玄関土間

フリースペース

SIC

リビング

上部吹抜け

キッチン

ダイニング

畳コーナー

押入

1F
1:150

納戸

子供室

子供室

バルコニー

廊下

キャットウォーク

吹抜け

WIC

主寝室

2F
1:150

すぐ行ける
リビングと趣味スペースである玄関土間を近づけて、すぐアクセスできるルートを確保。シュークロークを中心に大小の回遊動線をつくっている

敷地面積／304.48m²
延床面積／136.19m²
設計・施工／YAZAWA LUMBER
名称／川崎の家

吹抜けで開放感
ワンルームのLDKだが、リビング上部を大きな吹抜けとすることで、開放感が生まれワンルームの単調さも解消される

みんな近くに
2階トイレは、主寝室と子供室のあいだに置き、どの部屋からも行きやすいようにした

068

水廻りを集め
家事効率を
高めた
デザイン住宅

高気密・高断熱を実現した快適な住まい。玄関から続くコンクリートとタイルやテラスのついた中庭が、デザイン的なアクセントになっている。

間取りは、1階にLDKと水廻り、2階に個室を集め、小屋裏には収納スペースとともに和室もつくっている。水廻りは、キッチンの裏側にトイレ、洗面室、脱衣室、浴室と一直線に並べ、家事を効率化。キッチンは、パブリックなLDとプライベートな水廻りの中間、まさに要の位置に置いた。

与条件
家族構成：夫婦＋子供1人
敷地条件：敷地面積316.33m²
　　　　　建ぺい率60％　容積率100％
　　　　　閑静な住宅街の整形地。

建て主の主な要望
・デッキやテラスで外とのつながりがほしい
・デザイン性も重要。アクセントに自然素材を
・日々の暮らしを快適にするため性能は重視

 動線が不自然で配慮が足りない

もう少し大きく
小屋裏の収納が意外に狭い。子供の成長に合わせて増える荷物もあるので、できるだけ大きくしておきたい

玄関が丸見えに
道路に大きく開いた玄関で、道を通る人から玄関内が丸見えになってしまう

行きにくい
トイレは、キッチン脇を通っていくことになり、来客は行くのを躊躇しそう。キッチンも丸見えになる

1F
1:300

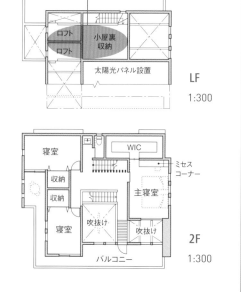

LF
1:300

2F
1:300

階ごとに機能を分け
効率よく暮らす

キッチンからダイニングとリビングを見る

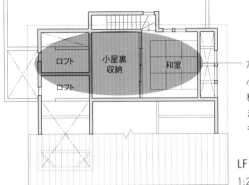

LF
1:200

たくさん入る

小屋裏空間は、収納と並んで和室も用意。親しい知人が泊まれる部屋にも、収納場所にもなる

LF 図内:ロフト／小屋裏収納／和室／ロフト

2F
1:200

2F 図内:寝室／収納／収納／寝室／WIC／主寝室／吹抜け／バルコニー

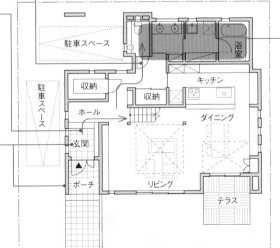

大きな吹抜けのリビングとその奥のダイニング

トイレへの動線

来客が気軽に使えるよう、トイレへは玄関ホールから直接行ける場所に。LDから丸見えにならない位置でもある

階段に直結

玄関を入ってすぐのところに階段を配置し、すぐ2階に向かえる動線に。家の中央にあるリビング階段なので、階段を昇る気配はすぐにわかる

ゆったりアプローチ

玄関の向きを変えて、道路と正対しない、ゆったりと迎えるアプローチに。ポーチを袖壁で隠し、玄関が外から丸見えにならないようにしている

効率よく

キッチンの裏にトイレ、洗面室、脱衣室、浴室の水廻りをまとめている。家事動線が短くなり、また給排水工事のコストも抑えられる

1F 図内:駐車スペース／浴室／駐車スペース／収納／キッチン／収納／ホール／ダイニング／玄関／リビング／ポーチ／テラス

敷地面積／316.33m^2
延床面積／146.59m^2
設計・施工／高砂建設
名称／屋上テラスのあるデザイン住宅

1F
1:200

敷地条件

可変性

採光

人との
つながり

借景

動線

来客

プライバシー

収納

特殊部屋

多世帯

賃貸

069

性能に配慮しつつ実現させた大空間の2階LDKの家

「ほかにはない理想のデザイン住宅を建てたい」という要望から始まった家づくり。玄関から見える、吹抜けで開放的になったデザイン階段は、家のシンボルになっている。

2階には、光を採り込める勾配天井に広いLDKを配置。小上がりの畳の下には大きな収納量を確保している。グリーン化事業・長期優良住宅・オール電化の仕様になっており、太陽光は屋根一体型を設置。デザインのよさだけではなく、性能面にもこだわった住宅に仕上がった。

与条件
家族構成：夫婦＋子供1人
敷地条件：敷地面積140.17m²
　　　　　建ぺい率60％　容積率100％
　　　　　閑静な住宅地の陽当たりのよい整形地。

建て主の主な要望
・明るく開放的なリビング
・洗濯物を楽に干したい
・玄関をいつもきれいに保てるように
・畳スペースがほしい

✕ 1階に機能を詰め込みすぎ

混雑しそう
階段の昇り口脇にトイレの出入り口があり、動線が交錯した窮屈なプラン

遠いキッチン
北側の隅のキッチンには、南側の玄関からLDKを横断して向かうことに。重い荷物をもって、家族がくつろぐ横を抜けていくのはつらいかも

1F
1:200

2F
1:200

広さが足りない
洗面室が必要最低限の広さしかない。このスペースで洗濯機を置くと十分な収納が取れない。また洗濯物を干す動線も考慮されていない

開放感が足りない
明るく開放的なリビングを希望だが、LDKを1階にしたことで十分な天井高が確保できず、開放感ももの足りない

水廻りを1階に置き室内物干し場もLDKも広々と確保

敷地条件

可変性

採光

人とのつながり

借景

動線

来客

プライバシー

収納

特殊部屋

多世帯

賃貸

左：室内干しができる1階の広い洗面脱衣所
右：2階LDK。南側の低い窓から入った風は、天井の勾配に沿って高い窓から抜けていく

くつろぎと収納と
ごろりと横になったり腰掛けたりと、みんながくつろげる畳の小上がり。畳の下は大きな収納スペースになっており、2階全体をスッキリさせておける

みんなで使える
小さなスタディスペースをLDにつくり、家族で使えるように。パソコンでの調べ物や子供の宿題など多様な使い方ができそう

生活感を出さない
もっとも生活感が出やすいキッチンを独立キッチンとしてLD脇に配置。コンパクトで使いやすいキッチンとしながら、生活感をLD空間に出さない配慮がなされている

吹抜けとセットで
上下階をつなぐ階段はそのままでも吹抜け空間だが、その吹抜けを少し大きくするだけでさらに開放感を増すことができる

通風を考慮した窓配置
窓はデザインだけでなく、パッシブ的な考えで配置。南側の窓をできるだけ下に配置し、勾配天井の高い部分の窓から風が排出されるようになっている

納戸

和室

キッチン

スタディスペース

吹抜け

リビング・ダイニング

バルコニー

2F 1:150

ちょっと手洗い
トイレの外に手洗い器を設置。帰宅時は1階で手洗いをするが、普段の生活のなかでもLDKに入る前にちょっと手洗いができる

充実の室内物干し
洗面脱衣所を大きくて横長状にプランニング。天気に関係なく室内干しができる。室内物干しは2セット用意してあるので、多くの洗濯物を干すことが可能

玄関の2Way
シュークロークから室内に入れる動線をつくり内玄関としている。家族は内玄関から出入りできるので、玄関はいつもすっきり。急な来客に慌てることもない

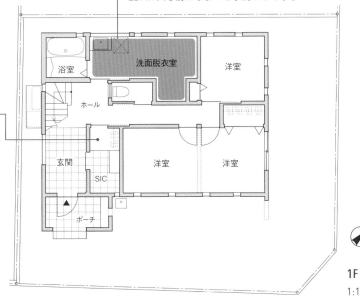

浴室

洗面脱衣室

洋室

ホール

玄関

SIC

洋室

洋室

ポーチ

1F 1:150

敷地面積／140.17m²
延床面積／114.89m²
設計・施工／三陽工務店
名称／重厚感とパッシブデザインが
　　　融合されたデザイナーズハウス

070

高低差を利用した
中2階は
気配が伝わる
スタディコーナー

道路との高低差を利用したガレージ上に中2階のスタディーコーナーを設け、LDKと緩やかなつながりを生み出した住まい。

建物形状は2階部分をコンパクトに切妻でまとめ、視線の抜けない方向にコの字の平屋を伸ばして、中庭デッキを設けた。コの字にすることで、玄関からLDKに至る距離が生まれ、実際以上の広がりを生み出す。また、コの字部分手前の前庭から大らかにアプローチすることで、敷地の緑や周囲の街並みも感じられる。

与条件
家族構成：夫婦＋子供2人＋犬
敷地条件：敷地面積158.68m²
　　　　　建ぺい率51.98％　容積率111.91％
　　　　　大磯の静かな住宅地。ほぼ整形で西側接道。外壁後退あり。
建て主の主な要望
・陽当たり、風通し、生活動線のよい間取り
・スタディコーナーになるスキップフロア
・リビングに続くウッドデッキ、など

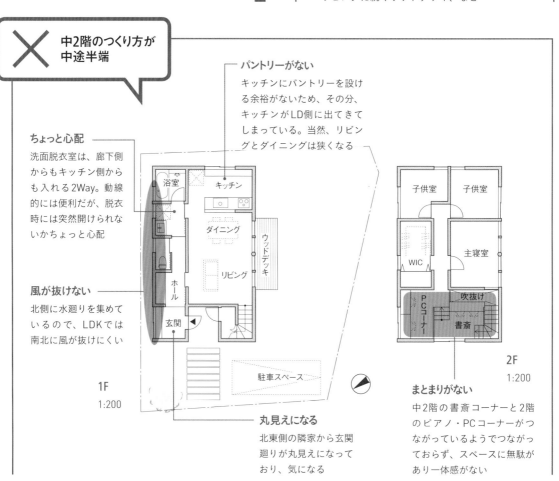

✕ 中2階のつくり方が中途半端

パントリーがない
キッチンにパントリーを設ける余裕がないため、その分、キッチンがLD側に出てきてしまっている。当然、リビングとダイニングは狭くなる

ちょっと心配
洗面脱衣室は、廊下側からもキッチン側からも入れる2Way。動線的には便利だが、脱衣時には突然開けられないかちょっと心配

風が抜けない
北側に水廻りを集めているので、LDKでは南北に風が抜けにくい

1F
1:200

浴室　キッチン　ダイニング　ウッドデッキ　リビング　ホール　玄関　駐車スペース

2F
1:200

子供室　子供室　WIC　主寝室　PCコーナー　吹抜け　書斎

まとまりがない
中2階の書斎コーナーと2階のピアノ・PCコーナーがつながっているようでつながっておらず、スペースに無駄があり一体感がない

丸見えになる
北東側の隣家から玄関廻りが丸見えになっており、気になる

コの字プランで長い動線をつくりその延長に中2階をつくる

キッチンから見る。奥に見える中2階のスタディコーナーでは、LDKの気配を感じながら勉強や作業をすることができる

敷地条件

可変性

採光

人とのつながり

接点

動線

来客

プライバシー

収納

特殊部屋

多世帯

防犯

WIC

主寝室

子供室

ロフト

吹抜け

2F
1:150

内玄関に収納
玄関には、シュークロークを設けて、そのまま室内に入れる内玄関を併設。内玄関からファミリークロゼットを抜けて室内に入るようになっている。ファミリークロゼットは洗面脱衣室からも近く、効率的

プライバシー確保
コの字型プランにすることで南側隣家から中庭のプライバシーを守っている

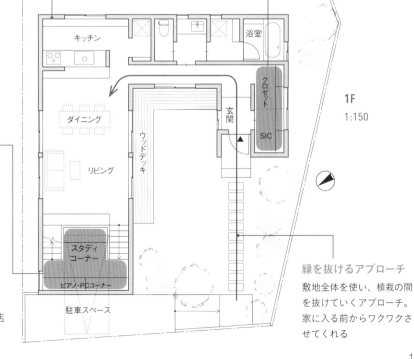

キッチン

浴室

ダイニング

ウッドデッキ

クロゼット

玄関

SIC

リビング

スタディコーナー

ピアノ・PCコーナー

駐車スペース

1F
1:150

気配が伝わる
ガレージ上を中2階のスタディコーナーにすることによってLDKとつながり、いつも家族の気配を感じられる。スタディコーナーを広く取っているので、ピアノ置き場やPCコーナーも兼ねている

敷地面積／158.68m²
延床面積／94.43m²
設計・施工／加賀妻工務店
名称／東小磯の家

緑を抜けるアプローチ
敷地全体を使い、植栽の間を抜けていくアプローチ。家に入る前からワクワクさせてくれる

145

071

効率のよい
家事動線と
豊かなLDKを
2階にまとめる

桜並木や子供たちが遊ぶ公園が点在する、緑豊かな立地条件。ただ南側隣家の敷地がこちらより高く、1階の陽当たりがよいとはいえなかった。

そこで家族が一番集まるリビングを2階に配置。キッチンと連続するダイニングテーブルを設け、コンパクトながらダイニングも確保している。さらにダイニング脇の出窓にベンチをしつらえて、リビングとは異なる関係性をつくり出した。キッチンを中心にした家事動線の効率化もポイントの1つとなっている。

与条件
家族構成：夫婦＋子供2人
敷地条件：敷地面積110.07m²
　　　　　建ぺい率60％　容積率200％
　　　　　閑静な住宅街の角地。桜並木や公園が点在する緑豊かな環境。
建て主の主な要望
・緑豊かな周辺環境をうまく生かしてほしい
・陽当たりのよい空間を
・家事動線は効率よく

× **敷地条件を考えない
ありきたりのプラン**

家事動線が長い
洗濯物を干すのに2階まで上がらなくてはいけない長い洗濯動線

丸見えになる
玄関ドアを開けると道路から内部が丸見えになってしまう

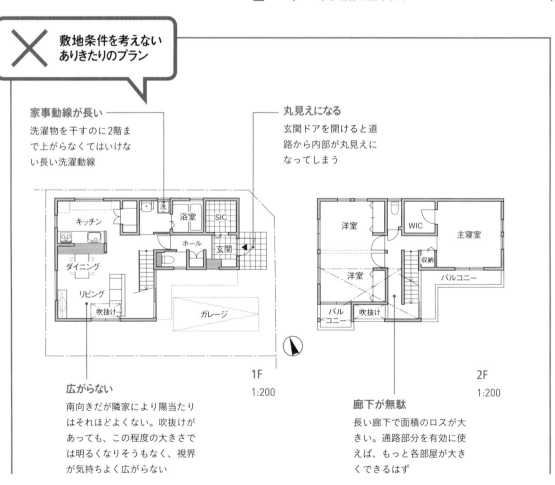

1F
1:200

2F
1:200

広がらない
南向きだが隣家により陽当たりはそれほどよくない。吹抜けがあっても、この程度の大きさでは明るくなりそうもなく、視界が気持ちよく広がらない

廊下が無駄
長い廊下で面積のロスが大きい。通路部分を有効に使えば、もっと各部屋が大きくできるはず

居心地のよい場所を
ちりばめて
楽しく暮らす

左：2階ダイニングと出窓前のベンチの関係
右：玄関と本棚。壁一面が本棚になっている。反対側は玄関収納

敷地条件

可変性

採光

人とのつながり

借景

動線

来客

プライバシー

収納

特殊部屋

多世帯

賃貸

キッチンで洗濯

家事動線を考え、洗濯機置き場をキッチン脇に。洗濯物が貯まる洗面室も、物干しとなるバルコニーも近いので、一連の洗濯の流れがスムーズになる。また、洗濯機を巡る回遊動線がつくられており、家事作業全般の効率もよくなる

出窓のベンチ

出窓部分にしつらえたベンチ。ダイニングテーブルとの距離間を大切にして、テーブルを囲むときともリビングとのつながりとも違う関係性をつくり出す

外を楽しむ

2階バルコニーは中庭形式にして、「外の部屋」のように使える。バルコニーからの陽射しは、ロフトに上がるスケルトンの階段を抜けてキッチンまで届くようになっている

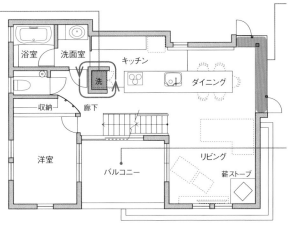

2F
1:150

浴室　洗面室　キッチン　ダイニング　洗　収納　廊下　洋室　バルコニー　リビング　薪ストーブ

見せる本棚

読書が趣味である主人の人となりが客人にもわかるように、玄関にも本棚を設けた。仕事室にも近いので、資料本の置き場所にもなる

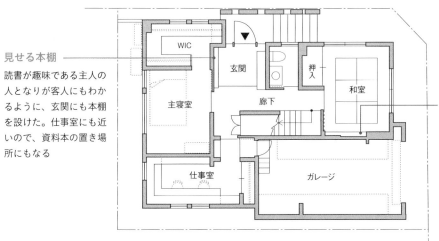

WIC　玄関　押入　和室　主寝室　廊下　仕事室　ガレージ

客間のしつらえ

1階和室は来客をもてなす場。書道が趣味の母からプレゼントされた掛け軸を飾れるように床の間を設けている

1F
1:150

敷地面積／110.07m^2
延床面積／129.22m^2
設計・施工／DAISHU
名称／緑豊かな環境に調和する家

147

072

落ち着いた庭と効率的な動線でシンプルかつ心地よい家

昭和50年前後に開発された古い分譲住宅地内にあるほぼ正方形に近い敷地。西側下りの前面道路に面している。建て主夫婦と工務店の代表者は、同じ大学の建築学科の出身、基本設計は建て主が主導した。建物はコンパクトにまとめ、道路に面していながらも落ち着きのある前庭とリビングを確保。シンプルな動線上の各所に造作家具を配して、十分な収納と心地よい居場所を設けた。細部をすっきりと納め、背伸びをしすぎることなく、暮らしやすい空間に仕上がった。

与条件
家族構成：夫婦＋子供2人
敷地条件：敷地面積168.39m²
　　　　　建ぺい率50％　容積率80％
　　　　　同規模の住宅・敷地が周囲にある閑静な
　　　　　住宅街のほぼ正方形に近い敷地。
建て主の主な要望
• 家族の気配が伝わる間取り、単純な家事動線
• 外部を取り込み、風や光を感じたい
• 造り付け家具、収納を多く、など

✕ 漠然と部屋を配置。動線の効率も悪い

分断された家事動線
キッチンから水廻りへの動線が階段で分断されている。また、トイレ、脱衣室の出入り口が玄関脇の廊下から丸見えになっている

境があいまい
デッキが駐車スペースまで張り出していて、庭と駐車スペースの境界があいまいになっている

コストアップに
玄関前の半屋外空間が大きく、コストアップにつながる

かたちがいびつ
2階の形状がいびつで、コストアップにつながる。また全体に収納量が少ない

ただ広いだけ
2階のホールはただ広いだけ。バルコニーも各室経由でしか出入りできないため不便

1F 1:200

2F 1:200

（図中の室名：キッチン、ダイニング、和室、リビング、洗面室、浴室、玄関、前庭、駐車スペース／子供室1、子供室2、主寝室、ホール、WIC、吹抜け、バルコニー）

板地条件

可変性

採光

人とのつながり

悟憲

動線

来客

プライバシー

収納

特殊部屋

多世帯

防犯

水廻りを一直線にして
前庭とリビングをつなぐ

撮影：中村大輔
（3点とも）

左：2階書斎コーナー
右：1階リビングと和室。高めの塀を巡らせたプライベートな庭と一体となる

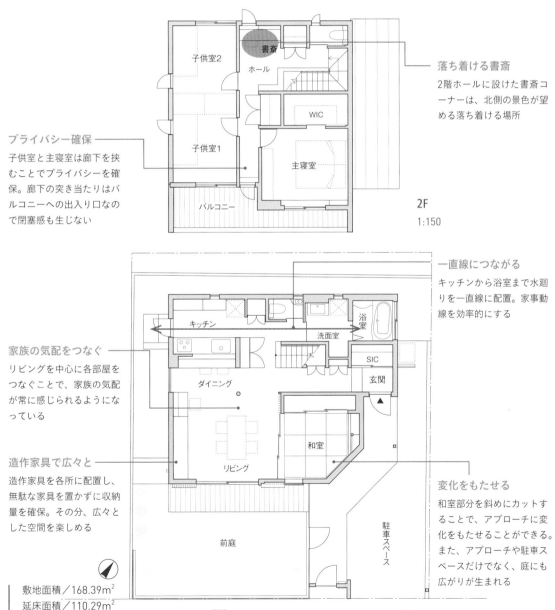

落ち着ける書斎
2階ホールに設けた書斎コーナーは、北側の景色が望める落ち着ける場所

プライバシー確保
子供室と主寝室は廊下を挟むことでプライバシーを確保。廊下の突き当たりはバルコニーへの出入り口なので閉塞感も生じない

2F
1:150

一直線につながる
キッチンから浴室まで水廻りを一直線に配置。家事動線を効率的にする

家族の気配をつなぐ
リビングを中心に各部屋をつなぐことで、家族の気配が常に感じられるようになっている

造作家具で広々と
造作家具を各所に配置し、無駄な家具を置かずに収納量を確保。その分、広々とした空間を楽しめる

変化をもたせる
和室部分を斜めにカットすることで、アプローチに変化をもたせることができる。また、アプローチや駐車スペースだけでなく、庭にも広がりが生まれる

敷地面積／168.39m²
延床面積／110.29m²
設計・施工／大市住宅産業
名称／川西の家

1F
1:150

073

目的が明確で使い勝手がよい、ぬくもりと開放感のある家

国産の木をふんだんに使用した、長期優良住宅先導的モデルの家。

間取りとしては、1階にLDKと水廻り、2階に個室というオーソドックスな構成だが、それぞれのスペースの使い方を具体的に想定し、無駄を排除。生活の効率化を図りつつ、無駄を省いた分だけ広々とした空間を実現させている。特に水廻りは1、2階ともに余裕のあるスペースを確保し、4人家族の暮らしに寄り添う。木のぬくもりと開放感にあふれた家になっている。

与条件
家族構成：夫婦＋子供2人
敷地条件：敷地面積184.00m^2
　　　　　建ぺい率50％　容積率100％
　　　　　閑静な住宅街のなかの分譲地。近くに商業施設の湖がある。
建て主の主な要望
・山小屋のような家
・細部に手作りのこだわりを
・自然素材を使ってほしい

 殺風景でバランス・使い勝手が悪い

無意味なスペース
食材などをストックするためのスペースだが、何を置くのか、どう使うのかが考えられていない。もっとコンパクトでも機能的にできるはず

バラバラな水廻り
脱衣スペースが狭いし洗濯機置き場もない。また浴室、トイレ、洗面台を離して配置するとコストがかかる

意味不明
1階と同様、どう使うのかが考えられていない。トイレの入り口も本当にここでよいのか？

1F
1:200

2F
1:200

広すぎる
家具などを置くとバランスがよくなる可能性もあるが、使い勝手を考えるともう少し間取りの工夫が必要

大きすぎる
広いことが悪いわけではないが、玄関に入ると広い土間からLDKが丸見え。土間で来客の対応をしても、ほかの家族はくつろげない

誰のための部屋？
どの部屋をどう使う想定なのか。子供室2つと主寝室だが、将来的なことも考えて具体的に使い方を想定する必要がある。各部屋に窓が確保されてはいるが、壁の仕切りが多いと風の通りが悪くなる

左：1階LDK。左端
が玄関スペース
右：建物正面外観

山小屋ように開放的で広い空間に

敷地条件

可変性

採光

人とのつながり

借景

動線

来客

プライバシー

収納

特殊部屋

多世帯

賃貸

ゆったりトイレ
全体的に広くした分、トイレと洗面台を別々に置くことが可能となり、窮屈な場所ではなくなった

それぞれの部屋
建物の幅を大きくすることで、子供室2つとフリースペース、さらに広い主寝室が確保できた

季節によって
衣類をすべてここに収納することで、衣替えも楽にできる

手軽に布団干し
日当たりがいい場所にバルコニーをつくって、洗濯物を干す場所に。子供室の窓には、布団を干せる場所を設けている

納戸
上部ロフト3 ／ 押入 ／ 上部ロフト2 ／ フリースペース
廊下
寝室 ／ 子供室1 ／ 上部ロフト1 ／ 子供室2
バルコニー

2F
1:150

会話も増える
カウンターキッチンにすることによって、家族の会話が増える。作業中も家族のほうを向いていられるし、子供たちも自然に手伝うようになる

広い水廻り
浴室・洗面室・トイレを1か所に集めれば、湿気も窓から抜けやすくスッキリ。コストも抑えられる

付かず離れず
誰でも使えるスタディコーナー。LDKとつながっているが、階段により少し隠れるような位置なので、家族の気配を感じながらも集中して作業ができる

浴室 ／ スタディコーナー
キッチン ／ リビング・ダイニング ／ 和室
ウッドデッキ ／ 玄関土間 ／ 収納

1F
1:150

明るい玄関
玄関土間に窓を設けているので、明るく風通しのいい場所になる。収納も広めにつくってすっきりと

和室の床下収納
小上がりの和室は、LDKとは少し違うくつろぎの場所に。客間にもできるし、畳の下の大きな収納スペースも魅力

敷地面積／184.00m²
延床面積／105.75m²
設計・施工／千葉工務店
名称／山小屋の家

151

074

温熱環境に配慮し家中暖かい自然派住宅

建て主は、ゼネコンで設備の仕事をしており、温熱環境にこだわりがあった。気密断熱工事に力を入れ、床下エアコンを採用している。

空間の中心に配置された鉄骨階段が印象的で、2階のすのこ状の廊下がアクセントになっている。畳リビングはスクリーンで仕切ることも可能で、状況に応じた使い方ができる。内装材には和紙を貼り、柔らかな雰囲気を出している。

与条件
家族構成：夫婦＋子供2人
敷地条件：敷地面積144.92m²
　　　　　建ぺい率50％　容積率80％
　　　　　閑静な住宅街のなかの整形地。敷地内に約60cmほどの高低差あり。

建て主の主な要望
• 温熱環境をよく
• 自然素材を使いたい
• 家族で使えるスタディコーナー
• たっぷり入る玄関収納
• リビングから使えるウッドデッキ

× 上下階のつながりがなくプランもつまらない

収納不足
玄関収納や水廻りに面積を取られてキッチン廻りの収納が足りない。パントリーもほしい

LDKが狭い
水廻りを無理やり1階に置いたためLDKの十分な広さが確保されていない。水廻りは2階に配置したいところ

主寝室にも光を
南側を子供室に取られて、北側に置かれた主寝室。せめてバルコニーに出られるようにできないか

おもしろくない
大きく4分割したうちの1つをファミリークロゼットにするアイデアはよいが、間取りとしてありきたりで工夫が足りない。もっと間取りで楽しみたい

フレキシブルに
子供が小さいうちはオープンに使いたい。個室として固定してしまうと、将来、子供が独立した後、陽当たりのよい物置になりかねない

1F 1:200
2F 1:200

駐車スペース
玄関
SIC
浴室
キッチン
リビング・ダイニング
ウッドデッキ

主寝室
WIC
子供室
子供室
バルコニー

すのこ廊下で家の中央を大きな吹抜けに

左：畳リビング。右の扉がウォークスルーのクロゼットの入り口となっている
右：階段越しのキッチンとダイニング。2階廊下がすのこ状になっているのがわかる

すのこの廊下

通路をすのこ状にすることで、上下階の採光・通気性を確保。床下エアコンで家全体が一定の温熱環境となる。すのこ廊下は1階天井のアクセントにもなる

フレキシブルに

子供室は大きく確保しておいて、家具で仕切る。将来、子供たちが大きくなって個室が必要になっても対応可能

2F
1:150

子供室1

子供室2

浴室

WIC2

主寝室

バルコニー

ウォークスルー

通り抜けできるクロゼットには布団もしまえる。両親が泊まりに来たときには、ここから布団を出して畳の客間をすぐにセッティング。客間からは、LDKを通らずにトイレにも行ける

客間にもなるリビング

畳リビングは、境目にロールスクリーンが隠してあり、これを降ろすとすぐに個室となって、客間として使える

一体化する玄関

東西に長い通り土間的な玄関は、引戸を開ければLDKと一体になる。引戸は壁にしまえるので開放感たっぷり。土間には、シュークロークと収納のほかベンチも設置し、さまざまな楽しみ方ができる

家族みんなで

要望のスタディコーナーをダイニングの横に配置。竣工時、子供たちはまだ小さかったが、学校の宿題など徐々に活躍する機会は増えそう

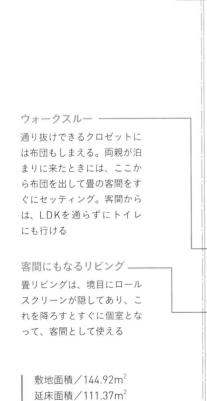

駐車スペース

ポーチ

SIC

玄関土間

収納

パントリー

キッチン

ホール

WIC1

畳リビング

ダイニング

スタディコーナー

ウッドデッキ

1F
1:150

敷地面積／144.92m^2
延床面積／111.37m^2
設計・施工／桃山建設
名称／梅が丘の家

可変性
採光
人とのつながり
採景
動線
来客
プライバシー
収納
特殊部屋
多世帯
節約

075
将来の可変性を考えてできる限りシンプルにつくる

公園や緑道など緑豊かな環境のなかで、若い家族とともに成長していけるような住宅として計画している。

敷地に残した広い余白はゆっくりと庭づくりを楽しむために、シンプルな間取りはこれから子供の成長に合わせて可変していけるように。今必要なことは何かを考えて、それを担うしつらえを取捨してつくられている。

与条件
家族構成：夫婦＋子供1人
敷地条件：敷地面積192.14m²
　　　　　建ぺい率40%　容積率80%
　　　　　緑豊かな住宅街にある矩形の敷地。南側に桜の木のある公園。陽当たり、風通しともに良好。
建て主の主な要望
• カスタマイズできる家
• 広いワークスペースがほしい
• 公園の桜を眺められるように

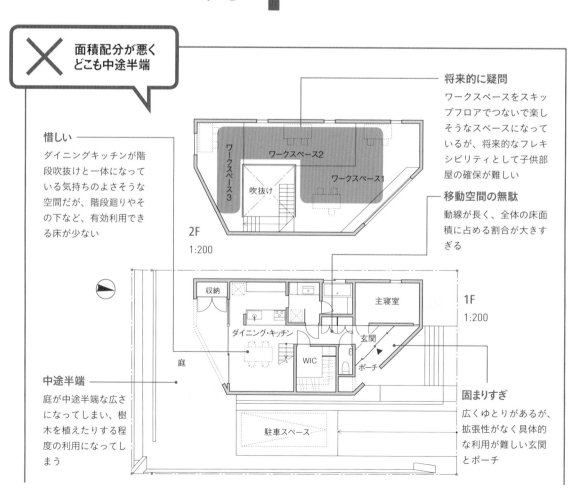

✕ 面積配分が悪くどこも中途半端

将来的に疑問
ワークスペースをスキップフロアでつないで楽しそうなスペースになっているが、将来的なフレキシビリティとして子供部屋の確保が難しい

惜しい
ダイニングキッチンが階段吹抜けと一体になっている気持ちのよさそうな空間だが、階段廻りやその下など、有効利用できる床が少ない

移動空間の無駄
動線が長く、全体の床面積に占める割合が大きすぎる

中途半端
庭が中途半端な広さになってしまい、樹木を植えたりする程度の利用になってしまう

固まりすぎ
広くゆとりがあるが、拡張性がなく具体的な利用が難しい玄関とポーチ

2F 1:200

ワークスペース2
ワークスペース3
ワークスペース1
吹抜け

1F 1:200

収納
ダイニング・キッチン
庭
WIC
主寝室
玄関
ポーチ
駐車スペース

シンプルに構成して
さまざまな余白を残す

敷地条件

可変性

採光

人との
つながり

借景

動線

来客

プライバシー

収納

特殊部屋

多世帯

賃貸

撮影：富野博則
（3点とも）

左：2階ワークスペースからの階段見下ろし
右：2階ワークスペースからLDKを見る。中央に見える白い
箱が階段の手すり壁。2階中央付近にあって、LDKとワーク
スペースを感覚的に仕切る役割も果たしている

高い自由度
大きなワンルームとすることで自由度の高い家族の場所として機能する

レベル差で分ける
LDKよりも少し床を高くして、段差を付けるだけでワンルームのなかでも違う場所として意識される

2F
1:150

多目的に使える
余白として南側（公園側）に庭を確保しておくことで、来客用の駐車スペースや子供の遊び場として利用することができる

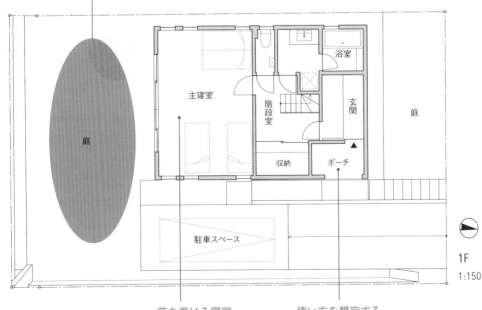

1F
1:150

落ち着ける寝室
1階をプライベートゾーンと割り切って、独立した配置とした落ち着いた主寝室としている

使い方を想定する
ゆとりのある計画とすることで、宅配ボックスの設置や大きなシューズボックスの設置ができる

敷地面積／192.14m²
延床面積／100.46m²
設計／篠崎弘之建築設計事務所
名称／HOUSE O

155

076

密集地で
現在の暮らしも
将来の夢も
充実させた家

天然石をふんだんに用いた、モダンながらも重厚な佇まい。外から内部をうかがい知ることができず、将来、保育所を開設するときにも安心である。留学生を預かったり子供が増えたりしても、対応可能だ。

内部は大きな吹抜けを中心に、家全体が1つの空間に。リビングは、外からの視線を高い壁でさえぎった中庭に面し、窓を開け放しにできる。また、2階バルコニーに洗濯物を干しても、外からも内からも見えず、雰囲気を損ねない。

与条件
家族構成：夫婦＋子供3人＋金魚、ハムスター他
敷地条件：敷地面積191.00m^2
　　　　　建ぺい率60％　容積率300％
　　　　　賃貸住宅が多く建つ住宅密集地の整形角地。前面道路の交通量は少ない。

建て主の主な要望
• 大きな空間に家族が一体で過ごせるように
• 将来、保育所をやりたい
• みんなで楽しむLDKと1人になれる書斎

 ✕ **将来対応が過ぎて現在の暮らしが窮屈**

意味がない
将来保育所をやりたいというのが建て主の希望だが、専用の事務室は必要なく、普段は無駄な空間となってしまう

洗濯機がうるさい
寝室の隣にあり、洗濯機の音が安眠を妨害するかも。夜中に風呂に入るのにも気を遣う

小さすぎる
家族みんなで料理を楽しみたいのに1人か2人しか立てないキッチン

玄関直行の子供室
玄関から直接入る子供室。親子の会話もなくなり、出かけるのにも気づかない

1F
1:250

玄関から遠い
買い物から帰って、キッチンまで重い荷物をもって階段を上がらなければならない。家に帰ったらすぐに荷物を置きたい

2F
1:250

少なすぎる
この収納量では足りない。夫婦それぞれの服をすぐに探せない

狭くないか？
ベッド脇にサイドテーブルなどを置くスペースが取れそうもない。小さめのベッドしか置けない

156

道路側外観。高い壁に囲まれて内部をうかがうことはできない

◎

将来を見据えつつ
いまの暮らしを
中心に考える

回れるクロゼット
両側に出入り口があり、ウォークスルーできるクロゼット。家事コーナーもこのなかにあり、アイロンがけなどができる

つながる吹抜け
LDKの開放感を高めるのはもちろん、2階にいる子供たちの気配を感じることができて安心

落ち着いた書斎
子供室と吹抜けを挟んでおり、寝室とも扉2枚を挟んでいるので落ち着いた空間に。夜中でも遠慮がいらない

みんなで勉強
並んで作業できるスタディコーナー。個室は寝るときと1人になりたいとき使うだけで、姉妹のコミュニケーションも増える

広いバルコニー
高い壁で守られたバルコニー。洗濯物を外から見られる心配がなく、子供たちの遊び空間としても十分な広さとなっている

吹抜け
スタディコーナー
子供室1
子供室2
吹抜け
子供室3
吹抜け
子供室4
書斎
WIC・家事コーナー
主寝室
バルコニー
2F
1:150

すっきり収納
LDKの隅にあるとは思えないほどの収納力をもつ納戸。急な来客時など、散らかっているものもすぐに隠せてリビングをすっきり見せることができる

広い洗面室
洗濯機や脱衣スペースを切り離した洗面室は、すっきりとおしゃれに。女性4人でもゆったり使える

リビング経由
玄関からLDK経由で2階に向かう動線としている。子供が学校などから帰ったとき、誰にも会わずに部屋に出入りすることがない

上部吹抜け
浴室
納戸
LDK
上部吹抜け
ホール
中庭
保育室兼客間
SIC
玄関
玄関
駐車スペース
1F
1:150

敷地面積／191.00m²
延床面積／186.32m²
設計・施工／KAJA DESIGN
名称／空を切り取る家

守られた中庭
道路側に高い壁を立ててあり、外からの視線とは無縁。将来、保育所を開いたときにも子供たちを安心して遊ばせることができる

回れるキッチン
大家族でも一緒に料理を楽しめるアイランドキッチン。デザイン的にも高級感があり、LDにあっても違和感がない

敷地条件
可変性
採光
人とのつながり
住宅
動線
来客
プライバシー
収納
特殊部屋
多世帯

将来的にピアノ教室を開きたいとの希望で防音室を備えた住宅。教室としての機能も果たせるよう、トイレ・手洗いの配置にも配慮がなされている。玄関からすぐのホール部分を広めに設けることで居住部分、客間、教室とを動線分けできる。またLDKでは、リビングとキッチンのあいだに小さな壁をあえて立てて、キッチンが丸見えにならないようにしている。このちょっとした工夫によって、リビングはDKから気分として切り離され、ぐっとくつろげる空間となる。

将来のピアノ教室にも対応する動線に配慮した間取り

与条件
家族構成：夫婦
敷地条件：敷地面積211.08m²
　　　　　建ぺい率60%　容積率200%
　　　　　大通りから少し入った住宅街にある長方形の敷地。北と西の2方向で接道する。
建て主の主な要望
・ピアノ教室が開ける防音室
・ウッドデッキをつくって開放的に
・小さくてもよいので書斎を

✕ 条件を満たすだけで実際の暮らしが見えない

使いにくそう
LDKのオマケのように置かれた和室。窓が北側にしかなく閉鎖的で、活用されない部屋になりそう

奥の奥の・・・
廊下の奥の、主寝室のそのまた奥にある書斎。隅に追いやられている感じ

あまり入らない
せっかくの大きなクロゼットなのに、形が悪く収納力があまりない

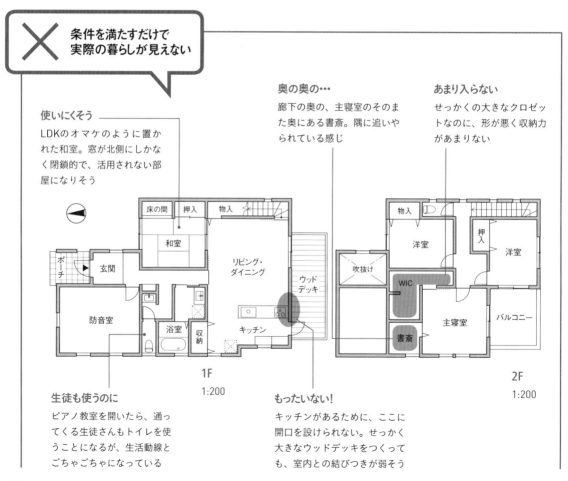

1F
1:200

2F
1:200

生徒も使うのに
ピアノ教室を開いたら、通ってくる生徒さんもトイレを使うことになるが、生活動線とごちゃごちゃになっている

もったいない！
キッチンがあるために、ここに開口を設けられない。せっかく大きなウッドデッキをつくっても、室内との結びつきが弱そう

使い方を想定し
気持ちよく使える
工夫を仕込む

1階LDK。キッチンとリビングの間に小さな壁を立てることで、一つながりでありながら空間が分節され、それぞれに落ち着きが生まれる

撮影：久保倉千明（2点とも）

敷地条件

可変性

採光

人との
つながり

借景

動線

来客

プライバシー

収納

特殊部屋

多世帯

賃貸

2F
1:150

収納力抜群！
クロゼットもたっぷり取っているが、さらにその奥に小屋裏収納を設けている。季節によって出し入れするものなどが保管できる

孤立しすぎない
2階の中央にあり、ほかの部屋に近く、気持ちの上でも孤立しすぎない

広々バルコニー
広々としたバルコニーは主寝室と洋室の両部屋から出入りができる、活用しやすい場所。洗濯物を干すのにも十分な広さを確保している

洋室　物入　吹抜け　書斎　洋室　WIC　小屋裏収納　主寝室　バルコニー

教室としての動線
将来、ピアノ教室を開きたいという要望を受けて玄関脇に防音室をつくっている。トイレも含めて、生徒さんの動線を簡潔にして生活動線と錯綜しないように配慮

客間としての動線
リビングと一体的に使える和室は客間としても使える部屋。プライベートゾーンを通らずに案内できる動線を確保

通風に配慮
隣家が迫るなかで大きな窓を設けるのは難しいが、風通しも考慮してスリット状の窓を設置。部屋全体に風を流せる

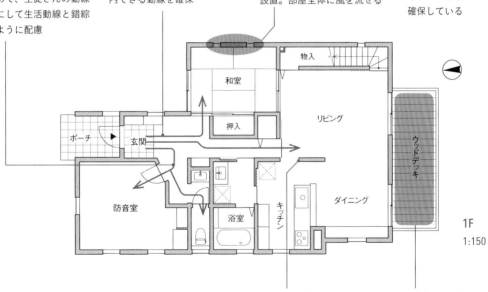

物入　和室　押入　リビング　ポーチ　玄関　ウッドデッキ　防音室　浴室　キッチン　ダイニング

1F
1:150

敷地面積／211.08m²
延床面積／144.50m²
設計・施工／HAGIホーム・プロデュース
名称／敷地を生かしてゾーニングされた家

ちょっとした工夫
あえて壁を立てることで、来客中や家族のリラックスタイムをさえぎることなく、キッチンに立てる。空間としてはつながっているので、気配を感じながらそれぞれの場で過ごすことができる

一体感をつくる
広々としたウッドデッキでLDKの開放感を演出。デッキに出る掃き出し窓の手前は、2階に上がる動線上にも当たり、移動の際に見える景色に変化を与える

隣接する
子供たちの家とも
ほどよい距離の
父の家

同一敷地に3軒の住宅が計画され、ここは父1人のためのコンパクトな住まい。北西側の娘の住まいに向けて開かれる木製サッシとL型に配置されている縁側、1mを超える軒先が特徴となる。

寝室から水廻りへの動線は、車いすなどにも対応している。生まれ故郷の桐の床材、仕事で関わりをもっていたミャンマーのチーク材など仕上げにもこだわった。基礎蓄熱式暖房を取り入れて、温度差のない快適な家となった。

与条件
家族構成：1人
敷地条件：敷地面積154.20m²
　　　　　建ぺい率40％　容積率60％
　　　　　閑静な住宅街のなかの180坪。敷地内に
　　　　　3.9mの高低差があり、ここに3軒の家族
　　　　　の住まいを建てる計画。
建て主の主な要望
• 車5台分の駐車場（子供たち家族分を含む）
• 素材にはこだわりたい
• 温度差のない快適な室内

✕ 子供の家との関係が
整理できていない

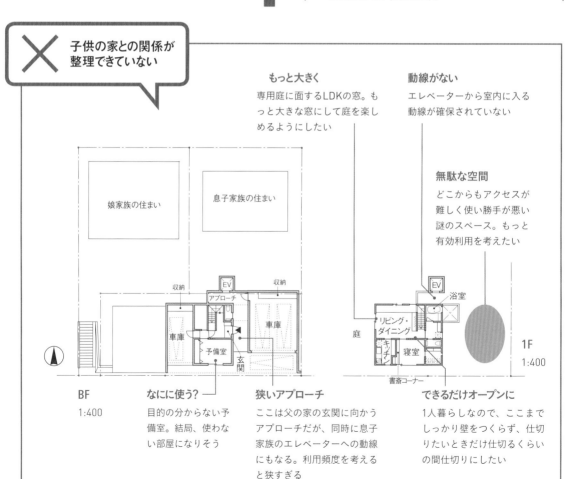

もっと大きく
専用庭に面するLDKの窓。もっと大きな窓にして庭を楽しめるようにしたい

動線がない
エレベーターから室内に入る動線が確保されていない

無駄な空間
どこからもアクセスが難しく使い勝手が悪い謎のスペース。もっと有効利用を考えたい

娘家族の住まい　　息子家族の住まい

収納　　EV　　収納
アプローチ
車庫　　　車庫
予備室　　玄関

庭　　リビング・ダイニング　　浴室
キッチ　　寝室
書斎コーナー

1F
1:400

BF
1:400

なにに使う?
目的の分からない予備室。結局、使わない部屋になりそう

狭いアプローチ
ここは父の家の玄関に向かうアプローチだが、同時に息子家族のエレベーターへの動線にもなる。利用頻度を考えると狭すぎる

できるだけオープンに
1人暮らしなので、ここまでしっかり壁をつくらず、仕切りたいときだけ仕切るくらいの間仕切りにしたい

高低差解消も
将来対応も
子供の家との
関係も

左：息子の家側から見る。左に見えるのは息子の家のデッキ。息子の家とは渡り廊下でつながっている
右：リビング・ダイニング。左に見える建具を開放すれば寝室と一体になる

L形に開く
専用庭と娘家族の家側に向けてL字に濡れ縁を回し、開口部を配置している。大開口の木製窓は引込み式で、壁に引き込めば庭と濡れ縁・室内が一体化する。また濡れ縁には1.2mの庇がかかっており、静かな佇まいを演出するとともに雨と陽射しを調整する

車いすにも対応
エレベーターホールは、息子家族の家とつながる屋根付きの渡り廊下の手前にある。万が一、車いす生活になっても行き来できるよう、大きな引戸で仕切っている

地窓で採光
南が道路に面するので、道路からの視線を考慮して地窓とし、適度な光だけを採り入れるようにしている

寝室もオープン可能
寝室とリビングの仕切りを建具として、日常的には開放してワンルーム的に使用。来客時など隠したいときだけ仕切ることができる

日常は一体的に
トイレにはホール側と洗面室側、双方から入ることができるが、1人暮らしの日常では洗面室側の引戸をオープンにして一体的に使う。建具を外せば車いすにも対応できる

1F
1:200

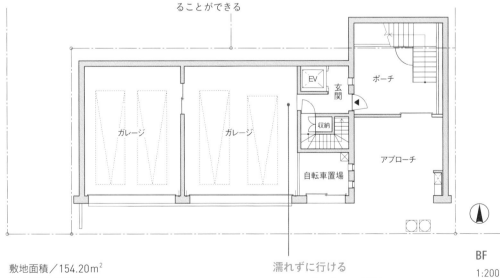

BF
1:200

敷地面積／154.20m²
延床面積／72.90m²
設計・施工／桃山建設
名称／つつじが丘の家

濡れずに行ける
ガレージ内を抜けて玄関まで行けるので、雨の日もそのまま室内に向かえる

079

車いす対応に配慮しつつ使いやすさと快適さを追求

奥さまは足が不自由で、将来的には車いすの暮らしも想定されるという条件。

奥さまはもちろん、一緒に暮らすほかの家族にとっても、快適で暮らしやすくお互いにストレスのない住宅を目指している。車いすの回転半径を考慮しながら、限られた広さのなかで、いかに快適に暮らせるようにするかが課題となった。キッチンをダイニング兼用にしたり、トイレを2つ用意するなどの配慮で、誰もが楽しく過ごせる家となっている。

与条件
家族構成：夫婦＋子供1人＋ネコ
敷地条件：敷地面積242.54m²
　　　　　建ぺい率60％ 容積率80％
　　　　　郊外の、公園や運動広場もある住宅団地内の敷地。
建て主の主な要望
・車いすで生活可能な平屋もしくは中2階の家
・猫も遊べるおしゃれな空間
・先を見据えたバリアフリーの提案を

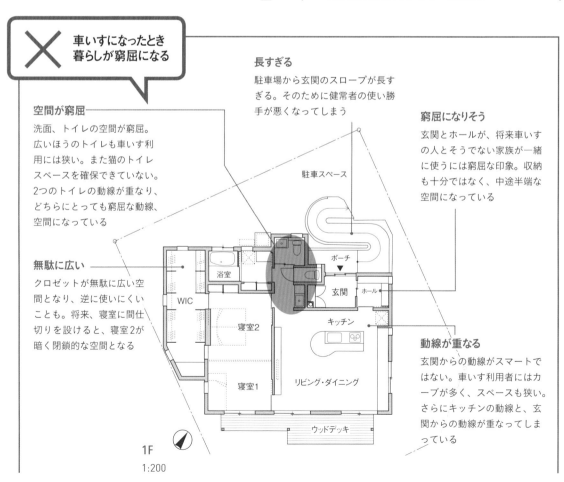

✕ 車いすになったとき暮らしが窮屈になる

空間が窮屈
洗面、トイレの空間が窮屈。広いほうのトイレも車いす利用には狭い。また猫のトイレスペースを確保できていない。2つのトイレの動線が重なり、どちらにとっても窮屈な動線、空間になっている

無駄に広い
クロゼットが無駄に広い空間となり、逆に使いにくいことも。将来、寝室間仕切りを設けると、寝室2が暗く閉鎖的な空間となる

長すぎる
駐車場から玄関のスロープが長すぎる。そのために健常者の使い勝手が悪くなってしまう

窮屈になりそう
玄関とホールが、将来車いすの人とそうでない家族が一緒に使うには窮屈な印象。収納も十分ではなく、中途半端な空間になっている

動線が重なる
玄関からの動線がスマートではない。車いす利用者にはカーブが多く、スペースも狭い。さらにキッチンの動線と、玄関からの動線が重なってしまっている

駐車スペース
ポーチ
玄関
ホール
浴室
WIC
寝室2
キッチン
寝室1
リビング・ダイニング
ウッドデッキ

1F
1:200

車いすだけでなく
家族も気持ちよく
使える工夫を

左：広い洗面所。左の扉が広い
トイレ。奥が小さなトイレ
右：LDKのダイニングテーブ
ルを兼ねたキッチン

撮影：岡村靖子（3点とも）

敷地条件

可変性

採光

人との
つながり

借景

動線

来客

プライバシー

収納

特殊部屋

多世帯

賃貸

随所に手すりを

建て主家族の持ち物に合わせて収納の広さを決めている。また、随所に手すりを設けた収納で、安心して使用できる

ベンチを設ける

脱衣室と洗面所を分け、脱衣室にはベンチを設置して、脱衣の負担を軽減する。洗面ドレッサーは広くつくったので、家族が一緒に利用可能に

並んだトイレ

車いすでも使えるトイレとは別に、ほかの家族が使えるトイレを並べて設置。みんながストレスなく使用できるようにした。多目的トイレをゆったりつくったため、愛猫のトイレも設置可能に

最短で濡れずに

家の軒の出を工夫することで、カーポートから玄関まで濡れずに移動可能。スロープも必要最小限としている

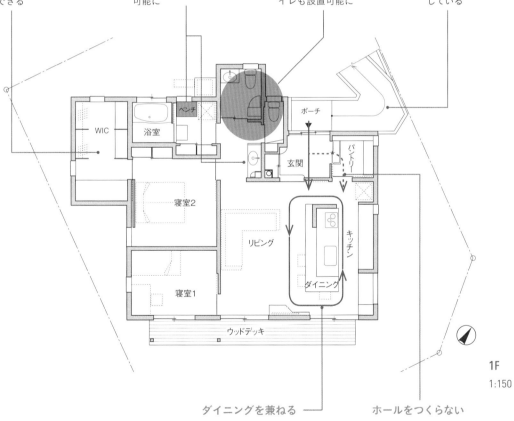

WIC
浴室
ベンチ
ポーチ
玄関
パントリー
寝室2
リビング
キッチン
ダイニング
寝室1
ウッドデッキ

1F
1:150

敷地面積／242.54m²
延床面積／93.24m²
設計・施工／阿部建設
名称／将来も見据え、平屋造りで安心と
　　　心地よさをカタチにした、センス
　　　が光るバリアフリー住宅

ダイニングを兼ねる

キッチンを東面の壁に平行に配置して、ダイニングテーブル兼ねたオープンキッチンに。キッチン収納とリビングスペースを確保している。キッチンをアイランド型にすることで、無駄な移動がない回遊動線をつくっている

ホールをつくらない

玄関は、ホールスペースをあえてつくらず、広い土間空間を確保。将来、車いす用のサブ玄関としても利用可能なパントリースペースを設けた。車いす利用者と、ほかの家族の玄関からの動線も分けることができる

080

目隠しの壁を利用してアウトドアシアターを楽しむ

南道路に面しながら南庭を上手に使う手法として、屋外シアターのスクリーンを立てたユニークな住まい。

スキップフロアの立体構成と、2階を閉塞的にしない吹抜けや外の間の配置などにより、南北という部屋の優劣を感じさせない豊かな光環境を生み出している。空を見ながら昇る階段やキッチンを明るく照らすハイサイドライトの配置は、入念な敷地調査から導き出された。

与条件

家族構成：夫婦＋子供1人
敷地条件：敷地面積162.88m²
　　　　　建ぺい率50％　容積率100％
　　　　　閑静な住宅地。前面道路の通過交通、歩行者は比較的多い。

建て主の主な要望

• キッチンでの家事が楽しくなる広がり感
• 夫婦共通の趣味の映画が楽しめるアイデア
• 落ち着ける小さな空間、拠り所のある場所
• モザイクタイルを生かしたインテリア

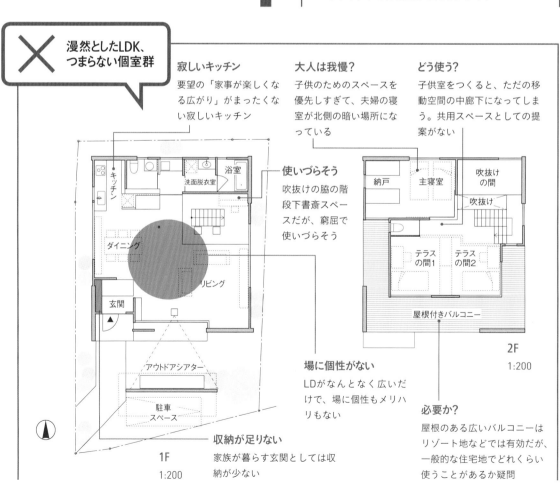

✕ 漫然としたLDK、つまらない個室群

寂しいキッチン
要望の「家事が楽しくなる広がり」がまったくない寂しいキッチン

大人は我慢？
子供のためのスペースを優先しすぎて、夫婦の寝室が北側の暗い場所になっている

どう使う？
子供室をつくると、ただの移動空間の中廊下になってしまう。共用スペースとしての提案がない

使いづらそう
吹抜けの脇の階段下書斎スペースだが、窮屈で使いづらそう

場に個性がない
LDがなんとなく広いだけで、場に個性もメリハリもない

収納が足りない
家族が暮らす玄関としては収納が少ない

必要か？
屋根のある広いバルコニーはリゾート地などでは有効だが、一般的な住宅地でどれくらい使うことがあるか疑問

キッチン
洗面脱衣室
浴室
ダイニング
リビング
玄関
アウトドアシアター
駐車スペース

1F
1:200

納戸
主寝室
吹抜けの間
吹抜け
テラスの間1
テラスの間2
屋根付きバルコニー

2F
1:200

吹抜けを有効に使い
全体を快適な居場所に

外の間で分ける
屋外空間を差し込むことで、さり
げなく間をとって部屋と部屋のあ
いだに適度な距離感をつくりだす

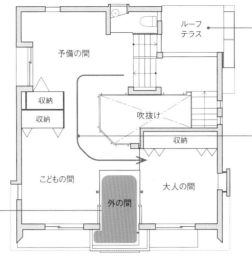

2F
1:150

M2F
1:150

上：吹抜けとファミリーコー
ナー
下：中間階の蔵の間前。2階
に上がる階段の途中にあり、
さまざまなものを収納する

北からの光
敷地調査で空に抜ける場所を
探し出し、ルーフテラスを用
意。ハイサイドライトから北
側の光が入り、空を見ながら
階段の昇り降りができる

吹抜けを回って
大人の間には、家の中央の吹
抜けを回るようにしてアクセ
ス。吹抜け上部にはトップラ
イトがあり、家の奥まで明る
い環境をつくりだす

大きな収納
中間階を使った大きな収納ス
ペース。天井高さはないが、
ものを置いておくスペースと
して便利。広がりのなかの落
ち着きは極端に低い場所から
生まれることもある

見渡せるキッチン
北側にあるが、吹抜けのトッ
プライトで明るく、南の庭の
風景、生活風景全体が見渡せ
る家事が楽しくなるキッチン。
水廻りも近く、家事動線もラ
クラク

趣味を楽しむ
駐車スペースと建物側を仕切
る壁を立てて、道路からの視
線を避けるとともに、裏側を
アウトドアシアターとして利
用。夫婦共通の趣味をリビン
グから楽しむ

敷地面積／162.88m²
延床面積／132.31m²
設計／長谷川建築デザインオフィス
名称／アウトドアシアターのある家

収納もたっぷり
水廻りに十分な広さを確保
し、収納もたっぷり用意。
脱衣室を閉じることもでき
るので、誰かが入浴中でも
トイレや洗面室は気軽に使
える

広がりのなかに
階段下ではあるが、LDK
の一角にしつらえたファミ
リーコーナーは、家族の誰
もが気軽に使えるデスクス
ペース

広々の玄関
収納量も確保した玄関は、
扉が全開放できるので、内
外の関係が身近に。開け放
しておくと開放感とともに
さまざまなアクティビティ
を生み出す

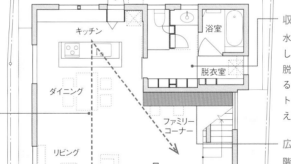

1F
1:150

敷地条件
可変性
採光
人とのつながり
借景
動線
来客
プライバシー
収納
特殊部屋
多世帯
採暖

081

ハイサイドから
光を落とす
旗竿敷地での
明るい間取り

画家である妻のアトリエを兼ねた、広く大きな玄関土間が特徴の住まい。1階アトリエの上部を吹抜けにすることで、部屋の奥まで光が届き明るく開放的な場所となるように計画した。

2階の勾配天井は、構造の梁と垂木を見せることで木に包まれたような雰囲気の場所となる。また天井面が南に向かって高くなっていくことで、2階もハイサイドライトからの光が奥まで届き、1日中明るく居心地のよい空間となる。

与条件
家族構成：夫婦
敷地条件：敷地面積88.26m^2
　　　　　建ぺい率50％（一部60％）
　　　　　容積率80％（一部160％）
　　　　　周囲を隣家に囲まれた狭小の旗竿状敷地。
　　　　　南東方向に多少の抜けがある。
建て主の主な要望
• 画家の妻のアトリエを確保
• 考え事をするこもれる場所がほしい
• LDKは広く開放的に

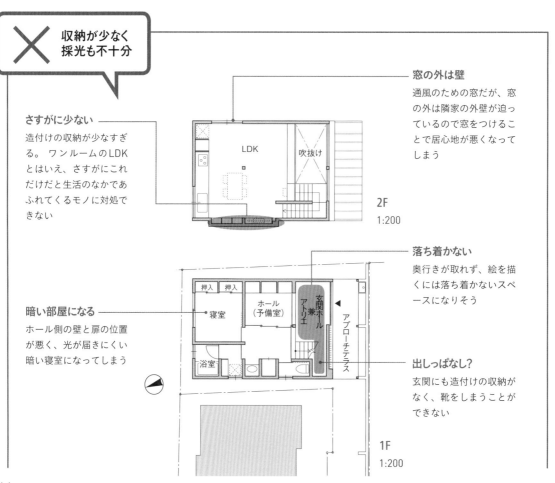

✕ 収納が少なく採光も不十分

窓の外は壁
通風のための窓だが、窓の外は隣家の外壁が迫っているので窓をつけることで居心地が悪くなってしまう

さすがに少ない
造付けの収納が少なすぎる。ワンルームのLDKとはいえ、さすがにこれだけだと生活のなかであふれてくるモノに対処できない

暗い部屋になる
ホール側の壁と扉の位置が悪く、光が届きにくい暗い寝室になってしまう

落ち着かない
奥行きが取れず、絵を描くには落ち着かないスペースになりそう

出しっぱなし?
玄関にも造付けの収納がなく、靴をしまうことができない

LDK
吹抜け
2F
1:200

押入
押入
ホール（予備室）
玄関ホール兼アトリエ
寝室
アプローチテラス
浴室
1F
1:200

撮影：長田朋子
（3点とも）

兼用の玄関ホールで
楽しさをつくりだす

左：階段から土間と玄関ホールを見る。吹抜け
上の窓から光が射し込む
右：2階LDK。右に見えるのがこもりスペース。
南側ハイサイドライトから明るい陽射しが入る

敷地条件

可能性

採光

人とのつながり

借景

動線

来客

プライバシー

収納

特殊部屋

多世帯

賃貸

ハイサイドからの光
2階LDKは北側のキッチン前
に窓があるだけだが、南側に
ハイサイドライトを設け、室
内に明るさをもたらしている

奥まで光を
玄関ホール兼アトリエの上
部を吹抜けとした。吹抜け
を通じて、1階の奥まで光
を届けることができる

断面
1:150

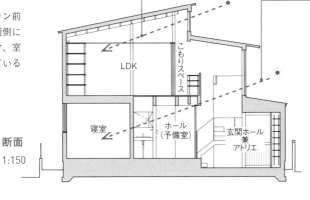

ときには1人で
引戸を閉めることで1人に
なることができるこもりス
ペース。なにかに集中した
いとき、誰でも使える場所。
扉の開閉だけで部屋をつな
げたり分けたりできるので、
使わないときにはLDKと
一体で使える

2F
1:150

昇り降りを楽しく
吹抜けに面して階段を配置
することで、1階2階の行
き来も楽しい時間に変わる

すっきり暮らせる
ワンルームのLDK。壁面
に収納を造り付けることで、
生活のなかであふれてくる
雑多なモノも収納し、スッ
キリと暮らせるようにした

兼ねながら分ける
広い玄関ホールであり、画
家である奥さんのアトリエ
にもなる。機能を兼ねるこ
とで有効にスペースを使い
つつ収納も確保。室内への
動線を整理することで、明
確に区切らなくても作業ス
ペースと動線がなんとなく
区別される。土間は、玄関
から一直線に抜けられる通
り土間にもなっており閉塞
感を払拭している

1F
1:150

敷地面積／88.26m²
延床面積／71.12m²
設計／デザインライフ設計室（青木律典）
名称／国分寺の小さな住居

082

平屋、中庭のコストアップを間取りの工夫で解決する

「平屋の家にしたいが工事費が割高」そんな悩みを解決するため、大屋根のなかに2階を収めた例。中庭の希望も「塀」を建物一体でつくり、割高な中庭工事を外構工事として割安にした。

2つの三角屋根を組み合わせたシンプルな形は見る角度によって違った表情を見せつつも、向かいの公共施設からの視線はカットしている。三角屋根を生かした高い勾配天井は、開放的でありながら包まれ感があるリビングをつくり出している。

与条件

家族構成：夫婦＋子供1人
敷地条件：敷地面積299.45m²
　　　　　建ぺい率60％　容積率200％
　　　　　農地を宅地に変更した平坦な土地。南側道路向かいに大きな公共施設があり、前面道路の交通量は多い。

建て主の主な要望

- 中庭のある平屋にしたい
- シンプルな三角屋根で生活感がない外観
- 玄関から居間が見えないように

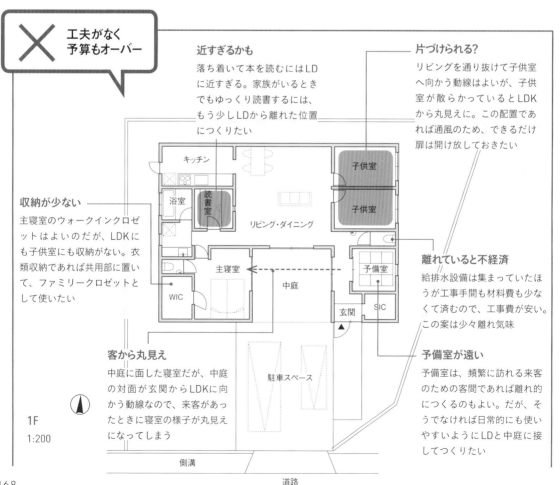

✕ 工夫がなく予算もオーバー

近すぎるかも
落ち着いて本を読むにはLDに近すぎる。家族がいるときでもゆっくり読書するには、もう少しLDから離れた位置につくりたい

片づけられる?
リビングを通り抜けて子供室へ向かう動線はよいが、子供室が散らかっているとLDKから丸見えに。この配置であれば通風のため、できるだけ扉は開け放しておきたい

収納が少ない
主寝室のウォークインクロゼットはよいのだが、LDKにも子供室にも収納がない。衣類収納であれば共用部に置いて、ファミリークロゼットとして使いたい

離れていると不経済
給排水設備は集まっていたほうが工事手間も材料費も少なくて済むので、工事費が安い。この案は少々離れ気味

客から丸見え
中庭に面した寝室だが、中庭の対面が玄関からLDKに向かう動線なので、来客があったときに寝室の様子が丸見えになってしまう

予備室が遠い
予備室は、頻繁に訪れる来客のための客間であれば離れ的につくるのもよい。だが、そうでなければ日常的にも使いやすいようにLDと中庭に接してつくりたい

キッチン／浴室／読書室／リビング・ダイニング／子供室／子供室／主寝室／WIC／中庭／予備室／SIC／玄関／駐車スペース

1F
1:200

側溝

道路

平屋「風」にして 希望とコストを両立

2階のある平屋?
法令上は2階建てとなるが、屋根裏に部屋があると解釈することで建築面積を減らした。結果として、屋根工事・基礎工事・外壁工事の面積が減り、工事費の減額につながっている

秘密基地のように
子供室は散らかっていてもLDKからは見えない2階に配置。屋根裏部屋の雰囲気を感じられる天窓を採用し、秘密基地のような部屋に

上:建物外観夕景。大きな三角屋根がL字に組まれ、木の塀が中庭をつくっている
下:1階LDK。大きな屋根を利用した白い吹抜け空間に印象的な梁が交差する
撮影:上田宏(3点とも)

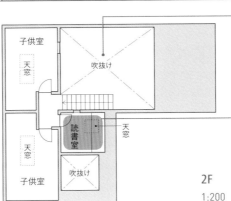

大屋根を活用
LD上部は大屋根の勾配天井で開放的な吹抜けに

適度な距離感
要望にあった読書室を2階に配置。LDを見下ろせるよう小窓をつけ、気配を感じつつも読書に専念できる距離感をつくりだした

2F
1:200

2WAYシュークローク
玄関扉を開けた正面に大きなシュークロークを配置。シュークロークは手前から入ってホールに抜けられるので内玄関的に使用でき、玄関に家族の靴が散乱しない

共用部から入る
クロゼットを家族みんなが使う共用部に置き、ファミリークロゼットとして利用する

「水」関係を集める
給排水設備を西側に集めているので、あちこちにあるより工事費が割安となる

デザインと合わせた窓
道路や南側にある施設から見られない位置に窓を設けている。ただ窓があるだけでなく、外観のデザインとも融合させている

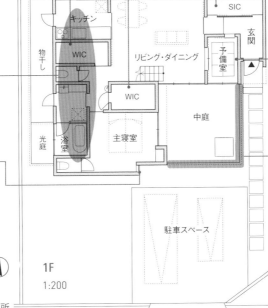

予備室に直接入る
玄関をL型の動線にしたことで、予備室には玄関土間から直接出入りできる。客間としても利用可能

塀で中庭をつくる
建物をL型平面とし、木の塀で囲うことで中庭をつくっている。塀は、主寝室からの視線のアイストップとなり、落ち着いた景色を寝室にもたらす。「塀」を使った中庭は工事費圧縮にも貢献

敷地面積/299.45㎡
延床面積/112.10㎡
設計/石川淳建築設計事務所
名称/平屋に見える中庭のある家

1F
1:200

側溝

道路

083

勾配天井の大きな吹抜けで上下階をつなぐ親子の家

建て主が母と2人で住む家。当初、2階にリビングダイニングを提案したが、これから長く住むにあたり、歳を重ねた母親が階段の上り下りをするのは将来的には難しくなると考えた。

そこで、リビングとダイニングを1階に移し、母の生活・家事動線を1階に集約したことにより、擬似的なバリアフリー効果を生み出した。お互いの寝室を1階と2階に分けたことで、各々のプライバシーも保たれるようになっている。

与条件
家族構成：母＋建て主
敷地条件：敷地面積153.70m^2
　　　　　建ぺい率60％　容積率150％
　　　　　閑静な住宅街の角地。
建て主の主な要望
・ガレージがほしい
・明るいリビングにしてほしい
・暖かいLDKを希望
・ピアノが弾きたい

✕ 部屋が多すぎ、1、2階も分断状態

くつろげない
しっかりスペースは確保されているが、窓を開けても見えるのは隣家と道路。心安らぐ時間を過ごすための居場所では、窓から緑が見えるといいのでは

スイングできる?
建て主はゴルフが趣味なので、ゴルフのスイングが練習できる部屋を設けているが、ゴルフ用品などが少しでも増えれば窮屈になってしまいそう

1F 1:250

ワークスペース
ビルトインガレージ
駐車スペース
WIC
玄関
ピアノ室
寝室
犬走り

LF 1:250

吹抜け
小屋裏収納
吹抜け
吹抜け 吹抜け

2F 1:250

予備室・スイング室
キッチン
WIC
寝室
リビング ダイニング

空間が分断されている
敷地いっぱいに部屋を増やそうとした結果、親と子、1階と2階の空間が分裂。相手の気配を感じられない、コミュニケーションのとりにくい間取り

2階中心は???
暮らすのは高齢になる母親と建て主。これからのことを考えると、2階に水廻りやキッチンをまとめるのは疑問

暮らしの中心を
1階につくり
趣味の部屋を
共有する

左：道路側外観
右：1階の様子。母の寝室
はキッチンの後ろ側にあり、
吹抜けの大空間は共用の趣
味の空間として使われる

撮影：渡辺慎一（3点とも）

敷地条件

可変性

採光

人とのつながり

借景

動線

来客

プライバシー

収納

特殊部屋

多世帯

賃貸

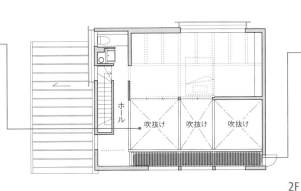

小屋裏収納

吹抜け　吹抜け　吹抜け　吹抜け

LF
1:200

効果的な空間割り

2人の居場所を1階と2階に分けることで、プライベートな空間を確保しつつ、吹抜けでつながり気配を感じていられる。また屋根形状を生かした勾配天井は空間の立体感を生み、開放感もアップ。アクセントになる梁も大迫力

ホール

吹抜け　吹抜け　吹抜け

メンテ用＆健康器具

窓のメンテナンスをするためのブリッジ。体を動かすことが好きな建て主が「雲梯」としても使用できる。普段から運動を意識した健康的な生活を送れる

2F
1:200

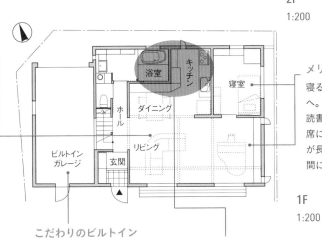

浴室　キッチン

寝室

ホール

ダイニング

リビング

ビルトインガレージ

玄関

1F
1:200

思い切った大空間

敷地の広さゆえ、細かく部屋割りをしてしまいがちなところを思い切って大空間で使用できるようにプランニング。仕切らずに視覚的な広がりをもたせることで、ゆったりとした時間を過ごすにふさわしい広々としたスペースを確保

メリハリをつける

寝るだけの部屋は北側の奥へ。趣味のピアノの演奏や読書は庭の緑が見える特等席に。日中、家にいる時間が長い母親にぴったりの空間に

敷地面積／153.70m²
延床面積／133.83m²
設計・施工／岡庭建設
名称／ひだりまの家

こだわりのビルトイン

部屋数を減らした分のゆとりで、階段の大きな窓からディスプレイされた車を眺められる勾配天井のビルトインガレージが実現

生活を1階に集約

高齢の母のことを考えて、1階で生活ができるように水廻りやキッチンを1階に配置

084
中央の吹抜けから光が注ぐ趣味室完備の健康住宅

「とにかく開放的で明るい家がほしい!!」というご夫婦の要望でできた健康住宅。

工法は、充填断熱＋壁体内のカビを抑制する壁体内通気工法を採用。リビング中央部にスケルトン階段と吹抜けを配置し、大きな窓からは明るい光を採り入れている。開放感を助けている天井高さは、リビングが3m、キッチンは2.55m。子供が汚れて帰ってきても、真っ直ぐにお風呂と洗濯機に行けるような家事ラク間取りもポイント。

与条件
家族構成：夫婦＋子供2人＋犬
敷地条件：敷地面積217.94m²
　　　　　建ぺい率40％　容積率80％
　　　　　閑静な住宅地のなかの台形の敷地。北側接道。
建て主の主な要望
- すべての部屋を明るく開放的に
- 家事動線を考えて効率よく作業できるように
- 趣味の部屋をつくりたい

✕ 動線や音に対する配慮が不足

洗濯が一仕事に
洗濯機から干すまでの動線が考えられておらず、さらに取り込んだ洗濯物をしまうスペースまでも遠い

意味のない吹抜け
北側の玄関ホール上部の吹抜けだが、ここが明るくても意味がない

1F
1:200

2F
1:200

混み合う動線
洗面所に向かうために狭いキッチン通路を通る必要があり、調理中などキッチンの作業中は人が行き交い非常に窮屈

音が気になるかも
2階は主寝室以外の3つの個室のうち、どこを趣味室（麻雀部屋）にしても、どこかしらの居室と面してしまい、また開き戸によるバタバタ音に悩まされそう

スケルトン階段で
開放感を倍増させる

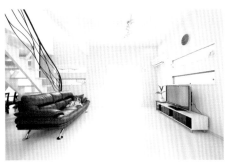

1階リビング。スケルトンの
階段、階段廻りの大きな吹抜
け、そして真っ白な壁床天井
で、明るくて大きな空間を実
現させた

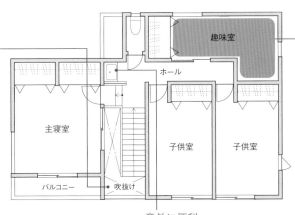

吹抜けを広げる
階段はスケルトンで視線が
抜けるだけでなく、階段廻
りの吹抜けによって開放感
を一層高める

距離を離す
ご主人の趣味である麻雀室を
2階の北側に配置。トイレを
含むほかの部屋にできるだけ
迷惑をかけないように配慮。
出入り口は引戸としている

2F
1:150

意外に便利
トイレの外に手洗い器を設置。トイレ後だけ
でなく、2階の水場として便利。麻雀にきた
お客さんもここで手が洗える

慌てない玄関
広めな玄関には仕切りの壁
を配置。家族の靴を仕切り
で見えないようにすれば、
いつでも綺麗な玄関を保て
る。急な来客にも慌てるこ
とがない

風呂場に直行
洗面スペースと浴室を玄関か
ら最短距離に配置。将来、子
供が部活などで汚れて帰って
きてもまっすぐ浴室に向かえ
る動線に

開放的なLDK
リビングの天井の高さを3mに、キッ
チンとダイニングを2.55mに設定して
上への開放感を実現。無垢床の色を白
にすることにより、さらに明るさと開
放感を演出している

実はクロゼット
この納戸は、洗濯機〜勝手口
を出て洗濯物を干す洗濯動線
の一部だが、実は取り込んだ
洗濯物をすべてしまえる洋服
の収納室。子供が小さいうち
は、この部屋で着替えさせて、
脱いだ服はそのまま洗濯機に
投入できる

敷地面積／217.94m²
延床面積／135.41m²
設計・施工／三陽工務店
名称／天井高3mのデザイナーズ健康住宅

1F
1:150

敷地条件
可変性
採光
人との
つながり
借景
動線
来客
プライバシー
収納
特殊部屋
多世帯
接客

085

雁行プランで陽当たり抜群、5人が暮らす暖かい家

戦後まもなく建てられた古家の建替え。3世代5人家族が住む。古家が寒かったことから、暖かい家への要望がありOMソーラーを採用。家族も訪れる親戚もゆったり過ごせる広い住空間は、OMソーラーの床暖房と障子や襖といった建具の利用で、温熱環境を細かくコントロールできる。庭に開く雁行型の平面に、母の居室、家族のリビング、ダイニング・キッチンが配され、それぞれがゆるやかにつながる大らかな間取りとなった。

与条件
家族構成：夫婦＋子供2人＋母
敷地条件：敷地面積691.78m²
　　　　　建ぺい率40％　容積率80％
　　　　　静かな住宅街の、4m道路に接する平坦地。
建て主の主な要望
・母の友人が庭から気軽に入れるように
・車庫（2台分）＋来客用1台分＋趣味の自転車置き場
・大人数が集える空間の余裕がほしい
・洗面室、脱衣室・洗濯機置き場を分けたい
・リビングの一角でいいので畳のコーナーがほしい

✕ 長年住み暮らす母への配慮が不足

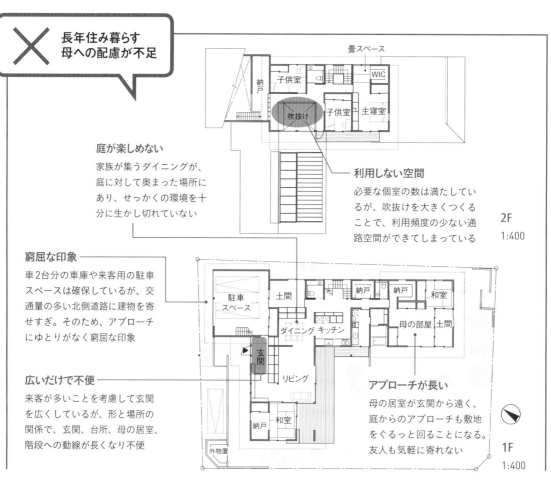

庭が楽しめない
家族が集うダイニングが、庭に対して奥まった場所にあり、せっかくの環境を十分に生かし切れていない

利用しない空間
必要な個室の数は満たしているが、吹抜けを大きくつくることで、利用頻度の少ない通路空間ができてしまっている

2F
1:400

窮屈な印象
車2台分の車庫や来客用の駐車スペースは確保しているが、交通量の多い北側道路に建物を寄せすぎ。そのため、アプローチにゆとりがなく窮屈な印象

広いだけで不便
来客が多いことを考慮して玄関を広くしているが、形と場所の関係で、玄関、台所、母の居室、階段への動線が長くなり不便

アプローチが長い
母の居室が玄関から遠く、庭からのアプローチも敷地をぐるっと回ることになる。友人も気軽に寄れない

1F
1:400

母の部屋を
道路側に置き
地域とも密着する

雁行するリビングと
ダイニング。外のデッキも雁行しつつ、つながっている

敷地条件

可変性

採光

人との
つながり

借景

動線

来客

プライバシー

収納

特殊部屋

多世帯

賃貸

撮影：SHINICHI WATANABE（2点とも）

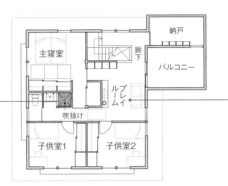

階下の気配を感じる
1階の母の部屋のそばに小さな吹抜けを設置。夜間でも2階から母の気配を感じることができる

多目的のプレイルーム
日当たりのいい場所に多目的な空間を用意。子供が小さいときには遊び場や勉強スペースとして使用し、家族の成長にともないセカンドリビングとしても活用できる

2F
1:250

来客をもてなす
玄関土間を広く設け、前室のような小上がりの和室を用意。襖と障子で空間を仕切ることができ、ちょっとした来客の対応にも重宝する

裏動線兼収納
ガレージと廊下に直結する玄関土間は納戸であり、家族用の裏動線でもある。来客用の玄関はいつもすっきりと片付いた状態を保てる

充実のパントリー
自家栽培の野菜や手づくりの漬物など食品と日用品のストックにパントリーを用意。大小2つの冷蔵庫も置けるほど収納力抜群。食堂にものがあふれず気持ちよく過ごせる

1F
1:250

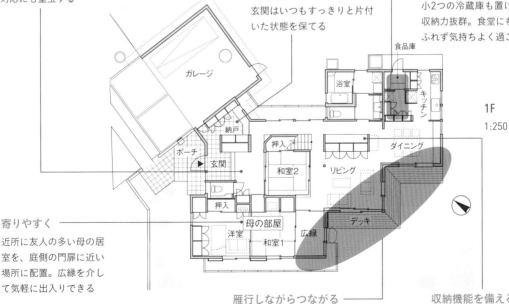

寄りやすく
近所に友人の多い母の居室を、庭側の門扉に近い場所に配置。広縁を介して気軽に出入りできる

敷地面積／691.78m²
延床面積／271.57m²
設計・施工／鈴木工務店
名称／時を刻む

雁行しながらつながる
母の居室、リビング、ダイニングが雁行しながらつながる。どの部屋も南の庭に開き、2面採光が得られるため明るく開放的。間仕切りの少ない大空間をOMソーラーで暖めている

収納機能を備える
まっすぐ伸びる廊下の壁面にカウンター収納を設置。鍵やバッグ、書類などの置き場になり、帰宅時や出かける際に便利

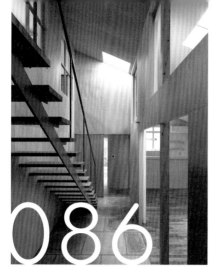

086

介護に配慮し
小さな家でも
プライバシーを
守る

　下町に建つ、夫婦と高齢の母のための2世帯住宅。周辺には町工場やマンションなど新旧の建物が混在する。敷地は台形で、既存母屋が建っていた。母親の介護のしやすい空間、家族間のプライバシーの確保、母親が仮住まいせずに、既存の母屋に住みながらの計画が求められた。変形敷地に対して建物の平面も変形させ、通り土間を設けることで、地域と建て主の記憶をつなぐ家をつくりたいと考えた。

与条件
家族構成：夫婦＋母
敷地条件：敷地面積206.48m²
　　　　　建ぺい率60％　容積率200％
　　　　　接道間口の狭い台形の土地。周囲には町工場やマンションが混在する。
建て主の主な要望
・既存建物に住みながらの計画
・介護のしやすい家に
・明るく開放的な空間に

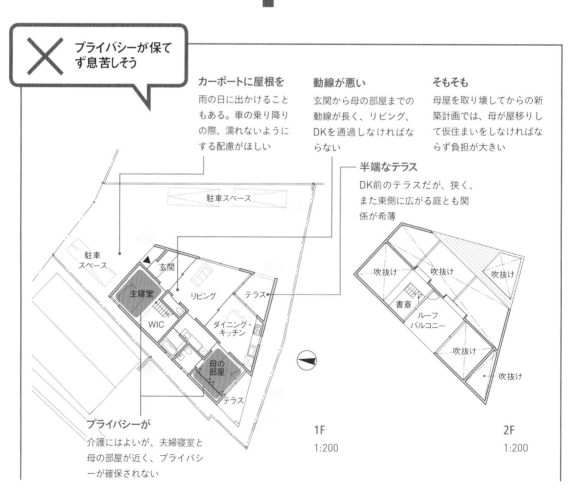

✕ プライバシーが保てず息苦しそう

カーポートに屋根を
雨の日に出かけることもある。車の乗り降りの際、濡れないようにする配慮がほしい

動線が悪い
玄関から母の部屋までの動線が長く、リビング、DKを通過しなければならない

そもそも
母屋を取り壊してからの新築計画では、母が屋移りして仮住まいをしなければならず負担が大きい

半端なテラス
DK前のテラスだが、狭く、また東側に広がる庭とも関係が希薄

駐車スペース

駐車スペース

玄関
主寝室
WIC
リビング
テラス
ダイニング・キッチン
母の部屋
テラス

プライバシーが
介護にはよいが、夫婦寝室と母の部屋が近く、プライバシーが確保されない

吹抜け　吹抜け　吹抜け
書斎
ルーフバルコニー
吹抜け
吹抜け

1F
1:200

2F
1:200

使い勝手と距離感を
大切に積み上げる

左：母の部屋内観。正面上に見えるの
が再利用の建具
右：リビングから通り土間方向を見る。
窓のあいた壁が幾重にも重なっていく

撮影：上田宏
（3点とも）

記憶の建具
既存家屋の建具を母の部屋の
上部に再利用。2階から母の
様子をうかがうこともできる

距離感をつくる
2階夫婦寝室までの長くて緩
い勾配の階段。長くすること
で、母の部屋との距離感が生
まれプライバシーが守られる

奥行きをつくる
通り土間と吹抜けを隔てる壁
に窓をあけている。通風、採
光のためであると同時に、袖
壁と窓が重なり合い、空間に
奥行きが生み出される

雨に濡れない
寝室の下をピロティにする
ことで、雨の日でも車の乗
り降りの際に濡れることは
ない

通り土間
車椅子動線に配慮し、玄関
から母の部屋までを通り土
間としている

計画的に進める
既存母屋を残して残りの敷
地内にまず新築。引っ越し
を済ませた後に既存母屋を
解体して庭とした

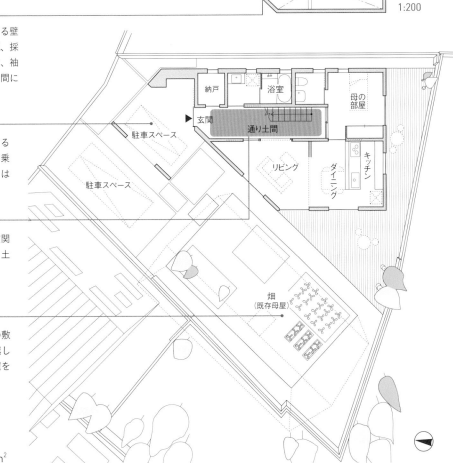

2F
1:200

1F
1:200

敷地面積／260.48m²
延床面積／105.27m²
設計／白子秀隆建築設計事務所
名称／屋移りの住居

敷地条件

可能性

採光

人との
つながり

借景

動線

来客

プライバシー

収納

特殊部屋

多世帯

特技

087

外階段で
床面積を増やす
完全分離の
2世帯住宅

約32坪の敷地での建替え計画で、3階建ての完全分離型2世帯住宅である。1階に親世帯、2、3階に子世帯が入る。異なる趣味や嗜好を反映して、完全分離型としている。建替え前の家で問題であった室内の暗さや脆弱な耐震性をクリアすることも重要な条件となった。

大きな特徴は、外階段を設けて世帯ごとに独立した玄関をつくったことである。内部階段をなくしたことで、1階の面積を確保し、諸室の配置にも余裕を生み出すことができた。

与条件
家族構成：親世帯（夫婦）＋子世帯（夫婦＋子供1人）
敷地条件：敷地面積107.05m²
　　　　　建ぺい率60％　容積率160％
　　　　　北側接道の南北に細長い形状。三方を隣
　　　　　家に囲まれ、東のみ採光できる余地あり。
建て主の主な要望
・世帯間の音が伝わらないように
・通風、採光、断熱性の確保
・台所のゴミ捨てをスムーズに、ほか

✕ **2世帯の分離が不完全**

生活音が
駐車スペースのために共用の玄関が家の中央付近となり、出入りの際に音が1階親世帯に伝わってしまう

狭くなる！
中階段は法的な面積としてカウントされるので、1階の面積が確保できず、個室は主寝室1つを取るのがやっと

小さい！
面積のせめぎ合いの影響で、1階浴室が小さくなってしまっている

もったいない
東側隣家は少し離れていて1階でも採光が得られる条件なので、ここに水廻りを置くのはもったいない

開放感だけ
2階リビングの吹抜けはただ上に広がるだけ。せっかく吹抜けをつくるなら上階の共用部とのつながりがほしい

1F 1:200
2F 1:200
3F 1:200

玄関を1、2階に分けて
暮らしの場を広げる

上下階のつながり

2階リビングと3階共用部分とをつなぐ吹抜け。空間的な広がりだけでなく、家族の気配を伝える吹抜けとしている

ベンチ兼用

強化合わせガラスでつくったベンチは、実は1階リビングに光を落とすトップライトになっている。ベンチを北寄りに位置させることで、太陽高度の低い冬季でも直射日光が1階に射し込む

生活を分ける

玄関を2世帯それぞれにつくることで、生活スタイルや時間帯の異なる世帯間のトラブルを未然に防ぐ。外階段は、1階寝室から離れた位置として音の問題を回避している

面積確保！

上階へのアプローチを、建築面積に入らない外階段とすることで、必要面積を確保する。特に1階の親世帯は、これによって2つの個室をつくることが可能になった

敷地面積／107.05m^2
延床面積／160.45m^2
設計／充総合計画（杉浦充）
名称／FJI

3F
1:200

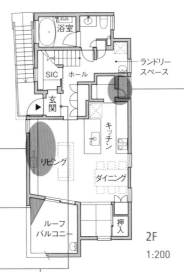

2F
1:200

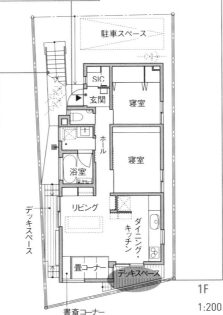

1F
1:200

上：2階LDK。3階とつながる吹抜けで開放感もたっぷり
中：1階リビング。写真上中央が2階バルコニーにつくったトップライト。小さなトップライトだが1階に多くの光を届ける
下：2階バルコニーを見下ろす。強化ガラスのベンチがトップライトになっている

撮影：桧川泰治
（4点とも）

視界から消す

両世帯とも、煩雑に見えるキッチンがリビングから直接視界に入らない位置関係としている。また1階はデッキスペースが、2階はサービスバルコニーがあるので、臭いが気になる生ゴミの一時置き場にもなる

敷地条件
可変性
採光
人とのつながり
借景
動線
来客
プライバシー
収納
特殊部屋
多世帯
賃貸

088
中央の大黒柱が
家を支える
3世代が楽しく
暮らせる家

「太い大黒柱と太い梁が印象的な、家族みんなでゆったりくつろげるリビングがほしい」からはじまった家づくり。玄関と水廻りを共用し、大黒柱と階段も含めた吹抜けがあるオープンな空間に3世代が住まう。玄関を南側に配することにより縁側感覚の廊下ができ、お互いの気配を感じられるスペースとなっている。建具も工夫をして、ベッドの上から庭を眺めることもできる。また孫の身長に合わせた開口（障子）を設けるなど、コミュニケーションをとる仕掛けも楽しい。

与条件
家族構成：両親＋夫婦＋子供1人
敷地条件：敷地面積273.40m²
　　　　　建ぺい率50％　容積率100％
　　　　　閑静な住宅街の台形状の敷地。東側で接
　　　　　道している。
建て主の主な要望
・ほぼ同居スタイル。子世帯の2階にミニキッチン
・浴室、トイレ含めて自然光で明るく
・駐車スペース2台分、楽器を演奏する防音室など

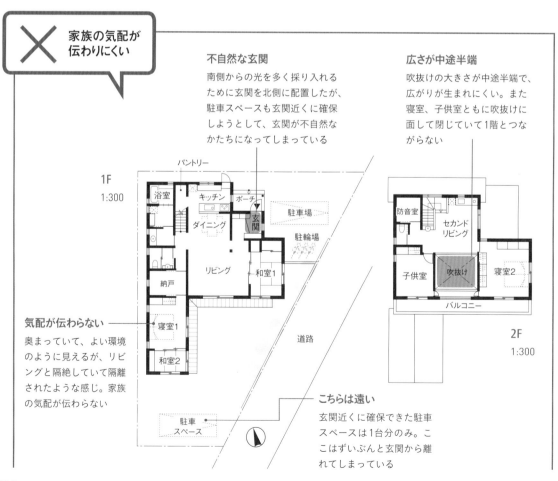

✕ 家族の気配が伝わりにくい

不自然な玄関
南側からの光を多く採り入れるために玄関を北側に配置したが、駐車スペースも玄関近くに確保しようとして、玄関が不自然なかたちになってしまっている

広さが中途半端
吹抜けの大きさが中途半端で、広がりが生まれにくい。また寝室、子供室ともに吹抜けに面して閉じていて1階とつながらない

1F 1:300

パントリー
浴室　キッチン　ポーチ
ダイニング　玄関　駐車場
駐輪場
リビング　和室1
納戸
寝室1
和室2
道路
駐車スペース

防音室　セカンドリビング
子供室　吹抜け　寝室2
バルコニー
2F 1:300

気配が伝わらない
奥まっていて、よい環境のように見えるが、リビングと隔絶していて隔離されたような感じ。家族の気配が伝わらない

こちらは遠い
玄関近くに確保できた駐車スペースは1台分のみ。ここはずいぶんと玄関から離れてしまっている

大きな吹抜けと回遊動線で家族が1つに

左：寝室1と和室2。引戸の中段に障子があり、ここを開けて孫が顔を出す
右：LDKと吹抜け。リビングは吹抜けの大空間。大黒柱が象徴的
撮影：遠山しゅんか（3点とも）

セカンドリビング
防音室
クロゼット
子供室
吹抜け
寝室2
キャットウォーク

2F
1:250

吹抜けで明るく
吹抜けは1階リビングと2階各室の気配をつなぐが、吹抜け上部のハイサイドライトからも光が降り注ぐ。ハイサイドライト部分にはキャットウォークがあって開閉も自在にできるので換気にも有効

キッチンを回る
キッチンを中心とした回遊動線となっているので、家事動線が短くなり家事作業がラクラク

裏動線のありがたみ
廊下、リビングを通らずにトイレや浴室に行ける動線を確保。来客時にも気兼ねなくトイレに行くことができる

浴室
キッチン
ダイニング
駐輪場
和室1
WIC
物干しスペース
リビング
寝室1
廊下
和室2
ホール
玄関
ポーチ
道路

ご近所さんと気軽に
玄関とは別にアプローチできる濡れ縁。仲良しのご近所さんは、こちらから気軽に訪ねることができる。将来的に昇降機をつければ、ここから車いすでも出入りが可能となる

敷地の有効利用
余った三角形の部分を物干し場に。道路側に木塀を立てて外からの視線をカットするのはもちろん、リビングからも見えないようになっている

縁側感覚
夏は庭の木が茂り、陽射しをさえぎる縁側感覚の廊下。寝室との境の建具は、中段の障子が開閉できる特注品。陽射しとともにリビングの家族との距離感も調整できる

駐車スペース

1F
1:250

敷地面積／273.40m²
延床面積／183.20m²
設計・施工／持井工務店
名称／旭町の家

敷地条件
可変性
採光
人とのつながり
借景
動線
来客
プライバシー
収納
特殊部屋
多世帯
賃貸

089

公園の桜を楽しみながら光が家族を結ぶ2世帯住宅

隣接公園の桜を愛でることができる2世帯の家。建物基礎と一体の擁壁としてアプローチを道路と同じレベルにして駐車スペースを確保し、高齢の両親も段差なく2階住居に入れるように計画した。

開放感ある空間にすることでリビングはもちろん、エントランスからも桜を愛でることができるとともに、1階パブリックスペースも明るく開放的な空間にすることができた。1階は階段を中心にシェアハウス的な個室を配置している。

与条件

家族構成：夫婦＋子供3人＋両親
敷地条件：敷地面積145.17m²
　　　　　建ぺい率70％　容積率160％
　　　　　閑静な住宅街のなかの整形地。2方向で接道するが主要道路より2.4m低い。隣の公園に大きな桜の木がある。

建て主の主な要望
・親世帯の気配を感じられるように
・桜はもちろん、公園の緑を家のなかでも感じたい
・明るい室内空間

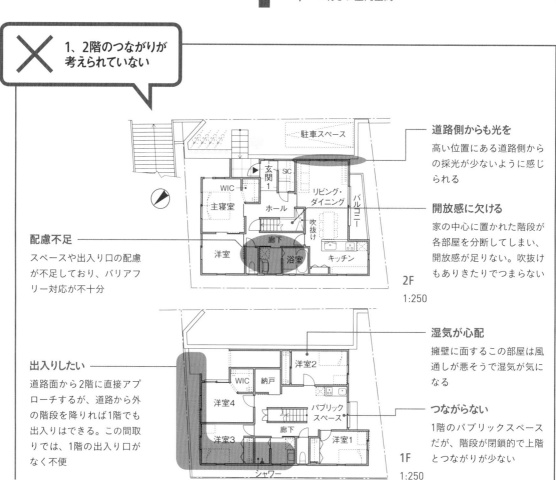

✕ **1、2階のつながりが考えられていない**

道路側からも光を
高い位置にある道路側からの採光が少ないように感じられる

開放感に欠ける
家の中心に置かれた階段が各部屋を分断してしまい、開放感が足りない。吹抜けもありきたりでつまらない

配慮不足
スペースや出入り口の配慮が不足しており、バリアフリー対応が不十分

2F　1:250

湿気が心配
擁壁に面するこの部屋は風通しが悪そうで湿気が気になる

出入りしたい
道路面から2階に直接アプローチするが、道路から外の階段を降りれば1階でも出入りはできる。この間取りでは、1階の出入り口がなく不便

つながらない
1階のパブリックスペースだが、階段が閉鎖的で上階とつながりが少ない

1F　1:250

中心からの光で上下階をつなぐ

左：1階パブリックスペース。吹抜けから明るい光が落ちる
右：2階LDK。道路側からもハイサイドライトで光を入れている

中心からの光

吹抜けを大きく取り、上部トップライトからの光が家中に回るようにしている。LDKとの仕切りはガラスパネルで、光をLDKに届けるとともに、ホールからバルコニー越しに公園の桜を眺めることもできる。また吹抜けを通じて1階とも一体感が得られる

ハイサイドライトから

勾配天井としてハイサイドライトを設け、道路側からも光を採り込む

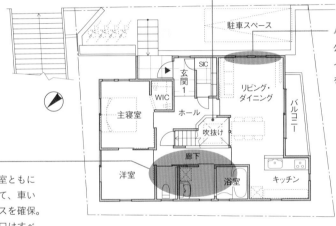

2F 1:200

駐車スペース / SIC / 玄関1 / WIC / 主寝室 / ホール / リビング・ダイニング / バルコニー / 吹抜け / 廊下 / 洋室 / 浴室 / キッチン

スペースを確保

トイレ、洗面室、浴室ともに有効寸法を再検討して、車いすでも使えるスペースを確保。浴室も含めて出入り口はすべて引戸にしている

風を抜く

収納位置を工夫して土間側に窓を設けて2方向開口を実現。風が抜ける

1F 1:200

土間スペース / WIC / 納戸 / 洋室2 / 洋室4 / 収納 / パブリックスペース / 洋室3 / 玄関2 / 洋室1

上ともつながる

階段の壁をなくし、吹抜けも大きくしたことにより、上部トップライトからの光が1階にも届くようになった

1階にも玄関

2階の玄関とは別に1階にも玄関をつくり、直接1階に出入りできるようにしている

敷地面積／145.17m²
延床面積／145.10m²
設計・施工／鶴崎工務店
名称／櫻が咲く公園を愛でる2世帯住宅

敷地条件
可変性
採光
人とのつながり
借景
動線
来客
プライバシー
収納
特殊部屋
多世帯
賃貸

090

つながりながら
プライバシーが
守られる
7人が暮らす家

2つの単世帯を合わせたようなつくりの住まい。4人家族の子世帯はタテの生活動線を取り入れて2階に個々の部屋を設け、1階にLDKを確保。3人家族の親世帯は生活動線をヨコにした、平屋のようなつくり。ウォークインクロゼットもしっかり設けて収納も充実させている。

浴室などの水廻りを共有し、さらに吹抜けで気配を伝えあう。両世帯総勢7人がつながりながら楽しく暮らせて、かつプライバシーを保つことのできる居住空間を実現させた。

与条件
家族構成：子世帯（夫婦＋子供2人）＋親世帯（父母＋兄）
敷地条件：敷地面積551.96m²
　　　　　建ぺい率70％　容積率240％
　　　　　田園地帯にある静かな住宅地。北・東の2方向で接道。西側には水路がある。
建て主の主な要望
• 階段はLDK経由で
• ウッドデッキ、畳のある空間、など

✕ 基本はいいが
細かい配慮が不足

配置を考えたい
要望にあるからどこかにつくらないと、と仕方なく配置した感じ。工夫が感じられない

本当に必要？
要望にあるわけではない書斎。本当に必要か。物置になってしまいそう

1F
1:250

主寝室　畳コーナー　ホール　玄関　ポーチ
WIC　リビング・ダイニング　キッチン
浴室　デッキ
ポーチ　兄寝室
玄関
LDK

2F
1:250

子供室　物入　子供室
物入
廊下　書斎
WIC
主寝室　バルコニー

形が悪い
収納量を増やすために凸型平面のクロゼットにしているが、LDK側の形状として使いづらくなってしまう

落ち着かない
両世帯が使用する水廻りに隣接した寝室は、音が気になりそう。また、1階は洗面脱衣室経由でないとトイレに行けない動線も考えもの

プライバシーに
配慮しつつ
一緒に暮らす
楽しさをつくり出す

左：サブポーチ側外観
右：1階畳コーナー。吹抜けで2階ともつ
ながる、家族が集まる場所

撮影：久保倉千明（3点とも）

敷地条件

資金・・・

探す

人とのつながり

将来

動線

来客

プライバシー

収納

特殊部屋

多世帯

賃貸

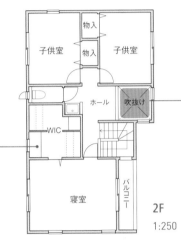

2F
1:250

子供室　物入　物入　子供室
ホール　吹抜け
WIC
寝室　バルコニー

家族をつなぐ
1階LDKとつながる吹抜け。
この吹抜けで下階の家族の気
配が感じられ、2階の個室に
いても孤立しない

ここでまとめて
クロゼットのなかにカウンタ
ーを設けて、アイロンがけな
どもできる家事コーナーを併
設。取り込んだ洗濯物はここ
でたたみ、アイロンをかけて、
そのまま収納できる

共有空間は広く
キッチン以外の水廻りは共有
となるので広く確保。洗面脱
衣室には両側から入れるよう
にしている

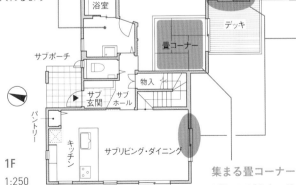

兄寝室　主寝室　WIC　物入　ホール　玄関　ポーチ
仏
物入　リビング・ダイニング　キッチン
浴室
サブポーチ　畳コーナー　デッキ
サブ玄関　サブホール　物入　庭
パントリー
キッチン　サブリビング・ダイニング

1F
1:250

どちらもいい！
1階のどちらのLDKにも庭が
見える位置に大きな窓を配置。
違う角度から見える庭は、各
LDKを行き来しても新鮮に
見える

集まる畳コーナー
1階のほぼ中央に設けた畳コ
ーナーは、吹抜けで2階とも
つながり、家族が集まりやす
い場所に。畳コーナーとする
ことで普段使いもしやすい

敷地面積／551.96m²
延床面積／183.84m²
設計・施工／HAGIホーム・プロデュース
名称／タテとヨコ。生活動線の配慮がとれた2世帯住宅

091
古いものを残し新しい暮らしにも適応できる民家の改修

110年前（明治時代）に建てられた古い民家のリフォーム。敷地は広大で、同一敷地に息子たちの居住棟や倉庫棟、田んぼ、畑などがある。

住むのは母1人。依頼主の長男は、古い民家を残したい思いと、現代的な空間への憧れの間を揺れ動いていた。そこで、昭和に改修された部分を撤去、明治時代の形に復元し、かつ機能的な暮らしができるよう提案した。建物の後ろ側にRC造の浴室棟を増築するなど、新旧の調和にも配慮。復元に際し、設計前の調査に6か月を要した。

与条件
家族構成：夫婦＋母（ただし夫婦は別棟に居住）
敷地条件：敷地面積2456.00m^2
　　　　　建ぺい率7.2%　容積率7.2%
　　　　　平坦で広大な敷地。
建て主の主な要望
• 既存建物をできるだけ残してほしい
• 水廻りは最新設備がよい
• 井戸水や天然ガスの利用を

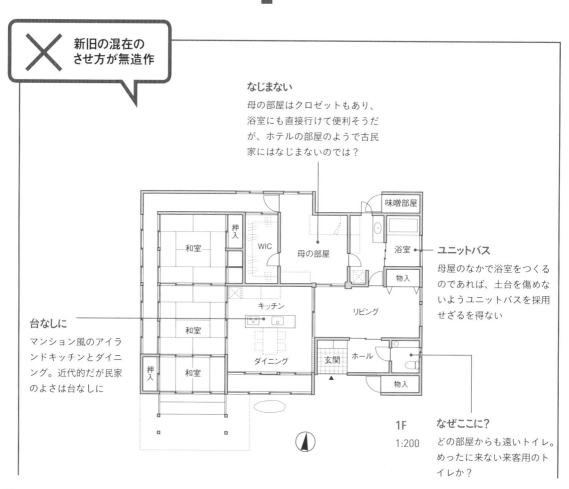

✕ 新旧の混在のさせ方が無造作

なじまない
母の部屋はクロゼットもあり、浴室にも直接行けて便利そうだが、ホテルの部屋のようで古民家にはなじまないのでは？

ユニットバス
母屋のなかで浴室をつくるのであれば、土台を傷めないようユニットバスを採用せざるを得ない

台なしに
マンション風のアイランドキッチンとダイニング。近代的だが民家のよさは台なしに

なぜここに？
どの部屋からも遠いトイレ。めったに来ない来客用のトイレか？

味噌部屋・浴室・物入・和室・押入・WIC・母の部屋・キッチン・リビング・ダイニング・玄関・ホール・物入

1F
1:200

設備廻りは
見えにくく配置し
古いよさを強調

左：建物外観。右側の窪んだ部分が新しい玄関
右：リビングと奥のホールは、引戸を開け放すと一体になる

敷地条件

可変性

採光

人との
つながり

借景

動線

来客

プライバシー

収納

特殊部屋

多世帯

賃貸

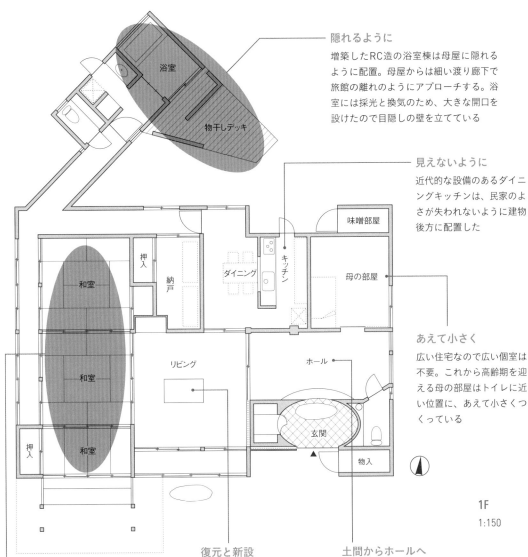

隠れるように
増築したRC造の浴室棟は母屋に隠れるように配置。母屋からは細い渡り廊下で旅館の離れのようにアプローチする。浴室には採光と換気のため、大きな開口を設けたので目隠しの壁を立てている

見えないように
近代的な設備のあるダイニングキッチンは、民家のよさが失われないように建物後方に配置した

あえて小さく
広い住宅なので広い個室は不要。これから高齢期を迎える母の部屋はトイレに近い位置に、あえて小さくつくっている

1F
1:150

そのまま残す
住み手が残すことを希望した続き間の和室は既存のまま残している

復元と新設
昭和になってから付け加えられた部分は撤去して竣工当時のかたちに復元。一方で掘りごたつを新設して暮らしやすいようにしている

土間からホールへ
もともと土間だった部分は大きなホールに。農作物の箱詰め作業をしたり、リビングとの境の引戸を引き込んで一体的に使用したりと多目的に利用

敷地面積／2456.00m²
延床面積／175.18m²
設計・施工／剛保建設
名称／長生村の民家

187

092

つかず離れずで 週末に皆が集まる 4世代7人が 暮らす家

生活時間帯が異なる4世代が玄関と浴室を共用して住まう2世帯住宅。お互いが気兼ねなく過ごしながらも気配を感じ、週末には集まって食事ができるようにしている。

敷地形状なりの斜め壁のある水廻りは、閉鎖的な空間にならないように計画。外部の空地も、アプローチ、駐車場、自転車置き場、物干しスペースなどそれぞれに役割を与えている。祖母の部屋はリビングからほどよく離れつつ、家族の出入りが感じられる明るいスペースである。

与条件
家族構成：親世帯（祖母＋両親）＋子世帯（夫婦＋
　　　　　＋子供2人）＋ネコ
敷地条件：敷地面積306.04m²
　　　　　建ぺい率60％　容積率160％
　　　　　閑静な住宅街で、台形近い形状。
建て主の主な要望
・玄関と浴室は共有の2世帯で
・週末は1階でみんなで食事がしたい
・収納は婚礼ダンス置き場も含めて、たっぷりと

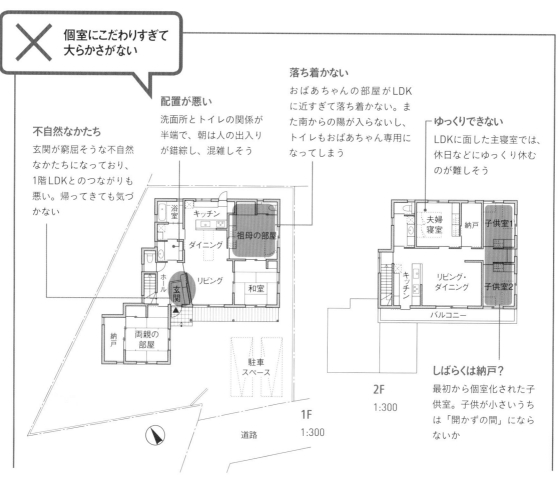

✕ 個室にこだわりすぎて 大らかさがない

配置が悪い
洗面所とトイレの関係が半端で、朝は人の出入りが錯綜し、混雑しそう

落ち着かない
おばあちゃんの部屋がLDKに近すぎて落ち着かない。また南からの陽が入らないし、トイレもおばあちゃん専用になってしまう

不自然なかたち
玄関が窮屈そうな不自然なかたちになっており、1階LDKとのつながりも悪い。帰ってきても気づかない

ゆっくりできない
LDKに面した主寝室では、休日などにゆっくり休むのが難しそう

しばらくは納戸？
最初から個室化された子供室。子供が小さいうちは「開かずの間」にならないか

1F 1:300
2F 1:300
道路

敷地に合わせて
平面形状を工夫し
ゆとりをもたせる

左：1階祖母の部屋。ご近所さんも
気軽に窓から顔をだせる

右：1階LDと和室

撮影：遠山しゅんか（3点とも）

敷地条件

可変性

増改築

人との
つながり

構造

動線

来客

プライバシー

収納

特殊部屋

多世帯

庭

今は広々と

子供室は、将来的に仕切れる
ようにはなっているが、当面
はオープンな広々とした遊び
場に。北側の安定した光が部
屋に満ちる

抜ける風

2階は通風を考えて南北に風
が抜けるように窓と引戸を配
置。引戸を開け放てば、気持
ちよく風が抜けていく

隠す＆集める

キッチン脇に壁を立てて、リ
ビング側からキッチン内が丸
見えにならないようにする。
この壁にはスイッチやコント
ローラーなどをまとめて設置
しているので、1か所でさま
ざまな操作ができる

スムーズな洗濯動線

洗濯室を物干し場の脇に設け
ているので、洗濯後、すぐに
干すことが可能。洗濯室には、
取り込んだ洗濯物をちょい置
きでき、作業効率も抜群

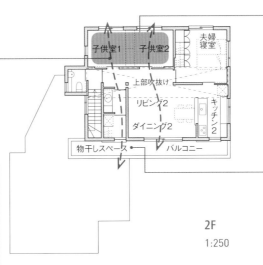

2F
1:250

いつでも使える

浴室は共用でみんなが使うた
め、誰かが入浴中でも洗面室
を使えるように脱衣室を別に
設けている

みんなでご飯

平日は1、2階に分かれての
暮らしでも、週末は4世代が
そろって1階ダイニングで食
事。そのために大きなダイニ
ングテーブルを用意している

つかず離れず

おばあちゃんの部屋は、玄関
脇の離れ的な位置。LDKと
つかず離れずの静かな部屋と
なっている。道路から直接窓
辺に立ち寄ることもできるの
で、ご近所の友人も気軽に訪
れることが可能。トイレも部
屋のすぐ隣にある

婚礼家具も収める

広めの納戸をつくって、婚礼
家具など大切な手持ちの家具
も置けるようにする

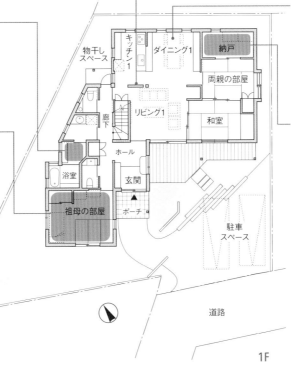

1F
1:250

敷地面積／306.04m²
延床面積／199.40m²
設計・施工／持井工務店
名称／市場の家

093

車いすで
暮らしやすい家は
みんなが
暮らしやすい家

車いす生活のご主人が、「車いすの建築士」として知られる弊社社長に依頼したのは、家族みんながストレスなく幸せに過ごせる家。

北側に崖が迫る敷地で、クライアントは過去に土砂災害も経験されているため、できるだけ崖から離した場所で、南からの日射を採り入れられるように建物を配置をした。車いすが通れる有効寸法を確保しながら、建物の内外を使った回遊動線をつくり、それが家族の使いやすい生活動線にもなるよう配慮している。

与条件
家族構成：夫婦＋子供1人＋母
敷地条件：敷地面積853.36m²
　　　　　建ぺい率60％　容積率200％
　　　　　南側を流れる川の奥には山地が続き、川伝いに県道と田畑が続く農村地域。
建て主の主な要望
・過去に土砂災害があり、できるだけ南側に建設
・玄関・水廻りは共用でも可の2世帯住宅に
・車いすでも家事に参加できるように、など

✕ 車いす生活の基本を知らない

プライバシーが
障がい者目線では、寝室からトイレ～浴室まで一直線の動線が一見よく見えるが、同居の家族にとっては、洗面脱衣室にプライバシーが保たれない。車いす対応のトイレの広さも確保できていない

車いすを知らない
車いすでは向きを変える動作が負担になるので回遊性が重要となるが、これでは回遊性が悪く、車いすの動線が複雑になる。また、母の生活動線が孤立してしまっている

遠くて配慮不足
駐車場から玄関まで距離が長く、母が日中くつろぐ和室の前を通るアプローチは、プライバシーへの配慮が足りない

風が流れない
北側に、水廻りや収納を配置したため、南北方向に風が流れない

WIC / 洋室 / 2F 1:200

クロゼット / 主寝室 / 浴室 / 玄関 / 母寝室 / リビング・ダイニング / キッチン / 玄関 / 和室 / ウッドデッキ / ポーチ / 1F 1:200

車いすで動ける
回遊動線が
家族の生活動線に

1階寝室側からリビング・ダイニング方向を見る。勾配天井の杉板、壁の漆喰など自然素材の空間をさわやかな風が抜けていく

撮影：岡村靖子（2点とも）

敷地条件

可変性

採光

人とのつながり

借景

動線

来客

プライバシー

収納

特殊部屋

多世帯

賃貸

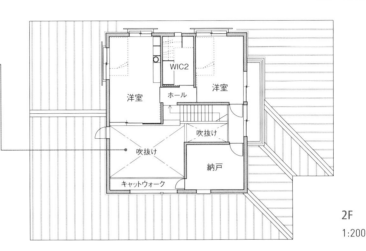

さわやかに広がる
杉の勾配天井、漆喰の壁が吹抜けを開放的でさわやかな空間に。吹抜け上部のハイサイドライト、東面の窓は、暗くなりがちな奥の部屋まで陽射しを届ける

2F
1:200

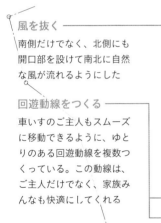

風を抜く
南側だけでなく、北側にも開口部を設けて南北に自然な風が流れるようにした

回遊動線をつくる
車いすのご主人もスムーズに移動できるように、ゆとりのある回遊動線を複数つくっている。この動線は、ご主人だけでなく、家族みんなも快適にしてくれる

日本の伝統
深い軒が夏の日射をさえぎり、すごしやすさを手助け。軒下は、天候に左右されることなく利用可能なデッキとなっていて、生活動線としても活躍する

敷地面積／853.36m²
延床面積／162.52m²
設計・施工／阿部建設
名称／住む人みんなに優しい
　　　ユニバーサルデザインの家

1F
1:200

みんなが使いやすい
車いすのまま靴やコートが取り出せる収納は、ほかの家族も使いやすい

雨に濡れない
カーポートから玄関までのスロープアプローチ。庇がかかっているので雨に濡れず、車いすのまま移動が可能

094

間取りの工夫で みんなが 気持ちよく暮らす 2世帯住宅

屋内でつながる2世帯住宅。玄関以外は水廻りなども分離してプライバシーを保っているが、一方で内部階段により行き来できる動線も備えている。周囲の建物配置も考慮し、明るく風通しのよい空間を確保できるようにレイアウトした。

生活音が気になりやすい水廻りは、上下階で近い位置に配置したほか、家事動線の簡素化、収納スペースの拡充も図った。2世帯住宅にありがちな、どちらかの世帯が我慢するようなことがないよう配慮している。

与条件
家族構成：子世帯（夫婦＋子供1人）＋親世帯（両親）
敷地条件：敷地面積424.26m²
　　　　　建ぺい率60％　容積率200％
　　　　　道路に3m接した奥に広がる扇形の形状。
建て主の主な要望
• 水廻りなどは2世帯それぞれに
• 両世帯が屋内で行き来できる動線の確保
• 親世帯の寝室はそれぞれに
• 既存家屋の材の一部を再利用してほしい

✕ 工夫が足りず 両世帯とも窮屈に

家事動線が長い
キッチンから洗濯機のある洗面室までが遠い印象。ぐるりと回り込む、扉を開けてLDKから出るという2重の抵抗感がある

収納が少ない
個室にはクロゼットがあるが、LDKにはほとんど収納がない。パントリーだけでLDKの収納すべてはまかなえないのでは？

2F
1:200

個室は広いけど
それぞれの個室はかなり広そうだが、その分、LDKが狭い。また各個室は完全に独立していて、部屋の扉を開けないと様子がうかがえない

もったいない
玄関を両世帯それぞれに用意しているが、玄関も収納も十分な広さは取れないし、明るさも不足しそう。もう少し効率よく考えたい

1F
1:200

玄関を共有して
面積を有効に使う

裏動線をつくる
パントリーから洗面室に抜けられるように動線をつくり、家事動線をショートカット。わずかな違いに見えても毎日のことなのでこの差は大きい

2F
1:150

キッチン2

浴室2

パントリー

子供室

ダイニング2

ホール

リビング2

WIC

バルコニー

主寝室

広めのバルコニー
公園の桜が見える方向に広めのバルコニーをつくり、2階でも十分外部空間が楽しめるように配慮

小屋裏に収納
固定階段で上がる小屋裏をつくり、2階LDKの収納とする。ハシゴと固定階段では、昇り降りのしやすさに格段の差が出る

多目的に使う
父の部屋は出入り口をコーナー引戸として、両サイドに開放できるようにした。開放すると個室とLDKが一体化し多目的に使える

玄関で分かれる
玄関扉は1つだが、2方向にホールをつくり、1、2階それぞれに向かえるようにした。玄関収納も共有だが十分な広さがあるので不自由しない

自転車置き場も
玄関を縮小した分、大きく庇を出して自転車置き場に。雨に濡れない自転車置き場は重宝される

キッチン1

浴室1

収納

ホール2

SIC

ダイニング1

ホール1

玄関

廊下

押入

お父さん部屋

仏

収納

お母さん部屋

リビング1

納戸

1F
1:150

外を楽しむ
リビング前のテラスの袖壁をやめて、リビングからの視線に広がりを与える。こちら方向に桜の見える公園があり、眺めを楽しむことができる

なかでつながる
2つの個室を納戸で結ぶ。普段は閉めていても、様子がうかがえる工夫。収納を確保しつつ気配を伝え合う

敷地面積／424.26m²
延床面積／162.39m²
設計・施工／鶴崎工務店
名称／扇形敷地の利をいかした2世帯の家

敷地条件

可変性

採光

人との
つながり

借景

動線

来客

プライバシー

収納

特殊部屋

多世帯

設備

▌プラン提供協力／設計事務所＋工務店

設計事務所

（株）石川淳建築設計事務所

代表	石川淳
電話	03-3950-0351
住所	東京都中野区 江原町2-31-13第1喜光マンション
URL	https://www.jun-ar.info/
掲載ページ	86,168

imajo design

代表	今城敏明・今城由紀子
電話	03-5969-8154
住所	東京都世田谷区上祖師谷7-7-2
URL	https://www.imajo-design.com/
掲載ページ	114,118

（有）H.A.S.Market

代表	長谷部勉
電話	03-6801-8777
住所	東京都文京区本郷4-9-1 ATプラザ201
URL	https://www.hasm.jp/
掲載ページ	74,94

（有）acaa建築研究所

代表	岸本和彦
電話	045-228-7072
住所	神奈川県横浜市中区石川町2-78-10-4F
URL	https://www.ac-aa.com/
掲載ページ	38,54

オノ・デザイン建築設計事務所

代表	小野喜規
電話	03-3724-7400
住所	東京都目黒区自由が丘3-16-8
URL	http://www.ono-design.jp/
掲載ページ	14,82

小長谷亘建築設計事務所

代表	小長谷亘
電話	042-851-7763
住所	東京都町田市玉川学園3-24-4
URL	http://www.obase-arch.com/
掲載ページ	58,80

（株）GEN INOUE

代表	井上玄
電話	045-489-6617
住所	神奈川県横浜市中区不老町1-1-1 守谷ビル5F
URL	https://architect.bz/
掲載ページ	72,90

こぢこぢ一級建築士事務所

代表	小嶋良一
電話	045-482-4792
住所	神奈川県横浜市青葉区美しが丘 1-23-7-206
URL	https://kodikodi.com/
掲載ページ	18,88

坂本昭・設計工房CASA

代表	坂本昭
電話	06-6537-1145
住所	大阪府大阪市西区南堀江1-14-5
URL	http://www.akirasakamoto.com/
掲載ページ	40,78

佐久間徹設計事務所

代表	佐久間徹
電話	0422-27-7121
住所	東京都武蔵野市吉祥寺南町3-33-16
URL	https://sakumastudio.com/
掲載ページ	26,128

（株）椎名英三・祐子建築設計

代表　椎名英三
電話　03-6413-7890
住所　東京都世田谷区世田谷2-4-2
　　　SACRA TERRACE
URL　http://www.e-shiina.com/
掲載ページ　06

（株）篠崎弘之建築設計事務所

代表　篠崎弘之
電話　03-3465-1993
住所　東京都渋谷区上原1-23-10
URL　https://www.shnzk.com/
掲載ページ　84,154

充総合計画一級建築士事務所

代表　杉浦充
電話　03-5726-9404
住所　東京都目黒区中根2-19-19
URL　http://www.jyuarchitect.com/
掲載ページ　178

白子秀隆建築設計事務所

代表　白子秀隆
電話　044-844-2563
住所　神奈川県川崎市高津区北見方2-17-12
　　　SH-B
URL　https://shaa.jp/
掲載ページ　62,176

（有）ステューディオ2アーキテクツ

代表　二宮博・菱谷和子
電話　045-488-4125
住所　神奈川県横浜市神奈川区片倉2-29-5-B
URL　https://studio2.jp
掲載ページ　56,110

（有）設計アトリエ

代表　瀬野和広
電話　03-3310-4156
住所　東京都中野区大和町 1-67-6
　　　MT COURT 606
URL　http://www.senonose.com/
掲載ページ　10,130

（株）デザインライフ設計室

代表　青木律典
電話　042-860-2945
住所　東京都町田市大蔵町2038-21
URL　https://www.designlifestudio.jp
掲載ページ　92,166

（株）直井建築設計事務所

代表　直井克敏・直井徳子
電話　03-6273-7967
住所　東京都千代田区神田駿河台
　　　3-1-9 2F-A
URL　https://www.naoi-a.com/
掲載ページ　100,112

納谷建築設計事務所

代表　納谷学・納谷新
電話　044-411-7934
住所　神奈川県川崎市中原区市ノ坪127
　　　KYOTOYAビル1F
URL　http://www.naya1993.com/
掲載ページ　16,60

長谷川建築デザインオフィス

代表　長谷川順持
電話　03-3523-6063
住所　東京都中央区新川 2-19-8 SHINKA 11階
URL　https://www.ic-style.com
掲載ページ　08,164

（有）U設計室

代表　落合雄二
電話　03-6450-8456
住所　東京都世田谷区若林4-29-37
URL　http://www.u-sekkeishitsu.com/
掲載ページ　12

LEVEL Architects

代表　中村和基・出原賢一
電話　03-3280-1170
住所　東京都港区高輪3-23-14
　　　シャトー高輪 208
URL　https://level-architects.com/
掲載ページ　42,46

▎プラン提供協力／設計事務所＋工務店

工務店

相羽建設（株）
代表　相羽健太郎
電話　042-395-4181
住所　東京都東村山市本町2-22-11
URL　https://aibaeco.co.jp/
掲載ページ　98

KAJA DESIGN／（株）大熊工業
代表　大熊英樹
電話　0422-27-2123
住所　東京都武蔵野市
　　　吉祥寺本町4-9-15
URL　https://kaja-design.com/
掲載ページ　48,156

サンキホーム（株）
代表　木本己樹彦
電話　0466-33-3336
住所　神奈川県藤沢市
　　　辻堂元町4-15-17
URL　https://www.sankihome.co.jp/
掲載ページ　34,104

阿部建設（株）
代表　阿部一雄
電話　052-911-6311
住所　愛知県名古屋市
　　　北区黒川本通4-25
URL　https://www.abe-kk.co.jp/
掲載ページ　162,190

（株）北村建築工房
代表　北村佳巳
電話　046-865-4321
住所　神奈川県横須賀市追浜東町2-13
URL　https://ki-kobo.jp/
掲載ページ　20,132

（有）三陽工務店
代表　荻沼康之
電話　042-742-0293
住所　神奈川県相模原市南区旭町11-8
URL
https://www.sanyoukoumuten.co.jp/
掲載ページ　142,172

IDA HOMES／（株）伊田工務店
代表　伊田昌弘
電話　078-861-1165
住所　兵庫県神戸市
　　　灘区城内通4-7-25
URL　https://www.idahomes.co.jp/
掲載ページ　96,120

（株）KURASU
代表　小針美玲
電話　03-5726-1105
住所　東京都世田谷区奥沢2-18-1
URL　https://kurasu.co.jp/
掲載ページ　64,102

（株）じょぶ
代表　礒山哲也
電話　072-966-9226
住所　大阪府東大阪市中新開
　　　2-10-26
URL　https://job-homes.com/
掲載ページ　52,68

岡庭建設（株）
代表　岡庭伸行
電話　042-468-1166
住所　東京都西東京市富士町1-13-11
URL　https://www.okaniwa.jp/
掲載ページ　66,170

剛保建設（株）
代表　萩原保司
電話　03-3357-6433
住所　東京都新宿区富久町16-12
　　　パルセ富久ビル2階
URL　https://www.studiogoh.com/
掲載ページ　126,186

（株）鈴木工務店
代表　鈴木亨
電話　042-735-5771
住所　東京都町田市能ヶ谷3-6-22
URL
https://www.suzuki-koumuten.co.jp/
掲載ページ　116,174

（株）加賀妻工務店
代表　高橋一総
電話　0467-87-1711
住所　神奈川県茅ヶ崎市矢畑1395
URL　https://www.kagatuma.co.jp/
掲載ページ　122,144

（株）小林建設
代表　小林伸吾
電話　0495-72-0327
住所　埼玉県本庄市児玉町児玉2454-1
URL　https://www.kobaken.info/
掲載ページ　22,136

（株）大市住宅産業
代表　大前裕樹
電話　079-590-1233
住所　兵庫県丹波篠山市吹新64-2
URL　https://daiichijutaku.com/
掲載ページ　148

（株）DAISHU
代表　清水道英
電話　047-325-1335
住所　千葉県市川市市川2-11-15
URL　https://www.daishu.co.jp/
掲載ページ　146

（株）中野工務店
代表　中野光郎
電話　047-324-3301
住所　千葉県市川市市川南4-8-14
URL
http://www.nakano-komuten.co.jp/
掲載ページ　30,50

（株）YAZAWA LUMBER
代表　矢澤俊一
電話　042-529-7000
住所　東京都立川市錦町6-11-25
URL　https://www.yazawa-l.com/
掲載ページ　134,138

（株）ダイワ工務店
代表　奥田昌義
電話　072-832-3276
住所　大阪府寝屋川市末広町1-12
URL　https://www.e-daiwa.net/
掲載ページ　36,76

（株）ハウステックス
代表　佐藤義明
電話　03-6379-5960
住所　東京都杉並区永福4-13-3
URL　https://www.housetecs.co.jp/
掲載ページ　70,124

ライフデザイン（株）
代表　鈴木剛
電話　048-928-7072
住所　埼玉県草加市中央2-1-4
URL
https://soramado-saitama.com/
掲載ページ　24,28

（株）高砂建設
代表　風間健
電話　048-445-5000
住所　埼玉県蕨市中央1-10-2
URL
https://www.takasagokensetu.co.jp/
掲載ページ　32,140

HAGIホーム・プロデュース（株）
代表　萩永敏昭
電話　0584-47-8117
住所　岐阜県不破郡
　　　垂井町東神田3-46
URL　https://hagihome.com/
掲載ページ　158,184

（株）リモルデザイン
代表　菅沼利文
電話　045-360-6227
住所　神奈川県横浜市旭区
　　　笹野台1-1-27 3F
URL
https://www.remoldesign.com/
掲載ページ　44,106

（株）千葉工務店
代表　千葉弘幸
電話　048-985-7002
住所　埼玉県越谷市大成町6-237
URL　https://www.chiba-arc.co.jp/
掲載ページ　108,150

（株）持井工務店
代表　持井大輔
電話　047-439-1678
住所　千葉県船橋市高根町1488
URL　http://www.mochii.co.jp/
掲載ページ　180,188

（株）鶴崎工務店
代表　石井あずさ
電話　03-3488-8511
住所　東京都狛江市西野川2-38-8
URL　https://www.tsurusaki.co.jp/
掲載ページ　182,192

桃山建設（株）
代表　川岸孝一郎
電話　03-3703-1421
住所　東京都世田谷区玉堤1-27-13
URL　https://www.m-design.co.jp/
掲載ページ　152,160

おわりに

ザ・ハウスは2000年に「建築家ご紹介サービス」、2001年に「工務店ご紹介サービス」をスタートし、これまでに2362邸の家づくりを実現してきました。

一人ひとりに個性があるように、住まいの形はその家族の数だけ存在します。自分らしい住まいが完成した先には、その方にとって特別な時間を刻む、豊かな暮らしが待っています。

唯一無二の家づくりを成功させるためには、価値観を共有しあえるパートナーとの出会いが欠かせません。ザ・ハウスはそんなパートナーとの出会いをお手伝いしています。

本書は大変ご好評いただいた書籍「良い間取り 悪い間取り 〜プロだけが知っている心地よい 住まいのつくりかた」の新装版として改めて出版の機会をいただきました。

この本を通じて、少しでも多くの皆様に家づくりの楽しさが伝わり、「自分らしい住まい」が日々の生活を豊かにすることを知っていただけたら心からうれしく思います。

最後にこの本の制作に携わってくださった皆様、そしてこの本を手にとってくださった皆様に心より御礼申し上げます。

the house
best matching, best partner

株式会社ザ・ハウス

経験豊富なスタッフが建て主にぴったりの家づくりを完全無料でサポート。全国の厳選された「優良工務店」や厳しい審査を通過した50名の「有名建築家」を紹介している。その他、家づくりポータルサイト「まるわかり注文住宅」の運営、住宅関連書籍の出版、工務店向け業務支援ソフト「Patio」の提供、工務店や建築家など幅広いウェブサイト制作を行っている。

https://thehouse.co.jp/
TEL:03-3449-0950

デザイン：米倉英弘（細山田デザイン事務所）
図版作成協力：古賀陽子、鈴木将夫、傳田剛史、若原ひさこ
印刷・製本：シナノ書籍印刷

新装版
良い間取り悪い間取り

2023年8月29日　初版第1刷発行

著者　　ザ・ハウス

発行者　澤井聖一

発行所
株式会社エクスナレッジ
〒106-0032
東京都港区六本木7-2-26
https://www.xknowledge.co.jp/

問合せ先
編集　Tel　03-3403-1381
　　　Fax　03-3403-1345
　　　info@xknowledge.co.jp
販売　Tel　03-3403-1321
　　　Fax　03-3403-1829